史学之史　倚京探津

——廊坊师范学院史学史研究与教学论集

时培磊 主编

U0845360

天津出版传媒集团

天津人民出版社

图书在版编目(CIP)数据

史学之史　倚京探津：廊坊师范学院史学史研究与教学论集 / 时培磊主编. -- 天津：天津人民出版社，2019.10

ISBN 978-7-201-15394-0

Ⅰ. ①史… Ⅱ. ①时… Ⅲ. ①史学-教学研究-高等学校-文集 Ⅳ. ①K0-42

中国版本图书馆 CIP 数据核字(2019)第 215568 号

史学之史　倚京探津

SHIXUE ZHI SHI YIJING TANJIN

出　　版　天津人民出版社
出 版 人　刘　庆
地　　址　天津市和平区西康路 35 号康岳大厦
邮政编码　300051
邮购电话　(022)23332469
网　　址　http://www.tjrmcbs.com
电子信箱　reader@tjrmcbs.com

责任编辑　吴　丹
装帧设计　汤　磊

印　　刷　天津中图印刷科技有限公司
经　　销　新华书店
开　　本　880 毫米×1230 毫米　1/32
印　　张　11
字　　数　257 千字
版次印次　2019 年 10 月第 1 版　2019 年 10 月第 1 次印刷
定　　价　68.00 元

版权所有　侵权必究
图书如出现印装质量问题，请致电联系调换(022-23332469)

序　言

北京、天津，是从原河北省境内划出的直辖市，不过从地图看上去，仍好像是河北省怀中抱着的两块碧玉。但且慢！仔细再看，属于河北省的廊坊市，却又被北京、天津两面拥抱，其中一部分更是被京津紧紧环抱。这种地理上纠缠的状况，真是十分特殊！廊坊市，可谓是京津冀间脉络相通，文化交融的特殊宝地，经济、文化都深受两大直辖市的影响。“三句话不离本行”，我们发现在本地历史学科建设中，最受京、津两处影响、促进，因而多所成长的专业，乃是廊坊师范学院之中国史学史专业。

居于首都的北京师范大学与天津的南开大学，拥有全国最早建立的史学史博士点，皆为中国史学史研究的学术重镇。廊坊师范学院的中国史学史专业，师资力量和学术传承主要得自于北师大与南开大学，而且历年都参与北师大史学理论与史学史研究中心和南开大学史学史专业举办的会议及其他学术活动，业务水平的提高与此相关，作为史学史专业的一个学科点形象，在学术界初步树立。总之，廊坊师范学院的史学史专业之建立，从北师大史学史研究中心、从南开大学史学史专业两处，沾光不少，这也可以说是“近水楼台先得月”吧。

廊坊师范学院的史学史专业教师，克服重重困难，顽强拼搏，在课程教学与学术研究上都取得可观的成就。本校的历史学总体上远不及河北大学、河北师范大学等高校，但史学史专业却拔得河北省头筹，获得省级重点学科名分。担任中国史学史教学的教师，以本课程的讲述参加河北省及全国的高校教师教学竞赛，取得全河北省第一名，继而又获全国比赛二等奖，教学水平之高无可争议。在学术研究上，也“芝麻开花节节高”，前后获取三项国家社科基金研究项目。出版史学史专业的著述，发表史学史研究的论文，数量、质量皆颇为醒目。这里，谨选取一部分学术论文汇集为一册，予以出版，试作一个初步的总结。需要特别说明的是：本书并非揽入所有相关论文，而是要展示本校历史学科多名学者的论述，其中也包括非本专业人士但撰写了属于史学史范围的文章。选取论文的类别是学术研究与教学体验并重，兼及相关的书评。其中或许还稍有稚嫩之作，但勇于探索的治学精神仍然溢于字里行间。

本书书名拟订为“史学之史　倚京探津”，另加副标题以明底里。“史学之史”，即为史学史，字面之内具备丰厚的内涵。要之，史学史是从整体历史学纵向分立而出，又有相对独立系统的专史，从而凌驾历史学之上予以总结和审视，并且成为史学理论研究的知识基础。“京”字的本义是高丘或高大的建筑，“倚京”，可直解为倚靠着高大之地；“津”字是渡口，引申为探索新知、探索新境的突破口，“探津”，就是指寻求前进方向、寻求学术增长。当然，京、津明显又是北京、天津的简称。两重含义结合一起，形象地显示出廊坊师范学院之史学史专业的学术境遇，就是与京、津两处的史学史学术重镇相距不远，前后乘风，左右逢源。这是本校史学史专业奠基和建设的优越条件之一。今后，更须在各级领导部门的支持下，与更多地区、更多单位广为联系，汲取经验，推进合作。“沾光”于学术重镇，是为了自己尽快地亮起来，发光发热，成为本专业的又一亮点。这在全国历史学科的建设上，也具有很大的意义，毕竟在全国，迄今史学史的学科仍然是亮点稀少。对于这门总结和审视历来历史学发展状况的“史学之史”，焉能如此不被广为重视？这在历史学科建设中是急需弥补的弱项。廊坊师范学院要点亮史学史学科点，正当其时，得天时焉；处京津之间，有地利也；所需求者——人和，即各级领导的支持和各位同仁的奋勉。大家合力协同,倍加努力吧!

谨拟调寄《占春芳》一首以志意:

研史学,究其史,前景是何方?
依倚京津两地,油然点染辉光。

协力撰华章,聚成书,心志高昂。
且须专业腾飞日,在我廊坊。

乔治忠

2019 年 7 月 3 日撰于廊坊文苑小区居所

扫码进入史学史同仁交流群

目 录

研究篇

教学篇

研究篇

扫码获取“研究篇”电子资源

试论史学理论学术体系的建设

乔治忠

在中国，历史学的产生和发展可谓源远流长，在史学长足发展的基础上，理所当然地产生将之予以总结和概括的要求。对历史学发展状况进行抽象性的概括，达到从具体研讨到理论思维的升华，这样形成的史学理论，在历史学整体结构中具备高层次、宏观性的特征，应为历史学科的核心内容，需要坚持不懈地建设与发展。迄今为止，史学理论的研究虽有了很多论著，但如何建立起中国史学理论的学术体系，还有诸多亟需探索的问题，其中厘清基本概念和基本的学术范畴，是必不可少的起点。

一、历史与史学

史学理论的建设从何说起？首先应当厘清"史学理论"这一范畴的内涵和外延，方能够形成提出问题与解决问题的目标导向。但"史学理论"的概念、内容并不是孤立的，它混含在史学发展和中外史学交流过程的概念系列之内，需要从头道来。

在中国古代，单音词多所盛行，"史"字最初是指执行某种使命的官员，即所谓史官，当史官中分配出一部分人作为内史，参与从事撰述政府公文和记载事宜之职务，就越来越倾向于把史官看作记事、记言的职官，这显现于西周末期到春秋时代，也正是中国上古史学萌发和早期发展阶段。约于战国时期，"史"也渐渐代指史官记载的文化产品，孟子说："晋之《乘》，楚之《梼杌》，鲁之《春秋》,一也。其事则齐桓、晋文,其文则史,孔子曰:其义则丘窃取之矣。”[①]《庄子·天下》篇称:“其明而在历数者,旧法世传之史,尚多有之。”这里的“史”,都明显是指史文、史书。但是,史官与史书都言之为“史”,二义并行,在中国古代长期处于这种一词多义状况,撰史之人与撰写的史籍,二者在语词上不严格划分,全凭整句、整段语义加以理解,却很少会出现误读。对于以往的史事,多直言某个朝代之事,或以“古”字表达,“殷鉴”就是以殷商的史事为鉴戒,“唐鉴”就是以唐代的政治得失为鉴戒。唐太宗说:“夫以铜为镜,可以正衣冠;以古为镜,可以知兴替;以人为镜,可以明得失。”[②]请注意语句中是“以古为镜”而不是“以史为镜”。宋代刘随上奏说:“臣闻以古为鉴,可以知兴亡。不敢远稽前典,且以近代言之:唐太宗何如主也!十八起义师,二十四定天下,二十九即帝位。鉴情伪之理,明治乱之由,圣文神武,高于三代。然犹每与大臣会议,政事必令谏官、宪臣、史官预闻之。苟诏令不便,大臣不直,刑赏不当,邪正未分,则谏官得诤之,宪臣得弹之,史官得书之。是以上下无壅,而君臣同德,太平之风可谓至矣。”[③]刘随虽然引证最近的唐代史事,仍称“以古为鉴”。近代以来几乎成为口头禅的“以史为鉴”这种语词表达,在中国古代直至清朝前期,却是极其罕见的。诚然古代也有“史鉴”这个词语,但“史鉴”乃是指可以用来作为鉴戒的史籍,如明黄佐、廖道南撰《殿阁词林记》卷九载明英宗谕旨:“翰林官中有才识忠行者,日轮二员入直东阁,凡经书、史鉴有关君德者,日录所闻以赞朕不逮”;清《钦定国子监志》卷五十三载大臣王熙上奏要求国

---

① 《孟子·离娄下》,载朱熹《四书章句集注·孟子集注》卷八,中华书局,1983 年,第 295 页。

② 《旧唐书》卷七一《魏徵传》,中华书局,1975 年,第 2561 页。

③ 刘随:《上仁宗论当今所切在纳谏》,载《宋朝诸臣奏议》(上)卷五一,上海古籍出版社,1999 年,第 554 页。

子监“设立课程，定期稽查，必使各习一经，兼习史鉴，详为讲解，俾令贯通，务期成材，以收实用”[①]。以史鉴与经书相对应，其意甚明，均为正宗而有益的经史典籍。即使极其偶然出现“以史为鉴”的语句，其中“史”的含义仍然是史籍，清乾嘉时倪思宽读书笔记《二初斋读书记》有言曰：“古称史，今亦称鉴，‘鉴’字，本于《说苑》公扈子曰‘《春秋》，国之鉴也’一语。宋司马温公编集《历代君臣事迹》，神宗赐名《资治通鉴》，以史为鉴，殊觉意味深长。”[②]此处“以史为鉴”是说宋神宗把“史”称为“鉴”[③]，这与现代所言“以史为鉴”的内容、含义是大不相同的。

以上的辨析，并非无端的咬文嚼字，绵延几千年的语词、话语的特征，应当映射着某种基本的观念和认知，就是中国古代在史学的发展中，“史”字虽然从史家、史官等人员的指称延伸到对典籍的指认，但却避免了客观史事与人们对于历史的撰写混为一谈，即单一的“史”字，很少用以表示过去所发生的客观史事，史事与对于史事的记述，二者有清晰的分界。在东晋到南北朝时期，还出现了“史学”这个词语，先是北方少数民族石勒政权委令“任播、崔浚为史学祭酒”[④]，后南朝刘宋政权于元嘉年间“上留意艺文，使丹阳尹何尚之立玄学，太子率更令何承天立史学，司徒参军谢玄立文学”[⑤]，此后历代言“史学”者充满官、私文献和四部之书，表明在中国古代已经明确了史学是一种专门的学问。与此大体同时，中国古人也将“事实”这一概念，用来表示与书史记载可能不同的真实史事，例如

---

① 王熙：《请严国学官学疏》，载文庆等：《钦定国子监志》（下）卷六七《艺文一》，北京古籍出版社，2000 年，第 1166 页。

② 倪思宽：《二初斋读书记》卷九，清嘉庆八年涵和堂刻本。

③ 除了上引倪思宽的语句之外，笔者再未发现中国古代有“以史为鉴”的词语运用。

④《晋书》卷一〇五《石勒载记下》，中华书局，1974 年，第 2735 页。

⑤《南史》卷七五《雷次宗传》，中华书局，1975 年，第 1868 页。

《晋书·裴秀传》载其《禹贡地域图序》说大量书籍记述的历史地理“或荒外迂诞之言，不合事实，于义无取”[①]；《宋书·裴松之传》言裴松之“以世立私碑，有乖事实，上表陈之”[②]；北宋史家范祖禹指出史官应当“执简记事，直书其实而已”，但“后之为史者，务褒贬而忘事实，失其职矣”[③]。所谓的“事实”，是与“史学”之记述相区别的概念，相互对比，反映了客观历史与历史认识之间的辩证关系，这是中国传统史学在概念体系上的重大成果，值得引为重视。

整个世界历史学的发展，自上古就形成了两大最具活力的史学体系：一是以中国传统史学为核心的东亚史学，另一是以古希腊史学为起源的西方史学。在古代，两大史学体系乃各自独立发展。西方史学的概念与观念，与中国传统史学存在许多异同之处。至近代，西方史学依靠政治、经济、思想文化各个方面的综合优势影响东方，而最初的一些新概念，是因日本以汉字翻译西文的方式传入中国，其中包括“历史”这一词语，很快就被中国史学界、文化界所接受。遗憾的是：在西方的概念中，客观的历史与人们对于历史的撰述含混不分，在词语上都可以用 History 来表示，自希罗多德之后两千年没有产生如同中国“史学”一语的明确概念。这反映了西方古典史学的一个先天的不足。虽然西方古代学者也有人坚持历史撰述决不同于文学作品，但大部分史家还是将历史撰著的文学色彩作为最重要的追求，因为古代西方没有中国传统史学中组织化、制度化的官方史学，不像中国史学那样被纳入国家的政治机制，西方史著不仅依靠内容的鉴择，也需要笔法的睿智和文采，才会博得社会的接受，文学性是是古代西方历史著作生存、传世的条

---

① 《晋书》卷三五《裴秀传》，中华书局，1974 年，第 1039 页。

② 《宋书》卷六四《裴松之传》，中华书局，1974 年，第 1699 页。

③ 范祖禹：《唐鉴》卷六《太宗四》，《丛书集成初编》本，商务印书馆，1936 年，第 45 页。

件之一。把史书的文采和文学性当作撰述的焦点，这不可避免地限制了对于真实历史与史籍记述之间关系的理论性关注。

“历史”这个词语，由日本对西文的翻译而输入中国，如果用于表达人类社会业已经历过的客观进程，包括以往所有的人物、事迹、生产、生活，确是非常有价值的概念，与“史学”一语配合，一个表示客观历史，一个表达对于客观历史的记述与研究，有助于形成确切的学术理念。杨鸿烈《史学通论》指出：“概念不明了的结果，可使人的思想混乱……‘历史’是历史，‘史学’是史学，两者皆然为二事。现在若更进一步，寻本溯源，就不得不要首先就明白‘什么是历史？’‘什么是史学？’”[①]

区分“历史”与“史学”这两个概念，看上去简单，实际意义颇大，为史学理论建设正途的第一步。承认以往客观“历史”的独立存在，意味着“史学”研究必须力求符合历史的真实，即求真是其学术的底线，这与马克思主义认识论若合符契。人类社会曾经存在过一个不以今天人们意愿为转移的历史过程，这是极其简明、最无可置疑的常识，但在唯物史观之外，西方近现代各种史学流派，大多都回避或曲解这一常识，把客观历史消解在无休止的诡辩之中。例如意大利思想者克罗齐有“一切真历史都是当代史”[②]的论点，直至21世纪我们有些学者还为之叫好，这是理论界很悲哀的事情。克罗齐立论的理由是说只有与“现在生活的一种兴趣打成一片”、表现当下之思想的撰述才算“真历史”[③]。他划定的“历史”圈子排除了史料汇编性的“编年史”，排除了历史的叙述，将之定性为“死历

① 杨鸿烈：《史学通论》，商务印书馆，1939年，第2页。

② 在克罗齐等人的理念中，根本没有以往客观史实的内容，我们姑且将他们所云的“历史”视为史学。

③ ［意］贝内戴托·克罗齐（Benedetto Croce）著：《历史的理论和实际》，傅任敢译，商务印书馆，1986年，第2、8页。

史”。也排除了充满爱憎激情而对历史人物、事件评论的史著(克罗齐称之为“诗歌性历史”),排除了自然史等等,将之归结为“假历史”[①]。那么克罗齐的“真历史”还剩下什么?他既然提倡联结“现在生活的一种兴趣”才是“真历史”,是不是要主张历史学为现实中的政治或其他利益服务呢?有些人正是这样把克罗齐的观念联系到中国的“史学经世”思想。可是真的对不起!克罗齐倘若有知,也会对此报以耻笑,因为他对所谓“实用性历史”也颇多微辞,“偏颇的历史,如果细加考虑,其实不是诗歌性历史就是实用性历史”,实用性历史“它并不是历史”,它讲究的是“道德功效”,而“真历史”是“作为思想的历史”,它应当具备的乃是现在“思想的生活兴趣”[②]。于是,克罗齐的“真历史”只剩下一种,就是像他的著述那样,驰骋个人想法而不时地选择一些史事当作实例,没有历史叙述、没有对历史事件的褒贬、没有历史评论。如同史学界之外的一个思想暴君,断然否定了以往几乎所有历史著述作为“历史”的资格,当然,对于独立于史著之外的客观历史,更从论述的开始就抛到九霄云外了,用其自己的话说就是达到了“这种思想主观性的高度”[③]。有的学者认为按照克罗齐的理论乃是“根本不可能写出一部真实的历史”[④],是很正确的评判。

广泛流传的英国史家卡尔《历史是什么》一书提出:“历史是

---

① [意]贝内戴托·克罗齐(Benedetto Croce)著:《历史的理论和实际》,傅任敢译,第17、23、27、28、105页。

② [意]贝内戴托·克罗齐(Benedetto Croce)著:《历史的理论和实际》,傅任敢译,第29、28、30、23页。

③ [意]贝内戴托·克罗齐(Benedetto Croce)著:《历史的理论和实际》,傅任敢译,第23页。

④ 刘修明:《非“一切真历史都是当代史”——兼评一种现代史学思潮的形成与前途》,《江汉论坛》1987年第5期。

历史学家与历史事实之间连续不断的、互为作用的过程，就是现在与过去之间永无休止的对话。”[①]这里承认历史事实的存在，甚至还承认历史研究是一种社会的过程，现在与过去的对话“不是一场抽象的、孤立的个人之间的对话，而是今日社会与昨日社会之间的对话”[②]。表面上声称历史学家与历史事实之间是平等、互动的关系，但实际仍然以折中主义和诡辩论方法取消了客观历史事实的独立地位，抛弃历史学最根本的求真准则。在所谓“对话”中选择事实和加以解释，都是由历史学家做主，怎能实现与事实之间的平等和互动关系？卡尔同样认为只有被历史学家选择的事实才会成为历史，并且断言：“历史学家当然对事实有所选择。相信历史事实的硬核客观独立于历史学家解释之外的信念，是一种可笑的谬论。”[③]这清楚地体现了一切主观唯心主义史学理论都着意混淆客观历史与历史学的区别，否定客观历史独立存在的地位，从而消解史学必须力求符合真实历史的原则，以便于任凭己意地选择史事和随意解说。

总之，区分客观历史与人们研讨历史的史学，虽然是中国古代学者就得出清晰认识的常识，但至今还是坚持正确历史观念和史学观念的基点，是建设史学理论体系的在概念组合中的底线，必须明确历史是指客观的、独立于历史学者之外的、以往人类社会的发展历程，而史学则是人们对于客观历史的系统性研究，史学的研究结论必须符合历史的真实状况。这个求真的进程是持续进展的，其中某些问题的偏差要在研究进程中纠正和修订。以往历史的一去

---

① [英]爱德华·霍列特·卡尔(E. H. Carr)著：《历史是什么》，陈恒译，商务印书馆，2007年，第115页。

② [英]爱德华·霍列特·卡尔(E. H. Carr)著：《历史是什么》，陈恒译，第146页。

③ [英]爱德华·霍列特·卡尔(E. H. Carr)著：《历史是什么》，陈恒译，第93页。

不返并不影响其独立地存在并且起到对史学探讨的约束作用,因为第一,大量史料(包括文献、实物与遗迹)的存在、可以考订历史的真相;第二,运用系统性知识的推理可以弥补一些史料的缺环,如掌握太平天国自广西金田起事后的多次战役和定都南京,可基本推断其主力的进军路线和壮大过程。学术界自有学者会将考订史实当作他们"思想的生活兴趣",而不容许自由的思想者任意解说历史。在面对形形色色史学流派云遮雾罩的辩词之时,只要用承认客观历史的存在、主张史学的准则为求真来检测,其观念体系与宗旨就可以烛照无遗。可见对于无论多么抽象和高深的理论,最基础的概念总会是很有效的试金石。

二、历史理论与史学理论

历史研究与其他门类的学术研究一样,认知的积累会逐步形成系统性的知识结构,与此同时,历史认识会迈向概括提炼、抽象总结的理论化趋向,逐步形成系统的历史观即历史理论。具备宏观性和高度抽象性的历史理论,也被称作历史哲学。当然,历史理论除了具有指导具体历史研究的作用之外,它本身也要经受进一步历史认识的检验,因而做出改造和修订,有些历史理论体系会被否定,而有些历史理论自产生之日起,整体上就不能合乎客观历史及其系统的知识结构。被否定的历史理论,也可能留下某些启示和借鉴。这是历史认识发展的一般规律。

历史理论与其他历史认识的具体知识一样,都是人们对于人类社会以往生活历程的反思,比较丰厚、比较系统的反思形式即可成为史学,对历史进程的系统描述和系统概括,都是史学研究的成果,换言之,史学就是对人类历史的较丰厚、较系统的反思。而史学也处于不断发展的进程之中,它本身的认知积累也一定会予以反思，其反思也是采取两种方式：一是系统描述性的反思，即史学史；二是抽象概括性的反思，即史学理论。这种以历史认识论角度反思的关系，可以见图1“以历史论反思关系”：

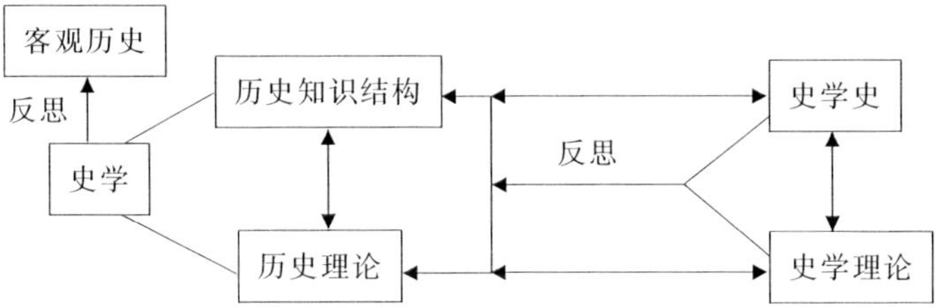

图1：以历史认识论反思关系

图1的单箭头表示着反思的指向，双箭头表示具有明显的学术互动的关系。而客观历史作为所有广义历史认识的依据，史学之内所有发展出来的认知之间有着互动、互补、互为检验的关系，都是不言而喻的，图中不作标示。这里需要注意的是“历史理论”与“史学理论”的联系与区别，重点在于厘清二者乃为不同的概念，具有很不一致的内涵。在上文已经辨明“历史”与“史学”两个概念之区分的基础上，顺理成章，历史理论与史学理论的区别也应当是清晰的。然而情况并不那么简单，因为历史理论和史学理论都在广义的历史认识范围之内，都是历史学科中的事项，许多人没有察觉将之区别开来的需要，而且二者确有较为密切联系，很容易混含在一起。西方史学大多流派既然不分历史和史学，也就没有区分历史理论与史学理论的概念。中国的马克思主义史学，虽然对客观历史与历史学的区别有明确的认识，但马克思主义的经典作家，主要致力于历史理论即唯物史观的探索和论述，不暇进行史学理论方面深入、系统的研究。所有这些因素，致使史学界长期忽略了历史理论与史学理论的区别，至今行世的大量书名中标示为“史学理论”的撰述，内容多含有高比例的历史理论的内容，甚至完全以历史理论

的论述为主,可见其普遍与严重的程度。

历史理论与史学理论的联系,主要在于研究方法,二者都体现着理论思维的高度概括性、抽象性,历史理论先行发展,其较为成熟的思维方法,特别是提升到哲学层次的方法论,被史学理论的探讨所借鉴。历史理论与史学理论的区别,是研究对象的不同,历史理论研究和思考的是客观历史的发展问题,是对以往客观历史的概括和抽象,是宏观考察古今中外历史发展的总结,提出和所要解决的问题有:人类社会是怎样产生的?人类社会组成结构的根本机制是什么?历史上个别人物与群体的关系如何?不同群体之间的关系在历史进程中如何演化?历史人物与事件的评价标准如何掌握?人类历史是否发展?历史发展的动力是什么?社会的发展有无规律?社会发展的进程和方向如何?诸如此类,都是针对客观历史的深入探讨。史学理论则是对于历史学的概括性、抽象性认识,研究和思考的是史学的发展问题。诸如历史学是如何产生的?历史学产生的基本条件是什么?历史学的基本属性是什么?历史认识能否符合客观历史的真实概括?历史认识如何检验?凡此均为探索史学本身的理论,与历史理论隔着一个反思和总结的层次。学术研究的方法论在很多学科中可以相通,而研究对象是决定学术方向的标的,是决定学术属性的关键。如果把历史理论与史学理论含混地视为一体,谈论史学理论往往跑题到历史哲学问题,就会使真正的史学理论问题淡化、隐没而不彰明,造成亟需解决的理论问题得不到关注,反而把形形色色历史哲学的议论重复组合,烦琐炒作,不着边际。为了正本清源,现在强调一下史学理论与历史理论的区别,是必要的,因为将二者混淆的时间和程度已经很过份了。

值得提出的是:西方许多史学流派虽没有客观历史与史学相区别的意识,但在理论的探研中还是体会了历史理论与史学理论的区别,因为二者思考与研究的对象明显不同,但他们用另外的话语来表达,即所谓“历史哲学由思辨向分析的转移”。自20世纪以来,西方史学流派杂沓纷呈,例如文化形态史观、新黑格尔主义史学、新文化主义史学、后现代主义史学等,而在理论上的一个共同的话语之一是区分“思辨的”与“分析的”历史哲学,这是一个值得关注的重要问题。什么是思辨的历史哲学?什么是分析的(也称为“批判的”)历史哲学?学术界有过多次同样的解释,“思辨的历史哲学试图在历史中(在时间的过程中)发现一种超出一般历史学家视野之外的模式和意义。”①其含义指,探索历史发展的动力及其规律性,考察历史事物的评价和意义。很明显,这是对社会历史作理论层次探讨的历史理论。“分析派的历史哲学”乃是“从解释历史事实的性质转移到解释历史知识的性质上来……是对历史学的探讨和解释”②。这也很明显,乃是对历史学做理论性总结的史学理论。因此,所谓“思辨的”与“分析的”历史哲学,实质不过是历史理论与史学理论而已,此乃中国史学界早就具备的学术概念。

西方学者之所以采用了词不达意和蹩脚的表述方式,部分原因是语词的贫乏——据说西方缺少区别“历史”与“史学”的语词概念,但这决非主要原因,因为语词很容易根据需要而构建出来。如果明确划分历史与史学的概念,划分历史理论和史学理论的范畴,一开始就清晰地展示了客观历史与人们之历史认识的区别和联系,这是西方“分析派”历史家所不愿意看到的。他们主张历史依赖于史家的主观精神、个人思想,从而以主观主义或相对主义的方法消解了客观历史。历史理论与史学理论的概念,是平行存在的,二者各有探索领域,不可混淆也不可取代,而所谓“历史哲学由思辨

① [美]威廉·德雷(William H. Dray)著:《历史哲学》,王炜、尚新建译,生活·读书·新知三联书店,1988年,第8页。

② 何兆武:《从思辨的到分析的历史哲学》,《世界历史》1986年第1期。

向分析的转移",乃是抛弃历史发展理论的研究,在现代西方史学流派看来,历史是无客观性、无规律性的,甚至反对宏观地研究"大写历史",因而才转移到关注史学理论的问题。"思辩的""分析的"历史哲学,不管原文还是译文,皆表意模糊,扞格不通,却正好被用于填塞反历史科学的议论。一些中国学者,对本国史学界固有的准确概念熟视无睹,却津津乐道地向西方流派学舌,如果不是故弄玄虚,就是在理论上的一塌糊涂。中国史学界毫无必要接纳"思辩的、分析的历史哲学"一类话语,区分历史与史学、区分历史理论和史学理论,这是中国史学界的理论优势,这一点与现代西方史学理念格格不入,而符合马克思主义的唯物史观。

史学理论与历史理论的区别原本十分明显,而其联系也很明晰,史学理论可以将以往的历史理论作为史学现象予以总结和反思,而史学理论的研究也离不开先进历史理论的原则和方法,如唯物史观和唯物辩证法对史学理论的建设具有原则性的指导作用。但只有理清二者的区别,才能把握二者的联系,否则只是一团迷茫。遗憾的是多年以来,国内史学界习惯于把史学理论看作唯物史观的附庸,或者在史学理论的论著中填塞关于唯物史观的常识性知识,而对于史学理论的探索则尚难达于差强人意,许多问题语焉不明。当前的史学理论研究,应当打破现代西方史学概念工具的套路,建设成具有中国话语指征的史学理论体系,这是历史学界当前的要务。

三、史学理论建设的基础与构想

将史学理论作为一个相对独立的专业来建设,在逻辑上必然面对以下问题:史学理论的研究的起点和基点何在?史学理论建设所依靠的知识基础和学术前提是什么?这是不能不提出的问题。对此，我们先从历史理论的来源说起。众所周知，历史唯物论是马克思主义的历史哲学，且与辩证唯物主义构成马克思主义哲学的完整体系。历史唯物论虽然贯穿唯物辩证法的思想方法，但其全部观点和结论，不是将辩证唯物主义降临在历史问题上套出来的，而是立足于对历史事实的研讨和考察。真实的历史进程如何，真实的历史状况如何，才是历史唯物论的基点和研究的起点，唯物辩证法只是研究中的指导思想，而且这种指导思想也是在研究史实中发展、完善的。这就是说，历史唯物论是从历史真情实况的研究出发。恩格斯说："如果不把唯物主义方法当作研究历史的指南，而把它当作现成的公式，按照它来剪裁各种历史事实，那末它就会转变为自己的对立物。"[①]很明显，马克思主义历史理论并不是从哪种一般的哲学体系中推衍出来，而是必须通过研究历史来做出总结、概括和抽象，整个研究过程当然包含着科学思想方法的指导，但真正研究历史和参考历史研究已有的成果，是必不可缺的基础。

正如历史理论是对历史事实和社会发展真实历程的抽象性概括，史学理论的建设基础也应当来自历史学发展状况和发展历程的总结。这里仍然需要唯物辩证法的指导，但不能简单地套用某种历史哲学的范畴和观念。对史学发展状况予以描述性总结的学科，就是史学史，不言而喻，史学理论应当以史学史的研究为基点，从史学史研究的可信成果出发，抽象出理论化的论断，建立自己的认识体系。不少史学理论的著述，习于从唯物史观的论断推衍出史学理论的论述，总想着怎样套用马克思主义哲学的观点，似乎坚持了马克思主义的理念。但这种作法从一开始就违反了马克思主义的唯物论，那不是从史学发展的史实出发，犯了把历史唯物论当作现

① 《致保·恩斯特(1890 年 6 月 5 日)》，《马克思恩格斯选集》第 4 卷，人民出版社，1995 年，第 471—472 页。

成公式来剪裁史学事例的错误,乃是根本思想方法的问题。平实而言,以某种哲理推衍具体的学术问题,也可以提出某种富于启发性的见识,但不能获得关键的核心认知,不能解决主要的难点,更不能建立系统而正确的理论体系。根据唯物辩证法的认识论原理,史学理论的研究务必摒弃观念推衍的论述方式,将之牢牢立足于史学史研究成果的基础之上。

中国史学史在世界文化史中占有十分特殊的地位,梁启超说:“中国于各种学问中,惟史学为最发达;史学在世界各国中,惟中国为最发达。”[①]作为史学理论建设的知识基础,中国史学史不能缺位;而根据中国连续发展的史学发展史且参照西方史学史,概括为史学理论,就能够取得高屋建瓴的学术水平,这样得出的史学理论,毫无疑问会带有中国自古以来优良史学遗产中的概念、命题与思想因素,即具有明显的中国式的话语指征,这应是史学理论新建设的特点之一,也是其优点之一。

中国史学在长足的发展中,形成了丰富的概念组合,如表达史家必备资质的史才、史学、史识、史德等概念,反映史籍存在官修、私修以及不同级别的国史、野史、正史、杂史等概念,说明史学社会功能的鉴戒、资治、经世等概念,彰显治史准则的直书、实录、实事求是等概念,归纳史书编纂方式和内容范围的体例、书法、通史、断代史等概念,揭示史学内在结构和层次的“事”“义”“文”概念等等,不胜枚举。这些概念经过整合与新的阐释之后,大多能融会到当代史学理论之中,发挥积极的作用。例如意大利思想家克罗齐认为:只有灌注了当代思想和精神的历史才是“真历史”。他说“既然一件事实只有当它被人想起时才是一件历史事实”,那么在史学家思想

① 梁启超:《中国历史研究法》,上海古籍出版社,1987 年,第 10 页。

之外,“事实其实并不存在”[①]。而中国传统史学关于区分史学“事”“义”“文”层次的理念,即可破解克罗齐的观点。北宋史家吴缜说:“夫为史之要有三,一曰事实,二曰褒贬,三曰文采……至于事得其实矣,而褒贬、文采则缺焉,虽未能成书,犹不失为史之意。若乃事实不明,而徒以褒贬、文采为事,则是既不成书,而又失为史之意矣。”[②]作为历史思想的“义”是附从于史事的,二者关系不能颠倒,也不可搅合一团,克罗齐的主观主义狡辩是站不住脚的。在史学理论建设中,以唯物辩证法的思想方法为指导,充分利用中国史学史的知识体系,是大有可为的。总结和概括几千年来中国史学以及史学思想的发展,必须得到格外注重,让中国话语成为当代史学理论的显著指征。建设中国的史学理论,并非盲目排外、闭门造车。相反,史学理论的探索,应当观照古今中外的史学发展状况,外来史学理论的优秀成果,需要认真鉴别和汲取精华。新的史学理论体系的建设,正是需要理解中外史学史的系统知识,从而进行中外史学发展状况的深入比较,探索其中的异同并且析解造成这种异同的原因,方可概括出深切的史学理论。

关于史学理论的组成结构,史学界、理论界进行了长期的研讨,提出许多卓识。例如将史学理论的内容概括为“本体论”“历史认识论”“史学方法论”三大组成部分(当然也有不同的意见)。其所谓“本体论”,是指历史唯物论的主要观点和基本原理。于是给人以这样的印象:既然本体在于历史哲学,似乎史学理论还是历史唯物论观念的延伸。现在的作为,应当贯彻区分历史理论与史学理论的理念,贯彻对于中外史学史的总结、比较与概括的思路,加以调整、

① [意]贝内戴托·克罗齐(Benedetto Croce)著:《历史的理论和实际》,傅任敢译,第83、54页。

② 吴缜:《新唐书纠谬序》,载《四部丛刊三编》本《新唐书纠谬》卷首,商务印书馆,1936年。

充实、更新和提高，以建设史学理论的新体系。

史学理论的结构应当包括三个组成部分，即史学本体论、史学认识论、史学方法论。

史学本体论不应叙述唯物史观的原理，因为那属于历史理论的范围。史学本体论要探讨历史学的本质是什么，是科学还是艺术？客观历史与历史学的关系如何？历史学是如何产生和发展的？是否各个民族或地区都会原发性地产生史学？史学存在和运行的社会机制是什么？历史学的发展有无规律？等等。

史学认识论，是史学理论的核心内容，大量难点皆在此中。例如历史认识能否达到符合客观历史的真实概况？历史认识是否可以检验、如何检验？历史学研究的宗旨是什么？不妥善解决这些难点，马克思主义的史学理论就不能说是建立起来。对此，回避不可以，随便解说不可以，套用别的一种观念也不可以，必须结合史学史的研究予以阐明，没有史学认识论的史学理论，不仅是残缺的，而且是缺少了主要内容的，回避要点与难点，就不成为一种系统的理论。将史学理论建立在史学史研究的基础上，那些认识论的难点就可以解决。例如历史认识如何检验的问题，是主观唯心论历史观否认历史学科学性的主要说辞，而从史学史上考察，凡属可靠的和正确的历史论点，都是史学探讨者群体在求真、求是准则下，经过研究与论辩得出的。因此，在求真、求是理念下，历史学界共同进行的历史学学术实践，才是检验历史认识的唯一标准。而顺理成章，求真与求是，乃是历史学的根本宗旨。

史学方法论的主要内容，不应只是讲述研究历史的具体技能，那种如何搜集史料、如何判别文献史料和其他资料等具体方法和事例，可以提到一些，但必须将治史方法概括、提高为理论化的总结，以高度抽象的纲领，纳入具体实例。在方法论的层面上，历史研究的根本方法只有三项：历史的方法、逻辑的方法、系统与层次的分析方法。

历史的方法是社会科学和人类思维活动的基本方法之一，其特征是事物的产生、发展从何时何地开始，我们的考察就从该时该地开始，按照事物本身的发展过程展开研究程序，通过事物发展中包括时间顺序在内的有机联系，探索其因果关系、演化过程与发展趋向，从而得出深入系统的历史认识。逻辑的方法是暂时摆脱事物的原初状态，抓住典型、有代表性的现象，进行一系列归类、分析、综合、概括以透视历史内涵，以归纳、演绎等推理过程而揭示事物的本质。逻辑的方法具有抽象性，在运用中往往撇开事物的曲折过程与偶然的、枝节的表象。系统和层次的分析方法具有总体、宏观地考察事物的特征，即将持续存在、有序发展的事物视为一种系统。就社会而言，每一由社会关系组成的集团、民族、国家，都可以看作一个社会系统，随着社会联系的日益广泛，直至全世界人类社会组成一个大的系统，同时，社会与自然又时时组成自然—社会生态系统，这是系统由分支组成整体的进程，而系统内部又有不同的层次。分析历史现象，要将之放在不同层次的系统中考虑，既注意总的整体系统的作用，注意大的系统的作用，也要注意子系统、小系统相对独立的作用，在系统与层次的结构中研究事物所处的地位及内外联系。其余具体的研究方法和技能，或者是从大的方法论中衍生出来，或者如历史比较方法、计量史学方法、心理史学方法等等，虽也被称为历史研究的基本方法，但其实仅仅可以针对某些具体课题，并不普遍适用，故不能归结为史学方法论，毋宁将之视为历史研究的一种切入方式，更为妥当。

史学理论在本体论、认识论、方法论的探讨上，有着广阔的有待开发的领域，还有许多问题需要解决，其学术前景灿烂辉煌，但也充满难点。发现史学发展的动力和社会运行机制，揭示史学发展的规律，是史学理论达于成熟化的标志，不解决这一史学本体论的高端问题，史学理论体系的建设就不算成功。源远流长、连续不断、特别兴盛的中国史学，为史学理论的探研提供了丰富、清晰的素材与发展线索，运用唯物辩证法深入研究，完全可以揭示中国史学起源与繁荣的原因和机制，阐明中国史学的发展规律。解决了中国史学的理论问题，进而考察整个世界史学的发展机制与规律，总结其方法和理路，反过来给社会历史规律的探讨以启迪，推动历史理论研究的进展，这些都是可能达到的目标。当然，这些理论研究工作的每一进展，仍是十分艰难的，需要史学界更多的学者勇于投入，锲而不舍地共同努力。

（原载《中国史研究》2017 年第 2 期）

改革开放40年以来的中国史学史研究

乔治忠

在历史学的几个二级学科之中，中国史学史地位特殊、产生较晚，而且发展历程几经波折。其产生，有着西方史学观念的影响因素，但主要得自国内梁启超等名家在20世纪20年代的倡导与实践。待到40年代，陆续出现魏应麒《中国史学史》、金毓黻《中国史学史》[①]等几部专著，学术论文的积累也数量可观，学术研究似已打开局面。但与此同时，史学界多数学人认为中国史学史的研究已经余地不大，不能成其为历史学科中独立的学术专业，而实际上，也基本不存在专一投入史学史研究的历史学者。1949年之后，新中国的历史研究和历史教学，一开始就忽略了史学史学科建设，甚至未能进入教育部历史学课程的体系设计，致使中国史学史的研究比先前亦有低落。直到1961年，由教育部等机关的直接倡导和部署，史学史形成一个热点话题，各个报刊和学术部门、大学院系，组织了颇多的讨论，教育课程和教材编写也迅速上马，学术研究成果纷纷涌现。但至1966年“文革”运动兴起，所有历史研究陷入低谷，史学史自然亦在其中。真正持续、蓬勃发展的中国史学史研究，是从改革开放之后才进入正轨。以下概略评述改革开放40年以来中国史学史研究的状况，以利于本专业的新发展。

① 二书先后由上海商务印书馆1941年和重庆商务印书馆1944年出版。

一、中国史学史学术基础建设与系统专著的编撰

在中国,学科发展是以体制性、组织性的社会结构为基础,中国史学史作为一个产生较晚的历史学专业,更是如此。1978年改革开放之后,百废待兴,文化学术与教育体系在20世纪60年代已有的基础上重新布局,史学史专业顺势提高了在历史学内的相对独立地位,从1978年研究生招考目录中专门列出中国史学史,与中国古代史、中国近现代史相并立。到20世纪80年代,全国建立北京师范大学、华东师范大学、中国社会科学院历史研究所、南开大学四个本专业博士点,成为培养本专业学术人才的重镇。北京师范大学史学研究所先是恢复内部刊物《史学史资料》的编辑印行,随之于1981年创办《史学史研究》杂志,今已成为驰名核心期刊之一。这种专门的学术期刊,既是推动学科发展的重要机制,也是专业发展的学术基础,白寿彝等史学史专家对该刊的组稿、征稿、审稿,起到学科发展的促进和导向作用。90年代确立史学理论及史学史为历史学八个二级学科之一,在高等教育和学术研究的社会体制中,史学史专业的地位上升之迹十分昭著。这一进程的得以实现,史学家白寿彝先生的贡献尤为突出。随后2000年初,北京师范大学史学理论与史学史研究中心成为教育部人文社会科学重点研究基地,获得持续、稳定的经费支撑。主持研究基地工作的瞿林东教授,放眼全国的史学史学科发展,分布史学史研究课题,资助各个高校,还每年招开史学史专业的全国性学术会议或国际会议,定期出版专门学刊,对推动中国史学史研究的发展起到极其重大的作用。

中国人文社会科学学科的发展,对于教育与学术体制上的基础建构,有着很大的依存关系。人所共知,对其内在机制与运行理

路，还需要做深入细致的专门研究，这里不做详细疏理和探讨。惟新兴的中国史学史研究，还得益于外围学科著述的烘托，更有赖于包括工具书类在内的学术基础著述的促进，这是是值得总结的内容。

一般而言，对历代的单一史家和历史名著的评介，倘若不深入到评判其人其书对整个历史学发展所起到的作用，不给予相应史家、史著在史学发展进程中的定位分析，就仍然属于历史文献学的范围，可视为史学史专业的外围著述。史学史学科的外围著述类别颇多，有些就是致力于史学史专业研究的学者所编撰。史家评传的结集、史著评介的合编，曾多所涌现，例如王树民《史部要籍解题》[①]，李宗邺《中国历史要籍介绍》[②]，高振铎、张家藩《中国历史要籍介绍及选读》[③]等。这种以系列性评介各个史籍为内容的文稿合集，曾连续面世，各有不同的组合，其中仓修良教授主编的《中国史学名著评介》[④]，前后编成洋洋洒洒五大卷，内容自古代直至当代，力求对史学名著的介绍不漏要籍，虽仍是各为单篇，分别聘请学者撰写，但总体上则贯穿今古，体现了主编人具备很强的史学史专业意识。以史家为评介对象的总集之书，以陈清泉、苏双碧等主编的三大册《中国史学家评传》，影响颇大。该书内容也是起自古代，下至现代，网罗各个时代的历史学家，请各具专长的治史名家分别撰写评介，具有学术性深切的特点。这些撰述，对研究史学史的学者提供必须的参考作用。

更重要的是直接奠定中国史学史学术基础建设的著述，十分有益于本专业的发展，而且其本身即为中国史学史研究的成果。郑

---

① 中华书局1981年出版。

② 上海古籍出版社1982年出版。

③ 黑龙江人民出版社1982年出版。

④ 山东教育出版社2006年出版。

天挺先生倡导和主持的《中国历史大辞典》，是全国历史学界精诚合作的编纂工程，其中的《史学史卷》首先出版[①]，此书由南开大学教授杨翼骧主编古代部分，华东师范大学教授吴泽主编近代部分。设计和撰录三千多条词目，内容全面，考核精细。甫一面世，即得到学术界佳评，赞称“作为我国历史上第一部广泛、系统编纂中国史学史词目的大型专业工具书，它已为中国史学史的研究作出了出色的贡献”[②]。乔治忠、姜胜利编著，杨翼骧审定的《中国史学史研究述要》一书，1996年于天津教育出版社出版，此书条理中国史学史各项内容的研究状况，对本学科自产生以来已经刊布的重要论著、论文，有介绍、有评论，并且对研究中国史学史的一些基本典籍也作了评析，最后附有中国史学史论文、论著索引，力求对本专业起到总结与“学术指南”作用。惟下限止于1986—1987年之际，后来也未增补，是为遗憾。

对中国史学史研究起到架桥铺路作用，而自身又成为独具特色的学术成果的撰著，当首推杨翼骧教授编著的《中国史学史资料编年》。此书积作者毕生学术功力，在治学的早年即已策划，历经几十年的积累资料，1987年于南开大学出版社出版了第一册，上起先秦，下至隋唐五代，将这一时段的中国史学史资料摘抄汇总，按时间顺序编纂，必要处加案语考释与说明，成为本专业研究的史料渊薮。随后1994年出版第二册，收录和考核两宋、辽、金时期的史学史资料；1999年出版第三册，内容主要为元、明两代的史学史资料。只剩计划中的清代卷未及编纂，委托给弟子接续。《中国史学史资料编年》的每一册面世，皆获得学界的赞扬，有学者指出：“系统地把

① 上海辞书出版社1983年出版。

② 杜汉鼎、刘光胜：《喜读〈中国历史大辞典·史学史〉卷》，《史学史研究》1984年第3期。

先秦以来的史学事迹按年编录，为研究者提供的资料书，杨翼骧先生编的这部《中国史学史资料编年》还属于首创。”[①]有评论认为："这部《中国史学史资料编年》，乃以著作家的史识和总揽史学发展全局的眼光而致力于资料纂辑，在学术上做出了无私的奉献。相信各个方向上的同行研究者，都会从本书中获取裨益，得到启迪，从而使中国史学史的研究更加深人、更加广泛地向前发展。”[②]受杨翼骧先生委任，乔治忠与学生朱洪斌合力续编了《中国史学史资料编年》的第四册即清代卷，并且对前三册进行了较大的增补修订，以《增订中国史学史资料编年》[③]为书名同时推出，使杨翼骧教授创始的这部著述首尾完整，实现规划，更加精湛，出版后得到广泛好评，誉为"三代学者跨越半世纪的接力"，"由这三代学者跨越半世纪合著的四卷本《增订中国史学史资料编年》由商务印书馆出版，标志着上起先秦下至清末，系统的中国史学史资料体系正式建立起来，绘制出了从武王伐纣至清帝逊位约3000年间的中国史学发展蓝图。”[④]

类似的编年汇总之作接踵呈现，山东大学王学典主编的《20世纪史学编年》为其中佼佼者，该书由商务印书馆2014年出版，全书四册，内容丰富，描述出20世纪中国史学发展的全景和主线，是研究现代史学史不可多得的参考著述。由于现代史学史资料繁复和本书篇幅的制约，各个条目采取编著者概略叙述的体式，不同于《中国史学史资料编年》那种编录原始资料的方式。但书中不少叙事和引文，没有明晰注出其史料依据，未免不便于利用。

---

① 蓝天海:《评〈中国史学史资料编年〉第一册》,《史学史研究》1987年第4期。

② 陆申:《读〈中国史学史资料编年〉第二册》,《史学史研究》1995年第2期。

③ 商务印书馆2013年出版。

④ 陈建强、陈鑫、陆阳:《三代学者跨越半世纪的接力》,《光明日报》2014年2月11日第5版。

中国史学史学术基础建设之作，有利于专业学者撰写论文、著书立说，而最可凝练研究成果的作品，就是成体系的中国史学史通贯性专著。自20世纪40年代金毓黻《中国史学史》等书出版之后，包括台湾、香港在内，全国20多年没有产生新的力作。改革开放以后，局面大为改变。朱杰勤《中国古代史学史》[①]率先出版，随后各家撰述接连涌现，迄今中国史学史的系统专著与教材已经近于30种，其中重要的有：刘节《中国史学史稿》由中州书画社于1982年出版；仓修良、魏得良《中国古代史学史简编》与仓修良独力修订的《中国古代史学史》，前者由黑龙江人民出版社于1983年出版，后者由人民出版社于2009年出版；尹达主编《中国史学发展史》由中州古籍出版社于1985年出版；吴泽主编、袁英光、桂遵义分撰《中国近代史学史》上下册，由江苏古籍出版社于1989年出版；陈其泰《中国近代史学的历程》由河南人民出版社于1994年出版；杜维运《中国史学史》三册本由台北三民书局于1998年出版，北京商务印书馆2010年重印；瞿林东《中国史学史纲》由北京出版社于1999年出版；谢保成主编三卷本《中国史学史》与谢保成独力修订的四册本《增订中国史学史》分别由商务印书馆于2006年、2016年出版；白寿彝主编《中国史学史》六卷本由上海人民出版社于2006年出版；乔治忠《中国史学史》由中国人民大学出版社于2011年出版；谢贵安《中国史学史》由武汉大学出版社于2012年出版。

其余不一一列举。上述各部著述，或出于学术团队合作，或为学者个人独撰。团队之作，若能有主导线索，群策群力，势必会写出特色；独撰者多根基于从事长期专业研究及专业教学的体会，在具体问题上自然各有发明，值得重视。但各书对于中国史学史的整体发展历程之理解，多有观念不一，识见龃龉，甚或根本冲突。虽说不

① 河南人民出版社1980年出版。

同学术见解的存在是正常状况,但从逻辑上看,中国史学的发展是一个客观的历程,我们对此历程的多种认知,可以全都不对,但不可能几种相互抵牾的看法全都正确,理论上符合真实状况的认识,应当只有一种。这就是说,历代通贯性的中国史学史专著,本质上不是具体知识的拼合,而是理论层次上的统摄,在中国史学史多样的著述体系中,至多只能有一种最接近于实际,所以对于中国史学史整体历程的认知,必须予以热烈、认真的论辩,相互取长补短,消除误判,以求真、求是的准则趋向于共识的建立。这涉及到对于史学史基本理念的认识,是本学科理论性探讨的内容,并非仅仅凭借对具体史书、史家等几项个案研究的直观感悟即可概括与解析。

二、史学史基本理念的理论性探讨

作为一个相对独力的学科体系,应当具有自己的基本学术理念,即对于本学科性质、任务、内容范围、学科地位、研究方法、独有特点、产生条件、发展机制等具备一定的理论性认识。任何学科、专业,这项基本理论的建设都是极其必要的,如果某种"专业"无法明晰地论证其性质、特点、任务、内容等,漫无界定,内涵模糊,随意出入,那就或为零拼杂凑、或为乱立名目,不具备社会科学的价值。基本的专业理念若不具备,不知道今后应该做些什么,何能侈谈发展方向。中国史学史学科自诞生之始,即伴随着这种基本理念的思考,而缺少这种思考,就不能确认这一学科的已经产生和存在。梁启超在《中国历史研究法补编》将史学史视为学术史的一个组成部分,其中专有一节论"史学史的做法",提出"中国史学史最少应对于下列各部分特别注意:一史官,二史家,三史学的成立及发展,四最近史学的趋势"。如此简明扼要对中国史学史研究内容的概括,其推动史学史学科诞生的作用,要大于一两部示范性撰述。但中国史学界往往疏淡类似的理论性研讨，梁启超的议论是否完善无误，长期缺乏辩论。直至20世纪60年代前几年，在教育部决定恢复中国史学史课程教学的背景下，学术界对本专业的研究任务、研究对象、注意事项、发展规律、阶段分期以及与相邻学科的关系，进行了广泛讨论，取得不少有益的启示，也反映了那个时代意识形态上的的思想制约。改革开放之后，重新出现研讨，其中有60年代认识的延续，也呈现出全新的探索与归纳，涉及面相当广泛，议论的内容主要有以下三点：

（一）对于史学史学科基本性质和学科地位的认识

史学史是研究历史学发生、发展与各个时期史学活动状况及其与各种社会因素相互关系的学科。对此，各位学者在表述上或有区别，但基本蕴义实质上大体相同。梁启超《中国历史研究法补编》将中国史学史归入文化专史的范围之内。后来的学者，一般都认为史学史应当属于学术史中的一个门类，例如杨翼骧认为："中国史学史，是中国史学发展的历史，是众多学术史中的一种。"[①] 瞿林东则认为，史学史既是社会科学史的一部分，又"近于学术史的一部分"以及"近于分科学术史"，还特别指出史学史"是对史学自身发展的反思和前瞻"[②]。这对于史学史属于学术史的定性，自然比"文化专史"的识见更为深入，但仍须进一步解析。

乔治忠认为：

> 如果说历史学是对人类社会以往进程的反思，那么史学史就是对于历史学的一种总结性、描述的反思……从认识论

---

① 杨翼骧：《中国史学史绪论》，载《南开大学历史系七十五周年纪念文集》，南开大学出版社，1998年，第273页。

② 瞿林东：《中国史学史纲·导论》，北京出版社，1999年，第21页。

上看，史学史是反思的又一层次，不能仅看作是历史学的分支，它还担负着总结、描述整个历史学历程的功能，可以说是从历史学中产生出来又凌驾其上的那个层次[①]。

这段论述，同时从学术理念上强调了史学史学科在历史学中的重要地位。中国史学遗产极其丰富，远远超过世界上任何单一的民族和国家，与别国不同，中国倘若没有发达兴盛的史学史学科，则是学科建设的严重残缺。历代积累的史学遗产，预示中国史学史的研究有条件跃居最成熟、最深入的一流水平，成为独步世界史坛的显学。

（二）关于中国史学史的学科任务与研究内容

1978年，郭圣铭发表《应当重视史学史的研究》[②]一文，认为史学史研究的内容应将历史哲学、历史编纂学、史料学与史学方法论包含在内。“史学史的基本任务要正确阐明上层建筑和经济基础的关系，揭示历史科学的发展规律，指出历史科学的发展方向。”其观点基本处于60年代初已有所讨论的认识水平，其中将“阐明上层建筑和经济基础的关系”归为史学史学科的任务，乃越出专业界限，甚为不当。但在处于改革开放前驱时期发表，仍广受关注，促进了业内学者的思考和探究。白寿彝教授指出：中国史学史的任务是研究“中国史学发展的过程及其规律”，内容包括“中国史学本身的发展，中国史学在发展中跟其他学科的关系，中国史学在发展中所反映的时代特点，以及中国史学的各种成果在社会上的影响”[③]。瞿林

---

① 乔治忠、金久红：《构筑中国史学史的学术高地——乔治忠教授访谈录》，《史学月刊》2013年第8期。

② 《上海师范大学学报》1978年第1期。

③ 白寿彝：《中国史学史》，上海人民出版社，1986年，第29页。

东教授将中国史学史的任务和内容列为六点：关于中国史学发展过程及其阶段性特点；史官、史家与史学成果及其特点；历史思想与史学思想；史学与社会的相互关系；史学发展与相关学术文化领域的关系；史学发展的规律性[①]。观点一脉相承，而瞿先生有所补充。

杨翼骧教授于70年代末、80年代初几番讲授中国史学史，绪论中提出中国史学史的研究范围应是以下几项内容：历史观；历史编纂学；史学思想；史学理论；史官制度；史家的生平及其成就。特别指出了历史观与史学思想是不同的概念，"历史观是人们对社会历史发展的总体认识"，而"史学思想是对史学的看法"，二者是不同的概念[②]。乔治忠在杨翼骧论断的基础上进一步阐扬，提出史学史"有着清理史学遗产、阐明史学演进过程、揭示史学发展规律的任务"，"这三项任务不是互相分离的，前项是后项的基础，后项是前项的指导，各项任务有机地结合在一起。只有对史学遗产作出一定程度的清理，才能较好地阐述历史学的演进过程；对史学演进过程有了比较清晰的理解，才能探讨史学发展的规律；在对史学规律的探讨中，才能更深切地理解史学从古至今的演进。"关于中国史学史的研究内容，乔治忠提出八项，即"以分类分析的方式归结为历史观、史学思想、历史编纂学、官方史学及其相关的制度与举措、史家的史学活动、史学评论、史学与其他社会因素的联系和相互影响、史学发展的社会运行机制等八个方面"，并且作了详细的阐释。指出"历史观在整体上不属于史学史的研究范围……史学史将历史上对史学造成很大影响的历史观以及重要史家的历史观，作为

① 瞿林东：《中国史学史纲·导论》，北京出社版，1999年，第24页。

② 杨翼骧：《中国史学史绪论》，载《南开大学历史系七十五周年纪念文集》，南开大学出版社，1998年，第274—275页。

本学科的研究内容之一”。认为“史学思想是对历史学本身的一种认识，涉及历史学的性质、功能、治史目的以及与此相关的方法论问题……各种史学思想也有一个从零星的、个别的认识逐步完善化、系统化的发展过程，而史学思想一经形成体系，即成为一种史学理论……在中国史学史的学科建设中，学术任务与研究内容的这两层结构，是其学术体系的基本体现。真正理解和掌握了中国史学史研究的任务和内容，在具体的学习与探讨中就会具备清晰的思路和座标”[①]。

（三）关于史学发展规律的问题

1961年开始的对于中国史学史学科的讨论，探讨史学发展规律作为史学史研究的主要任务，本是众口一词的话题。但改革开放以后，议论渐行淡化，为学术总体进步中的一项偏转，是为遗憾。值得注意的是：瞿林东先生1999年出版的《中国史学史纲·导论》，仍将“史学发展的规律性”列为中国史学史研究的一大任务，并且在括号内注明：“历史的进步与社会生活的日益复杂与史学内容的逐渐丰富的一致性，不同的历史观点、史学观点的矛盾斗争促进着史学的进步，求真与致用的对立统一，史家作为一个整体总是在历史进步和史学发展中不断完善着自己。”[②]这种坚持探求史学发展规律的精神十分可贵，但作出的描述还没有深入达到理论性概括、抽象的层次。

李振宏教授试图揭示历史学的发展规律，表述为三点：时代发展推进史学进步；历史观的变革推动史学的发展和进步；个人修史创造传世名作[③]。但这只是对于史学发展样态的近似描述，且不言

① 乔治忠：《中国史学史·绪论》，中国人民大学出版社，2011年，第4—8页。

② 瞿林东：《中国史学史纲·导论》，北京出社版，1999年，第24页。

③ 李振宏《开辟中国史学史研究新局面的思考》，《史学月刊》2012年第8期。

未必完全符合实际,单就整个描述的模式可以用在文学、美术以及许多实用工艺的发展,就不能说是史学发展的规律。

乔治忠提出:“揭示史学的发展规律,就是要探讨史学发展的社会条件与内在原因,剖析历史学在不同阶段的运行机制,这需要在史学史研究相当深入的基础上,通过中外史学的比较研究来逐步解决。”[①]要投入认真、实在的研究功夫。在中国史学史研究和中外史学比较中,笔者提出对传统史学发展的论析,主要观点是:1.历史记述的真实性与历史撰述的社会功用之间的矛盾,是传统史学发展的内在动力。历史记述的真实性,是史学产生、存在和发展的第一要素,一个民族和地区,如果在其追忆往事而渐次形成文字撰述的早期阶段,未能形成强劲的记史求真理念,其社会的记忆就会过度呈现为神话想象和文学渲染,从而不能独立发展成真正意义的史学。文明发祥极早、存留史料极富的古代埃及,却没有产生本民族独立发展的史学,原因即在于此。2.由于古代史学尚未形成相对独立的社会系统,所以史学发展的重要条件之一,是要具备一定的社会功能,舍此便不能得到当时的广泛关注。记事求真的理念与社会功用的诉求存在着矛盾,史学就在求真与致用孰为主导、彼此消长的矛盾状态中发展、前进。3.中国传统史学的显著特点是具有制度化、组织化、纳入政治机制并且连续发展的官方史学,从而形成官方史学与私家史学的双轨发展。撰史的真实性与功用性的矛盾,就在官、私史学之间、政局变动的流程之中运转。4.史学发展内在的求真与致用的矛盾,终究会使史学逐步强化其学术性,……待到社会不必借助史学来辅助某种政治功能的阶段,史学靠学术机制运行,其内在的基本矛盾,将转化为求真、求是与求新之间的矛盾。某些历史研究因求新而违背求真和求是的原

① 乔治忠:《中国史学史·绪论》,中国人民大学出版社,2011年,第5页。

则，然后被克服和纠正，如此反复，推动史学的继续发展[①]。以这种理念为根据，乔治忠在专著中对中国史学的发展历程划分了阶段。这些观点，论及历史学产生的条件，史学发展的基本矛盾和内在动力，中国传统史学的主要特色及其发展阶段，实际已经构成对中国传统史学发展规律的探索，学术界应当引起关注并且积极讨论。

三、史学史的大小专题与长短时段的研究

历史学科中高水平的通贯历代的专著，以及理论层次的深入探讨，很不容易做到，涉足者较少。学术的繁荣景象，主要还是表现为一定专题的探索和一定时段范围的研究。中国史学史的专题研究，可以针对现成存在的史学事项，例如研究一位已往的史学家或一部史学名著，这在选题中最为方便，也是史学史研究起步的基点。进一层次，专题可以是经过提炼、归纳的研究对象，如对于中国古代史籍体例、对于某种史学思想、对于一种史学家群体、对于修史制度的探讨等等。一定时段的研讨，长短不一，在对中国传统史学的研究中，截取一个朝代或连续的两三个朝代，比较常见，也有专取一个朝代的某一时期为断限者。其中既有研究此一时段某一特定史学现象，即与专题研究相结合，也有整体性的论析。这样多种专题和长短时段的研究及其各种组合，使史学史的研讨成果呈现缤纷多彩的局面。这里略举其要：

（一）史家、史书研讨的长盛不衰

史家和史书的研究，对于清理史学遗产工作，至为重要，在奠定史学史研究基础中不可或缺。自中国史学史学科产生以来，这种专题研究至今长盛不衰，小则短篇文章，大则洋洋洒洒巨著，形式

① 乔治忠：《中国史学史·绪论》，第19—21页。

多样，难以胜计。诸如《尚书》《左传》，司马迁《史记》，班固《汉书》，刘知幾《史通》，杜佑《通典》，欧阳修的史学，司马光《资治通鉴》，朱熹的思想，马端临《文献通考》，顾炎武、黄宗羲、王夫之的史学与思想，顾祖禹《读史方舆纪要》、清官修《明史》，章学诚的史学，魏源《海国图志》，梁启超、章太炎、顾颉刚、陈寅恪、陈垣、李大钊、郭沫若等人的史学成就和思想，几乎历年皆有新作，出现许多在学术上多所突破的重要著述。例如蒋善国《尚书综述》、刘起釪《〈尚书〉学史》二书[①]，对几十年来各种不同见解予以梳理，加以自己的判断，总结提高，考论精深。关于《史记》，白寿彝《〈史记〉新论》[②]一书，篇幅虽然不大，但对《史记》的写作背景、撰著宗旨、体例结构设计、编纂方法、司马迁的思想与贡献等作了全面阐释。程金造《〈史记〉管窥》[③]，对《史记》的体例渊源、司马迁的生年、卒年、《史记》的撰述意旨，均博引众论，详加梳理，辟谬正讹，得出深切判断。其他如瞿林东对于唐初令狐得棻、中唐杜佑及其《通典》的研究，谢保成对于吴兢《贞观政要》的考论，也都创见纷呈，成果突出。

关于清朝所修《明史》，历来评述颇多，1978年之后，陆续产生新的学术见解，例如黄爱平指出王鸿绪对于《明史》稿多有修订，并非“攘窃”万斯同稿[④]。乔治忠认为《明史》完全属于官修，而贡献最大的个人是徐元文、朱彝尊、万斯同、王鸿绪四人[⑤]。王嘉川专论了徐元文对纂修《明史》的贡献[⑥]，乔治忠、杨艳秋的文章认为《四库全书》本《明史》在学术上超越此前刊本，是官修《明史》的最

① 分别为上海古籍出版社1988年、中华书局1989年出版。

② 求实出版社1981年出版。

③ 陕西人民出版社1985年出版。

④ 黄爱平：《王鸿绪与〈明史〉纂修》，《史学史研究》1984年第1期。

⑤ 乔治忠：《清朝官方史学研究》，文津出版社，1994年，第196页。

⑥ 王嘉川：《徐元文与〈明史〉纂修》，《史学史研究》1995年第2期。

终成果[①]。其他如司马光《资治通鉴》、朱熹及其《资治通鉴纲目》、刘知幾的史学理论、章学诚的史学思想等，均为热点的专题。

在1978年以来的新时期，此前鲜有问津的史家、史书，如《东观汉记》、华峤《后汉书》、谯周《古史考》、袁宏《后汉纪》，干宝、孙盛的史学作为，南宋李焘、李心传、明代王世贞、胡应麟、清人吴任臣、官修《西域图志》等，均成为探研对象。这就使史学发展全景更加明晰，研究范围显著扩大，并且成果斐然。例如乔治忠的文章探究聚讼超过千年的《越绝书》作者和成书年代问题，力排众议，认定成书于东汉安帝延光元年(122)前后，准确到年，主要作者为吴平，其书编辑的目的，是要抵制赵晔《吴越春秋》贬斥越王勾践的影响[②]。潘振平《〈瀛寰志略〉研究》一文，考订该书的编纂状况，纠正异说，指出《瀛寰志略》在学术水平和思想先进性上，远过于魏源《海国图志》[③]。这类独得的学术见解还可以举出一些，值得学界注意。

与改革开放前相比，对民国时期近代史家的研讨日益繁盛，蔚为壮观。举凡章太炎、胡适、陈寅恪、陈垣、吕思勉、钱穆、罗振玉、柳诒徵、何炳松、傅斯年等等，都成为热点，评述王国维的论著也连续不绝，研究顾颉刚更与对整个“古史辨派”的评论结合一起。对马克思主义史学家的研究也形成热潮，许多史学旧事得以清理、考订，评论中不无意见分歧，但除了对顾颉刚等少数史学家的评论褒贬参半外，主要倾向是多所赞誉，其中包含不少门生、后裔的参与，其畸轻畸重自然难免。正如学界有人指出的那样，一段时期以来对于民国史家的成就已然估量过高，夸张业绩、掩饰缺陷，甚至将学术上极少可称者也掺入吹捧，学风和情绪皆有偏颇。对近现代史家与

① 乔治忠、杨艳秋：《〈四库全书〉本〈明史〉发覆》，《清史研究》1999年第4期。

② 乔治忠：《〈越绝书〉成书年代与作者问题的重新考辨》，《学术月刊》2013年第11期。

③ 潘振平：《〈瀛寰志略〉研究》，《近代史研究》1988年第4期。

史学迄今已有的大量评议，还有待沉淀泡沫，剖别偏正，以马克思主义原则指导和唯物辩证方法重新论断。

（二）史学思潮与史学流派问题的探索

在中国史学史研究中，特别是在近现代史学史研究中，关乎史学思潮和史学流派的论述往往夺目抢镜，特别引起学界的关注。这种探讨由来很久，时有翻新。胡逢祥、张文建《中国近代史学思潮与流派》一书认为："中国近代真正形成史学思潮的，主要有经世致用史学思潮、新史学思潮、国粹主义史学思潮、疑古史学思潮以及屡屡泛起的封建复古主义史学思潮等。这些思潮的依次递兴，大致经历了一个由依附于一般的学术思潮到逐步形成独立史学思潮的过程。"[①]张书学提出中国近现代"三大史学思潮，即实证主义史学思潮、相对主义史学思潮、马克思主义史学思潮"[②]。盛邦和也将史学思潮归纳为三种，即"批判主义史学思潮""民族主义史学思潮""马克思主义史学思潮"，分别源于社会民主思想、民族主义思想与社会主义思想[③]。侯云灏则认为"20世纪中国史学主要有三大思潮：一是'新史学'思潮，二是新历史考证学思潮，三是马克思主义史学思潮"，对其他角度提出的如"国粹主义""爱国主义"史学思潮，明文贬抑，认为从史学史角度来看"不是一种独立的史学思潮"[④]。各种见解还有不少，总的说来是标准不一，结构离析，意见分歧，多有随意命题之迹。

对于中国近现代史学流派的探讨，存在同样的问题。前揭胡逢

① 胡逢祥、张文建：《中国近代史学思潮与流派·绪论》，华东师范大学出版社，1991年，第16页。

② 张书学：《中国现代史学主潮论纲》，《山东大学学报》2000年第6期。

③ 盛邦和、何爱国：《中国现代史学三流派及形成的社会原因》，《史学理论研究》2003年第4期。

④ 侯云灏：《20世纪中国史学思潮研究及相关问题》，《史林》2002年第1期。

祥等的著述没有明确厘清思潮与流派的区别，而是混含言之，如国粹主义思潮之下就是史学的“国粹派”。其他论者，各具异说，例如王学典教授的主张，则是关于现代史学内存在“史观派”与“史料派”两级对立统一的结构。他表示要坚持“史料派和史观派的消长沉浮，构成了整个20 世纪中国史学变动的观点”[①]，但有时也把这一结构性认识用“新史学”与“新汉学”的概念来表述，认为“在概述或纵论整个中国史学史时，可以用‘新史学’来指称20世纪中国史学”，以与两千年来的所谓旧史学特别是二十四史相区别[②]。值得注意的是，侯云灏在攻读博士学位期间，就撰成《20世纪前期中国史学流派略论》[③]，指出史学界已有的划分史学流派方法，都存在问题，或难以确切，或顾此失彼。而他自己则罗列出12种史学流派，并且说明“12个史学流派，并不是本世纪前半期史学流派的全部……学派林立，却难于以一个统一的标准划分”，特别是“有的学派还没来得及消化吸收，还没有彻底成型，有的学派其宗旨并不清楚，就消失了。学派存在时间短暂，来不及找准自己的定位”，这道出了实情。而既然如此纷繁驳杂、不成体系，作者仍主张“专门从史学流派这一独特视角立论，来研究中国现代史坛”，还有必要性吗？

研讨史学思潮与史学流派，反映了学者不甘于仅做散碎的研讨，试图对史学发展状态进行一定程度的统摄与整合，初衷是学术进取性的体现，以上所引各位学者的论文，梳理资料十分精细，思辩理路相当雄奇，其价值不可抹杀。然而对于“史学思潮”“学术流派”这类范畴缺乏进行理论性的研讨，未能界定其蕴义，尚不明晰

---

① 王学典：《近五十年的中国历史学》，《历史研究》2004年第1期。

② 王学典：《新史学和新汉学：中国现代史学的两种形态及其起伏》，《史学月刊》2008年第6期。

③ 侯云灏：《20世纪前期中国史学流派略论》，《史学理论研究》1999年第2期。

其对于社会史实的确切指向,就难免部分地成为繁杂、无序和模糊化的概念工具,出现主观构建、随意认定的倾向。史学思潮的概念并非完全不可使用,但既然为思想之“潮”,似应是忽然兴起、浮于表层,奔腾激荡,夺人视线,但势必较快地消退与沉静,终于溶入一时曾被遮掩了的深层内涵。因此长久存在的经世史学思想,产生之后一直稳步扩展力量的马克思主义史学等等,都不宜归为“思潮”,姑且称之无妨,严密推敲可议。在近现代史学发展中,确实存在理念近似,甚至有师承关系的史学家群体,他们声气呼应、互为奥援,可以视为学派,如顾颉刚为代表的疑古学派。以某种学术阵地或学术机构为依托,理念相近且声气呼应的史学群体,为研究中评述行文的方便,也可以姑且称为学派,如“学衡派”“南高派”“食货派”等等。“学派”划分既然无法形成正确的统一标准,多为“姑且”之词,因此不能作为把握和解析中国近现代史学史的万能钥匙。

(三)官方史学研究的推进

在历来事关中国史学史的论著中,都不同程度涉及中国古代官修史书和官方史学的内容,但大多没有予以充分的重视,更缺乏将官方视为与私家构成对等的史学主体的意识。乔治忠《清朝官方史学研究》[①]一书,首次明晰标举“官方史学”的概念,随之又发表文章提出:“中西史学从发生和发展上看,其根本区别就是中国具有纳入政权机制的官方史学,因而形成官方、私家史学的双轨发展。”[②]此乃中国古代史学异常兴旺的原因。这实际提出了将官方史学视为与私家史学对等,并且居于主导地位的理念。此前此后,作者对清代和其他朝代、通代之官方史学的研究,仍然继续,发表

① 文津出版社1994年出版。

② 乔治忠:《中国与西方古代史学的异同及其理论启示》,《学术研究》2007年第11期。

论文多篇，还编辑了《中国官方史学与私家史学》[1]，进而撰著《清代官方史学与私家史学相互关系研究》[2]一书。岳纯之《唐代官方史学研究》[3]、王盛恩《宋代官方史学研究》[4]、杨永康《明代官方修史与朝廷政治》[5]，是后继的三部专著，选题、写作，直接得自乔治忠论著的启示。王记录《清代史馆与清代政治》[6]，为颇有影响的力作。谢贵安对明代、清代的官修实录深入研究，出版《明实录研究》《清实录研究》《宋实录研究》《中国已佚实录研究》《中国实录体史学研究》等专著[7]，及发表大量论文，实际也是投入到中国古代官方史学研究之中，成就显著。姚继荣《清代方略研究》[8]、段润秀《官修〈明史〉的幕后功臣》[9]等，亦与官方史学研究关联密切。此外，以探讨官方史学活动为专题的论文，也逐年增加，不一一列举。

研讨官修史和官方史学活动，关键要将官方史学与私家史学，视为构成两条互动、互补又互有排抑之发展轨道，以此思路继进，探讨中国史学特别兴盛的原因，发现官方史学的优长与文化魅力，因而影响周边民族及外国政权。归纳官方史学包含的各项内容，提出判断古代官修史与私修史区别的标准，即一部史书纂修进程中，官方对史籍的修纂是否有着切实的控制和管理。由考察官、私史学的互动，进而思考史学的社会运行机制，探索中国史学的发展规

① 乔治忠：《中国官方史学与私家史学》，北京图书馆出版社，2008年。

② 乔治忠：《清代官方史学与私家史学相互关系研究》，花木兰文化出版社，2016年。

③ 岳纯之：《唐代官方史学研究》，天津人民出版社，2003年。

④ 王盛恩：《宋代官方史学研究》，人民出版社，2008年。

⑤ 杨永康：《明代官方修史与朝廷政治》，人民出版社，2015年。

⑥ 王记录：《清代史馆与清代政治》，人民出版社，2009年。

⑦ 分别为文津出版社1995年、上海古籍出版社2013年、上海古籍出版社2013年、上海古籍出版社2013年、武汉大学出版社，2007年出版。

⑧ 姚继荣：《清代方略研究》，西苑出版社，2006年。

⑨ 段润秀：《官修〈明史〉的幕后功臣》，人民出版社，2011年。

律，这才是研讨官方史学的意义所在。这些理念，主要是乔治忠在其论著中所提出，还有待业内同仁多所关注与讨论。

（四）断代史学史与通代专题研究的勃兴

鉴于官方史学在传统史学中的重要地位和作用，中国古代史学具有随政权兴亡脉动的节奏，研究一个朝代或连续两三个朝代的史学发展，是合理的、自然形成的选题。较有影响的著作，诸如谢保成《隋唐五代史学》[①]、燕永成《南宋史学研究》[②]、罗炳良《南宋史学史》[③]、钱茂伟《明代史学的历程》[④]、杨艳秋《明代史学探研》[⑤]等，历年陆续出版，但还未能构成从先秦至清代的另一著述系列。改革开放之前，明代史学史的研究十分薄弱，1990年之后则专题论著显著涌现，其中钱茂伟用功甚勤，专著之外发表多篇论文，涉及面颇宽，业绩显著。以断代时间的范围研究一项史学专题的著作，是史学史研究成果的表征之一，其中如姜胜利《清人明史学探研》[⑥]、周少川《元代史学思想研究》[⑦]等，颇具资料清理之功和富于学术新见。

至于近现代已经不存在朝代，整个近现代的史学史被视为相当于通代性质，那么其中一个时段范围的研究也可以类似于古代的断代。研究成果可议类比归纳于此，王学典《二十世纪后半期中国史学主潮》[⑧]、路新生《中国近三百年疑古思潮研究》[⑨]、陈其泰《20

---

① 谢保成：《隋唐五代史学》，厦门大学出版社，1995年。

② 燕永成：《南宋史学研究》，甘肃人民出版社，2007年。

③ 罗炳良：《南宋史学史》，人民出版社，2008年。

④ 钱茂伟：《明代史学的历程》，社会科学文献出版社，2003年。

⑤ 杨艳秋：《明代史学探研》，人民出版社，2005年。

⑥ 姜胜利：《清人明史学探研》，南开大学出版社，1997年。

⑦ 周少川：《元代史学思想研究》，社会科学文献出版社，2001年。

⑧ 王学典：《二十世纪后半期中国史学主潮》，山东大学出版社，1996年。

⑨ 路新生：《中国近三百年疑古思潮研究》，上海人民出版社，2001年。

世纪中国历史考证学研究》[1]、张剑平《新中国史学五十年》[2]、张越《新旧中西之间——五四时期的中国史学》[3]、赵梅春《二十世纪中国通史编纂研究》[4]等。选题重要,论述精详,很具学术参考价值。

将一项中国史学史的专题作通贯历代的全面研究,具有突出的学术价值,但撰著颇为困难,要求作者有深厚的学术功力,甚至需要组成团队合作。这种研究已经勃兴,代表之作当属吴怀祺主编的《中国史学思想通史》[5]与瞿林东主编的《中国古代历史理论》[6],皆为多卷本巨著,总成就引人注目。两套著述辉光相映,尤其是后一套,明白、郑重地宣示了将历史理论与史学理论区分开来的意旨。这个理念虽然早有杨翼骧等老一辈学者的强调,但在行世至今的史学研究论著中,许多学者常常将之混淆一起,不明界限。

(五)课题开拓与中外史学比较

中国史学史的研究如何开拓新的课题,早已进入史学家的思考和视野。白寿彝先生曾多次提示要进行中国各个少数民族史学史的研究,瞿林东主持北京师范大学史学史研究中心工作期间,作出了具体的学术部署,成果将很快得以展现。课题开发的方向之一,是将史学史研究与社会文化及其他学术考察结合起来,学者已经有所尝试,如陈其泰撰著的《史学与中国文化传统》、汪高鑫《中国史学思想通论·经史关系论》、李孝迁《西方史学在中国的传播(1882—1949)》等[7]。但最重要的学术开拓,当大力推动中外史学的

---

① 陈其泰:《20世纪中国历史考证学研究》,北京师范大学出版社,2004年。

② 张剑平:《新中国史学五十年》,学苑出版社,2003年。

③ 张越:《新旧中西之间——五四时期的中国史学》,北京图书馆出版社,2007年。

④ 赵梅春:《二十世纪中国通史编纂研究》,中国社会科学出版社,2007年。

⑤ 黄山书社2005年出版。

⑥ 安徽人民出版社2011年出版。

⑦ 分别为书目文献出版社1992年、福建人民出版社2011年、华东师范大学出版社2007年出版。

比较研究，这项课题对知识结构要求较高，难度很大，需要培养一批专门人才，才能兴旺起来。

乔治忠发文提出：

> 中西史学的比较，可以在不同起源的两种史学中发现共同的特点，有助于探索史学发展的社会机制。而进行中日、中韩(朝)之间传统史学的比较研究也十分必要，因为日本、朝鲜半岛的史学是从古代中国输入的，在本民族和本国的社会条件下，既承袭了中国史学的许多传统，也演化出各自的特色。进行这种同中之异的比较研究，了解日本、朝鲜等国对中国史学的影响接受了什么、舍弃了什么、改造了什么，出于什么社会原因进行这种取舍和改造，对于认识中国史学的特点、探索史学在不同社会条件下的运行机制，同样具有十分重要的意义。因此，中西史学比较与中日、中韩(朝)史学的比较研究结合起来，二者不可偏废。如有条件，中国与越南古代史学的比较研究也应当进行[①]。

自中国史学近代化转型之后，考察、论述中西、中日文化交流及其相互影响的论著络绎不绝，其中也有少量涉及到史学问题。这可以视为进行中外史学比较研究的基础条件和前提准备，真正进行中外史学的比较，需要更深入的思考与探索。改革开放以来，迄今尚缺少中外史学比较研究的专著，成果主要体现在学术论文的发表。中西史学比较研究起步较早，胡逢祥1992年就发表《中西史学源起比较论》[②]一文，对史学产生的条件以及中西史学在起源上

---

① 乔治忠：《关于中外史学比较研究问题的解说》，《山东社会科学》2011年第9期。

② 胡逢祥：《中西史学源起比较论》，《史学理论研究》1992年第4期。

的异同作了初步探索。他的另一文章《试论中西古代史学演变的不同途径与特点》尤为精湛，指出中国古代“官、私史学并驰”，而西方古代无此事项，乃由私史为主到教会垄断。文章概述了中西史学各自的演变状况及特定，提出不少值得重视的概念[①]。张齐政连续发表《中西史学理论异同论》《中西古典史学批评论》《中西史学比较二题》等文[②]，但较为重视中西史学之同而忽略相异点。乔治忠《中国与西方古代史学的异同及其理论启示》一文指出：二者皆具备记史求真的观念和对史学社会功能的强调，但最明显区别是有无连续不断的官方修史，通过比较，可知记史求真与治史致用的对立统一，是推动史学发展的基本矛盾[③]。其他如杜维运《中国史学与西方史学之分歧》[④]强调中国古代的记史求真准则优于西方，批斥后现代主义的历史观念。马雪萍《中西古代史学历史编纂理论与方法的比较》分析了中国与西方在历史思维、史料批判等方面的异同，认为西方古代史学因思想和方法不断衰退，故被中世纪基督教史学所取代。

关于中日史学的比较，盛邦和的文章详细梳理了中日两国“华夷史观”及其异同，认为近代“东亚对外观的转化，中国走在前面”[⑤]，这个论点是值得商榷的。乔治忠发表《论中日两国传统史学之“正统论”观念的异同》《论中日两国传统史学的比较研究》《中日两国官方史学及其近代转型的比较》《古代中国官方修史视角下的中外

① 胡逢祥：《试论中西古代史学演变的不同途径与特点》，《学术月刊》1997年第9期。

② 分别见于《衡阳师专学报》1997年第4期、《史学月刊》1998年第2期、《衡阳师专学报》1998年第2期。

③ 乔治忠：《中国与西方古代史学的异同及其理论启示》，《学术研究》2007年第11期。

④ 杜维运：《中国史学与西方史学之分歧》，《学术月刊》2008年第1期。

⑤ 盛邦和：《中日华夷史观及其演化》，《华东师范大学学报》1996年第2期。

史学比较》《中日两国历史学疑古思潮的比较》《中国史学史学科发展与中外史学比较》《论中国史学史研究的东亚视域》《中日两国在古史研讨上的政治扰动》等多篇论文[①],得出日本传统史学是因为中国史学传入影响而产生,但演化出自己的特色,成为促成古代日本天皇“万世一系”政治体制和列岛国家能够统一的根本原因。另外,张文静《“尧舜禹抹杀论”与“古史辨”中的“疑古思想”》[②]、张紫晨《中日开辟神话的比较》[③]等,是选取具体个案做比较研究,功力颇深,足资参考。

涉及中国与朝韩史学比较研究的论著,应当说算是刚刚起步,在中国访学并且在中国出版的韩国学者李润和《中韩近代史学比较研究》[④]一书,并未臻于细致、深刻。朱政惠《关于中韩史学比较若干问题》[⑤]的文章,论述了开展中韩史学比较研究的基本理念。归泳涛撰文提出:近代中日韩三国都以民族主义为历史观基础,因而有共同思想也有冲突,应当超越“民族史观”的局限,以更广阔的视野看待历史[⑥]。孙卫国发文多篇,其中有《明实录与李朝实录之比较研究》《朝鲜王朝世宗实录的编纂与中国实录传统的影响》《〈明实录〉之东传朝鲜及其影响》《中国史学对东亚史学的影响与交流》[⑦]等

① 分别见《求是学刊》2005年第2期、《学术月刊》2006年第1期、《史学月刊》2008年第7期、《史学理论研究》2009年第2期、《齐鲁学刊》2011年第4期、《史学月刊》2012年第8期、《史学理论研究》2016年第2期、《史林》2016年第4期。

② 张文静:《“尧舜禹抹杀论”与“古史辨”中的“疑古思想”》,《东北师大学报》2015年第3期。

③ 张紫晨:《中日开辟神话的比较》,《北京师范大学学报》1986年第4期。

④ 社会科学文献出版社,1994年。

⑤ 朱政惠:《关于中韩史学比较若干问题》,《韩国研究论丛》第1辑,上海人民出版社,1995年。

⑥ 归泳涛:《民族主义与中日韩三国近代的历史观》,《国际政治研究》2007年第2期。

⑦ 分别见于《求是学刊》2005年第2期、《史学理论研究》2015年第3期、《文献》2002年第1期、《历史教学问题》2012年第4期。

等，前两篇属于中外史学比较内容，其他均为中外文化交流及其相互影响研究。他还出版两部著述，乃是专力研究朝鲜王国的政治历史观念与中朝文化交流，为深入进行中韩史学比较研究奠定深厚基础。事实上，无论中西还是中日韩，研究文化交流与相互影响的著作、论文十分丰富，这里不予罗列。惟大量中外文化交流和相互影响的研究著述中，涉及史学内容者寥寥无几，进入中外史学比较研究者更为凤毛麟角。这是亟须加强呼唤、着力引导的治学方向。

四、对中国史学史研究的几点思考

前所论述，已经提到本学科还存在的一些问题，谈到学术课题开拓时，也言及今后的发展方向。限于篇幅，这里仅条列几点愿景：

1.史学史研究的每项内容，都不能依靠援引和讲说有趣的故事，只能以严密的逻辑性和深入的分析制胜。因此本学科的学者，应当格外强化理论思维的水平，这就需要认真学好唯物辩证法，使之成为学术研究的思维利器。

2.坚持学科成长和发展的学术方向，提倡以学术论辩力求解决理念分歧，以及各种大大小小具体问题的分歧。不能不实行“求同”努力就消极地“存异”，学术进展有赖于此。

3.继续加强学术基础建设，例如改善当下日本、韩国史学资料和文献奇缺的状况，才能推动中日、中韩（朝）史学比较研究的扩展。

4.加强本学科学术队伍的建设，培养一批具备特殊治史技能的史学史专业学者，例如精通甲骨文、金文，熟识满文，懂古代音韵等，为审视历史学各个专业著述做好准备，因为史学评论是本专业的重要职责。

（原载于《中国史研究动态》2018年第4期，此次收录略有修订。）

试论魏晋南北朝正史《五行志》中的“服妖”撰述

胡祥琴

魏晋南北朝是中国历史上一个典型的政治多元化时期，制度、文化的剧变是当时一种十分值得注意的现象。伴随着北方少数民族向中原地区的不断涌入，由不同民族建立的多个政权取代了一度统一达400余年的汉王朝，以华夏衣冠为特色的中原礼乐制度遭遇重创，走向东周以来的又一次解体。在此背景之下，传统的礼仪之道、服饰之节不再得到尊崇，服饰的礼仪功能趋于弱化，以求新、尚变为特征的服饰观念普遍流行。与此同时，少数民族的文化因素则为原本单调化、程序化的汉地礼俗文化注入了新鲜血液。正因为如此，东汉后期以至魏晋南北朝时期，中国古代服饰在形式与风格方面都出现了许多令人耳目一新的变化。

面对同一种社会现象，基于不同立场的观察者往往会得出截然不同的结论。在力图突破陈式、向往革新的人看来，政治的多元化与文化方面的剧变可能意味着社会的进步；而对于文化价值观和政治利益有损失之虞的人来说，礼乐制度的衰落则意味着维系身份与阶层的工具遭到破坏，冠带荣身的时代即将结束，“野蛮”开始凌驾于“文明”之上，服饰妆容的哪怕一丝变动也是社会“倒退”和人性“堕落”的表现。正因为如此，持后一文化观念的史家在总结历史经验教训时，通常都是按照传统礼制观、夷夏之辨观的思路，对新事物投以苛刻的眼光，为它们赋予负面的政治或伦理内涵。

在成书于魏晋南北朝时期的《后汉书》《宋书》《南齐书》等正史

《五行志》中，形式多样、不拘一格的服饰变化现象以“服妖”的名目中被记载下来，成为一种独特的现象。那么究竟何谓“服妖”，它的成因是什么？“服妖”包括何种内容，它的背后具有何种政治文化背景？本文试图对这些问题略加讨论。

一、“服妖”释义

“服妖”一词初见旧题汉儒伏胜《尚书大传·洪范五行传》：“貌之不恭，是谓不肃。厥咎狂，厥罚恒雨，厥极恶。时则有服妖。”[①]传文所谓“貌之不恭”，当与《尚书·洪范》有关：“五事：一曰貌，二曰言，三曰视，四曰听，五曰思。貌曰恭，言曰从，视曰明，听曰聪，思曰睿。”春秋时期形成的“君子九思”之中，则将《洪范》“五事”囊括在内，一并被视为君子修身养德的要务，如《论语·季氏》引孔子的话说：“君子有九思：视思明，听思聪，色思温，貌思恭，言思忠，事思敬，疑思问，忿思难，见得思义。”值得注意的是，“九思”中有视、听、貌、言，而无思，很可能是因为九者均离不开“思”，因此未予单列的缘故。在儒家看来，言谈举止、容貌装饰最具直观性，也最能反映一个人内在的道德修养。职是之故，先秦至秦汉时期的不少政治家、思想家都强调“五事”或“九思”的重要性。如《汉书·谷永传》：“窃闻明王即位，正五事，建大中，以承天心。”颜师古注：“五事，貌、言、视、听、思也。”[②]儒家认为，“五事”或“九思”的疏失，可能反映一个人内在修养的缺乏，甚至引起日常社会关系的混乱失常，上引《洪范·五行传》所谓“貌之不恭，是谓不肃”说的就是这样一个道理。

① 伏生著：《尚书大传疏证》卷四《洪范五行传》，皮锡瑞疏证，上海古籍出版社，1995年，第65页。

② 《汉书》卷八五《谷永传》，中华书局，1962年，第3443页。

将“五行”和“五事”对应起来，是古代思想家的一项发明。隋代经学家萧吉认为：

> 五事者，《尚书·洪范》云：敬用五事，盖以人事配五行也。一曰貌，以配木；二曰言，以配金；三曰视，以配火；四曰听，以配水；五曰思，以配土；《尚书洪范》曰：貌曰恭，言曰从，视曰明，听曰聪，思曰叡，恭作肃，从作乂，明作哲，聪作谋，叡作圣。貌曰恭者，天子之恭曰穆穆，上恭肃则下敬矣[①]。

萧吉在引《洪范》经文之后，紧接着提到所谓“盖以人事配五行”之说，似乎暗示着“五行”（木、金、火、水、土）同“五事”（貌、言、视、听、思）早在《洪范》中就已确立了对应关系，但五行思想流变的种种迹象表明，这一观点恐怕并不可靠。比较贴近实际的看法，应当是以上对应关系的建立不可能早于西汉时期。

众所周知，秦代成书的《吕氏春秋》已经建立了一个将“五行”思想与自然、人事相联系的复杂秩序，其中有“五方”“五色”“五帝”“五神”“五虫”“五音”“五味”“五臭”“五祭”“五脏”“五数”“五谷”“五畜”，甚至将十天干、四季加以合并割裂，生硬地塞入五行系统之中，但值得注意的是，其中却惟独没有“五事”。据此似可断言，“五事”在当时尚未被纳入五行系统。据笔者考察，明确将“五事”纳入“五行”体系者，应为董仲舒。董氏《春秋繁露》有一篇《五行五事》，对此论述极详：

> 王者与臣无礼，貌不肃敬，则木不曲直，而夏多暴风。风者，木之气也，其音角也，故应之以暴风。王者言不从，则金不

① 萧吉：《五行大义》，上海书店出版社，2001年，第79—80页。

从革，而秋多霹雳。霹雳者，金气也，其音商也，故应之以霹雳。王者视不明，则火不炎上，而秋多电。电者，火气也，其音征也，故应之以电。王者听不聪，则水不润下，而春夏多暴雨。雨者，水气也，其音羽也，故应之以暴雨。王者心不能容，则稼穑不成，而秋多雷。雷者，土气也，其音宫也。故应之以雷。

五事，一曰貌，二曰言，三曰视，四曰听，五曰思。何谓也？夫五事者，人之所受命于天也，而王者所修而治民也。故王者为民，治则不可以不明，准绳不可以不正。王者貌曰恭，恭者敬也。言曰从，从者，可以。视曰明，明者知贤不肖，分明黑白也。听曰聪，聪者能闻事而审其意也。思曰容，容者言无不容。恭作肃，从作乂，明作哲，聪作谋，容作圣[①]。

至为明显，在《尚书》《论语》等文本的最初表述中，“五事”尚具有比较质朴的特色，更多反映的是礼乐制度以及社会生活中理性主义的一面，不过一旦它被纳入“五行”结构之中，就自然而然地与神秘主义扯上关系。从现有材料可以发现，五行与五事之间关系的演变，董仲舒只是开启端倪，在他之后至少有夏侯始昌等人对其作了进一步发挥。

我们知道，汉初以来包括伏生在内的不少儒家学者都曾撰述《洪范五行传》，不过按照学术界的一般看法，我们今天看到的同名著作，应是武帝时人夏侯始昌所作。据《汉书》卷75《夏侯始昌传》、卷88《儒林传》所说，夏侯始昌通《五经》，曾教授《齐诗》《尚书》。董仲舒、韩婴死后，汉武帝得到夏侯始昌，非常看重他。夏侯始昌明于阴阳，先言柏梁台有灾，如期之日果然有灾[②]。分析上引《春秋繁露·

---

① 苏舆：《春秋繁露义证》，中华书局，1992年，第387—390页。

② 《汉书》卷七五《夏侯始昌传》，第3154页；卷八八《儒林传》，第3195页。

五行五事》关于“貌之不恭”的记载,可以发现它只是讨论“貌”—“不肃敬”—“木不曲直”—“多暴风”之间的关系。而在夏侯始昌的《洪范五行传》关于同一条目的阐述中,这一体系又被踵事增华:“貌之不恭,是谓不肃。厥咎狂,厥罚恒雨,厥极恶。时则有服妖。……田猎不宿,饮食不享,出入不节,夺民农时,及有奸谋,则木不曲直。”①很显然,在夏侯始昌的笔下,五行不仅涉及“貌”—“不恭”—“狂”—“恒雨”—“恶”—“服妖”,并且将“木不曲直”的原因归结为 “田猎不宿”“饮食不享”“出入不节”“夺民农时”“及有奸谋”等五项。内涵上却较董氏所论丰富,这很可能是由于夏侯氏之论袭自董氏之论并有所发展所致。如果以上推断可信的话,则“五行”与“五事”相配的思想,应当始于董仲舒而光大于夏侯始昌。更准确地说,将“五事”纳入“五行”,使之不断具备丰富的内涵,乃是西汉武帝时期经多人之手逐步完成的。

说明了上述关系,我们就可以对其中涉及的“服妖”做进一步讨论了。上引《洪范五行传》“貌之不恭,是谓不肃。厥咎狂,厥罚恒雨,厥极恶,时则有服妖”,是说人君(或贵族)如果容貌“不恭”,其行为就失去严肃性,一旦行为癫狂,违背常理,自然界就会阴雨连绵以为惩戒;表现在民众身上,就是服饰反常(服妖)。董仲舒、夏侯始昌等人的目的,无疑是借阴阳五行以告诫君主,即指出君主言行的失范为因,而行为悖谬、气候异常、服饰奇特为果。正是通过从《春秋繁露》或《洪范五行传》中的论述,汉代带有阴阳家色彩的儒生们编制了一套日渐完备的解释系统,客观上为汉代之后历代正史《五行志》中的“服妖”撰述提供了理论依据。如《后汉书·五行志》、《宋书·五行志》开篇均引《五行传》(即《洪范五行传》)文字为

① 伏生著:《尚书大传疏证》卷四《洪范五行传》,皮锡瑞疏证,第65、73—74页。

据，就是出于这一原因：

> 《五行传》曰："田猎不宿，饮食不享，出入不节，夺民农时，及有奸谋，则木不曲直，谓木失其性而为灾也。"又曰："貌之不恭，是谓不肃。厥咎狂，厥罚恒雨，厥极恶。时则有服妖。"[①]

在阴阳五行观念中，"木"代表四季中的春天，春天是万物复苏，万象更新的季节。木生长，与春天的农耕、狩猎及祭祀有关；而木所象征的万象更新的景象，则让古人将它与人类的"貌"，尤其是贵族的礼仪规范联系起来。引文的意思是说，统治者不合适宜的田猎、饮食、出入、耕作等行为会影响农作物(以五行中之"木"为代表)的生长，故而"木不曲直"，"木失其性而为灾"。又由于"五行"中的"木"与"五事"中的"貌"相配，因此伴随"木失其性"的就是，君貌不恭；君貌不恭，则不能敬其事。其结果之一，是君失制度，下不恭承，臣恣淫慢；结果之二，是阴雨连绵；结果之三，是面貌丑陋；结果之四，是出现"服妖"，如此等等。

何谓服妖？《左传》宣公十五年说："反其常性即是妖也。"可见"妖"在古人心目当中，代表着某种事物所处的非正常状态。作为古代正史中第一部《五行志》的作者，班固如是论及"服妖"的成因："风俗狂慢，变节易度，则为剽轻奇怪之服，故有服妖。"[②]这就是说，由风俗移易等原因导致的服装风格的"剽轻奇怪"现象，就是"服妖"。班固的这一界定，得到此后很多人的赞同或发挥。如《南齐书·五行传》引《貌传》曰："民多被刑，或形貌丑恶，风俗狂慢，变节易

---

①《后汉书·五行志》，中华书局，1965年，第3265页；《宋书》卷三一《五行志》，中华书局，1974年，第880页。

②《汉书》卷二七中之上《五行志》，第1353页。

度，则为轻剽奇怪之服，故曰时则有服妖。”[①]萧吉认为：“大臣奸轨，民为寇盗，民多被刑，则其服妖者，轻刚漂泆暴慢之服，以象风气之化也。”[②]是又将“服妖”与统治者滥用刑法，以及政治败坏联系起来，应该是在天人感应思想基础上对“厥极恶”一词进一步引申的结果。由此可以看出，时代越晚，则“服妖”所包括的内涵也越加丰富复杂。另外，按照中国古代的观念，服饰只是人类礼仪容貌的重要构成部分之一。从广义上来说，车马、发式、仪容、服饰均属于《五行传》中“貌”的范畴。正因为如此，魏晋南北朝时期成书的正史《五行志》中所谓的“服妖”就不限于服饰本身的变化这一狭小范围，而是广泛涉及冠冕、服饰、鞋履、配饰、仪容、车马、发式等多种内容。

这样看来，所谓“服妖”，就是人们在服饰、仪容、车马、发式等多个层面出现的那种同传统风俗礼仪、价值观念严重背离的非常状态。当然，要准确地认识“服妖”的本质，就不能不搞清楚它的成因。

二、“服妖”的成因

魏晋南北朝时期正史《五行志》中的“服妖”材料，以颇为丰富的内容形象反映了东汉至魏晋南北朝各阶段服饰礼仪等方面的多重变化。统治阶级生活的腐朽、王公贵族的求新尚奇、民众审美观念的剧烈变化，透过服饰仪容的变化直观地呈现在人们面前。在本文看来，导致东汉至魏晋时期服饰礼仪方面剧变的因素果然不止

① 《南齐书》卷一九《五行志》，中华书局，1972年，第373页。

② 萧吉：《五行大义》，第80页。

一端，然而其中最主要者大体有两点[①]。

（一）礼仪文化的急剧衰落

前文曾经提到，班固曾将服妖的产生归因于风俗礼仪的衰变。作为中国历史上第一个创制并撰写《五行志》的人，班氏虽然也可以说是后代《五行志》中许多“怪异之说”的始作俑者，但他的上述概括言简意赅，对于我们认识东汉至魏晋时期的服妖现象不乏参考价值。

早在先秦时期，车马服饰就不仅是人们驱寒保暖、修饰仪容的工具，而且是一个人权力和身份的象征，承担着丰富的政治功能。因此，古人很早定立“非其人不得服其服”的规制：“夫礼服之兴也，所以报功章德，尊仁尚贤。故礼尊尊贵贵，不得相逾，所以为礼也。非其人不得服其服，所以顺礼也。”[②]孔子云：“君子正其衣冠，尊其瞻视，俨然人望而畏之，斯不亦威而不猛乎？”（《论语·尧曰》）《礼记·冠义》也说：“礼仪之始，在于正衣冠。”“礼义之始，在于正容体，齐颜色，顺辞令。”衣冠容体被置于“礼仪（义）之始”这样的位置，尤其可见其重要性。事实上，正是通过包括服饰在内的各种外在表现，古人达到了“分等级，定尊卑”，“明贵贱，弘教化”的目的[③]。

东周以降，随着王室权威的陵夷，礼乐制度走向解体，这就是人们通常所称的“礼坏乐崩”。汉初，民生凋敝，百废待兴，典型意义上的礼乐文化已不复存在。在这种情况下，尽管前有陆贾“马上得

---

① 关于汉魏、魏晋之际冠服制度变革的原因，沈从文等人曾提到战争频仍、经济凋敝、礼法衰落、民族融合等，惜未系统论述。（参见沈从文、王孖：《中国服饰史》，陕西师范大学出版社，2004年，第66—68页。）本文认为，礼仪文化的急剧衰落与民族融合是导致此间服制之变的核心原因。

② 《后汉书·舆服志》，第3640页。

③ 秦永洲：《中国古代服饰文化与现代服饰观念》，《山东师大学报》1998年第2期。

之，宁可以马上治之”[1]的批评，后有贾谊“汉兴至今二十余年，宜定制度，兴礼乐”[2]的呼吁，但并未起到立竿见影的效果。事实证明，礼乐制度的重建并非一朝一夕所能完成，经过众多君主能臣的努力，直至东汉明帝时期汉代的礼乐文化才蔚为大观。班固《汉书·礼乐志》详细记载这一过程：

> 汉兴，拨乱反正，日不暇给，犹命叔孙通制礼仪……未尽备而通终。至文帝时，贾谊……乃草具其仪，天子说焉。而大臣绛、灌之属害之，故其议遂寝。至武帝即位，进用英隽，议立明堂，制礼服，以兴太平。会窦太后好黄老言，不说儒术，其事又废。后董仲舒对策言……是时，上方征讨四夷，锐志武功，不暇留意礼文之事。至宣帝时，琅邪王吉为谏大夫，又上疏言……上不纳其言，吉以病去。至成帝时，犍为郡于水滨得古磬十六枚，议者以为善祥。刘向因是说上……成帝以向言下公卿议，会向病卒……世祖受命中兴……乃营立明堂、辟雍。显宗即位，躬行其礼，宗祀光武皇帝于明堂，养三老、五更于辟雍，威仪既盛美矣[3]。

于此可见，汉代礼乐的重建是在叔孙通、贾谊、董仲舒、王吉、刘向等人的推动下，历经两汉时期从高祖刘邦至汉明帝十余位君主的统治才逐渐实现的。其过程可谓困难重重，一波三折。不过总体来说，两汉时期礼乐制度重建的成绩是颇为显着的，比如作为其

---

① 《史记》卷九七《郦生陆贾列传》，第2699页。

② 贾谊《论定制度兴礼乐疏》说：“夫立君臣，等上下，使纲纪有序，六亲和睦，此非天之所为，人之所设也。人之所设，不为不立，不修则坏。汉兴至今二十余年，宜定制度，兴礼乐，然后诸侯轨道，百姓朴素，狱讼衰息。”（《汉书》卷二二《礼乐制》，第1030页）

③ 《汉书》卷二二《礼乐制》，第1030—1035页。

中重要构成部分的舆服制便在内容和形制上有很大完善。据《南齐书·舆服志》载："汉武天汉四年，朝诸侯甘泉宫，定舆服制，班于天下。"[①]有学者研究指出，汉代史书中即列有皇帝与群臣的礼服、朝服、常服等20余种[②]。

然而至东汉末年，在外戚专权、宦官秉政、政治腐败、灾荒饥馑等一系列事件的冲击下，礼乐制度"通神明，立人伦，正情性，节万事"的功能逐渐丧失，中国文化再次遭遇"礼坏乐崩"的困境。在这样的情况下，两汉时期的舆服制度、礼容规范难以维系，而求异创新则成为一时之风。正史《五行志》中的大量服妖正是这种情况的写照。兹举数例略加分析，其一：

> 桓帝元嘉中，京都妇女作愁眉、啼妆、堕马髻、折要步、龋齿笑。所谓愁眉者，细而曲折。啼妆者，薄拭目下，若啼处。堕马髻者，作一边。折要步者，足不在体下。龋齿笑者，若齿痛，乐不欣欣。始自大将军梁冀家所为，京都歙然，诸夏皆仿效。此近服妖也。梁冀二世上将，婚媾王室，大作威福，将危社稷。……到延熹二年，举宗诛夷[③]。

东汉第十一位皇帝桓帝在位时，外戚宦官轮流执政，刘氏政权江河日下，处于风雨飘摇之中。据考证，文中所言京都妇女中流行的"愁眉啼妆"等容状，应发端于梁冀之妻孙寿("大将军梁冀家")。《资治通鉴》载："寿善为妖态以蛊惑冀，冀甚宠惮之。"胡三省注："寿作愁眉、啼妆、堕马髻、折要步、龋齿笑。"其时梁冀权倾朝野，富

---

① 《南齐书》卷一七《舆服志》，第333页。

② 沈从文、王孖：《中国服饰史》，第59页。

③ 《后汉书·五行志》，第3270—3271页。

比王侯,与其妻孙寿过着穷奢极欲、醉生梦死的生活:"冀与寿对街为宅,殚极土木,互相夸竞,金玉珍怪,充积藏室;又广开园圃,采土筑山,十里九阪,深林绝涧,有若自然,奇禽驯兽飞走其间。冀、寿共乘辇车,游观第内,多从倡伎,酣讴竟路。或连日继夜以骋娱恣。客到门不得通,皆请谢门者,门者累千金。"[①]所谓"上有所好,下必甚焉",梁冀之家以二世上将、婚媾王室的身份,毅然放弃礼制的自我约束,而是耽于享乐,故作姿态、追求新异。他们的行为看似时髦,成为引领京城妆容与发式的时尚先锋,其实是自毁长城的愚昧之举。史家将梁氏的行为,同他们日后"举宗诛夷"的命运作了因果方面的联缀,清楚地表明了史家对统治者自乱其法、自取灭亡行为的鞭笞[②]。

据《三国志·崔琰传》记载,魏文帝曹丕为太子时曾"变易服乘,志在驱逐"。所谓"服乘",即服饰与乘车。大臣崔琰上书对其进行劝谏,希望他注重仪表,以社稷为重:"世子宜遵大路,慎以行正,思经国之高略,内鉴近戒,外扬远节,深惟储副,以身为宝。而猥袭虞旅之贱服,忽驰骛而陵险,志雉兔之小娱,忘社稷之为重,斯诚有识所以恻心也。唯世子燔翳捐褶,以塞众望,不令老臣获罪于天。"对于这一批评,曹丕欣然接受:"昨奉嘉命,惠示雅数,欲使燔翳捐褶。翳已坏矣,褶亦去焉。"[③]据此,则曹丕所穿的"袴褶",乃是一种"虞旅之贱服"。曹丕能勇于纳谏、知过而改,应该说是统治者中的识时务者。

再看一则例子:

---

① 《资治通鉴》卷五三《汉纪》四五,桓帝和平元年,中华书局,1956年,第1753页。

② 同样的现象在刘宋时期也曾出现:"宋文帝元嘉六年,民间妇人结发者,三分发,抽其鬟直向上,谓之'飞天紒'。始自东府,流被民庶。时司徒彭城王义康居东府,其后卒以陵上徙废。"(《宋书》卷三〇《五行志》,第890页)

③ 《三国志·魏书》卷一二《崔琰传》,中华书局,1959年,第383页。

陵迟至元康末……为车乘者,苟贵轻细,又数变易其形,皆以白蒸为纯,古丧车之遗象。乘者,君子之器,盖君子立心无恒,事不崇实也。……及天下乱扰,宰辅方伯,多负其任,又数改易,不崇实之应也[①]。

这段材料讲晋武帝元康末年,车乘的形状不断变化,且以白色材料为装扮。在中国古代,车乘是人们社会地位的重要标志,礼制严格规定了自天子至于庶民应乘车辆的法度。然而至元康末年时,车辆制造过程中却出现了偏爱轻细、形制多变的现象,而且装饰类似与古代的丧车。在礼家看来,这乃是统治者"立心无恒,事不崇实"的表现,昭示着此后的天下乱扰、政事多变。显而易见,史家在此影射了斯后从贾后专权到八王之乱的一系列严重政治事件。

(二)民族融合助推服饰容妆之变

汉末乃至魏晋南北朝时期服饰容妆方面的剧烈变化,除受礼乐文化衰落影响之外,民族融合所起的作用同样不可小觑。东汉后期以来,匈奴、鲜卑、羯、氐、羌等少数民族纷纷内迁并先后建立多个政权。在这一过程中,少数民族的礼俗、服饰因素逐渐传入中原:一方面对传统的汉族礼仪体系构成强烈冲击;另一方面也给失去活力的中原服饰文化注入新鲜血液,客观上催生了各种"服妖"现象。

与此同时,在少数民族风俗的影响下,华夏贵族用具、习俗等方面的"胡化"倾向格外明显。例如:"灵帝好胡服、胡帐、胡床、胡坐、胡饭、胡空侯、胡笛、胡舞,京都贵戚皆竞为之。此服妖也。其后董卓多拥胡兵,填塞街衢,虏掠宫掖,发掘园陵。"[②]汉灵帝在推动汉

---

① 《宋书》卷三〇《五行志》,第887页。

② 《后汉书·五行志》,第3272页。

族服装的“胡化”方面，应该说“功劳”不小。

最高统治阶层“好胡”之风至三国时期仍长兴不衰。据《晋书·五行志》记载：“魏明帝着绣帽，披缥纨半袖，常以见直臣杨阜，谏曰：‘此礼何法服邪。’帝默然。近服妖也。”[①]曹睿穿着缥纨半袖而见杨阜，由于此半袖衫多用缥（浅青色），与汉族传统章服制度中的礼服相违，因此被称为“服妖”。

晋武帝时期，这种喜欢胡人衣物的习俗不仅没有退潮，相反愈演愈烈：“晋武帝泰始后，中国相尚用胡床、貊盘，及为羌煮、貊炙。贵人富室，必置其器，吉享嘉会，皆此为先。太康中，天下又以毡为帕头及络带、衿口。”举国上下以学习胡人习俗为荣的氛围中，灭国亡种之事也成为百姓口中的戏言：“百姓相戏曰；中国必为胡所破也。毡产于胡，而天下以为絈头、带身、衿口，胡既三制之矣，能无败乎。”[②]

最终，经过胡汉之间三百年的复杂融合过程，各民族在服饰、礼俗方面形成你中有我、我中有你、水乳交融的状态。由于材料所限，今人已无法完全成功地从《五行志》所列“服妖”中将少数民族的文化因素剥离出来。尽管如此，由以上数例似不难断言，东汉之后、魏晋南北朝时期大量涌现的礼仪容妆之变，与此间风起云涌的民族融合运动的确有着密切联系。

三、《五行志》“服妖”举隅

郭沫若先生曾经指出：“衣裳是文化的表征，衣裳是思想的形

---

① 《晋书》卷二七《五行志》，中华书局，1974年，第822页。

② 《宋书》卷三〇《五行志》，第887页。

象。”[①]《五行志》中以“服妖”名义记载的服饰形式多样，从不同侧面反映了中古文化和思想的多重内涵。为便于讨论起见，我们可以依照表现形式及内容的不同，将魏晋南北正史《五行志》中的“服妖”分为以下几类：衣冠服饰变化、男扮女装、女扮男装、少数民族服饰因素融入、发式与妆容之变、特殊禁忌及其他等。

（一）衣冠服饰的变化

1.冠冕之服的变化

《说文》：“冠，卷也。所以卷发，弁冕之总名也。”《白虎通》：“冠者，卷也。卷持其发也。”《释名》：“冠，贯也，所以贯韬发也。”《后汉书·舆服志》：“上古穴居而野处，衣毛而冒皮，未有制度。后世圣人……见鸟兽有冠角髯胡之制，遂作冠冕缨蕤，以为首饰。凡十二章。”[②]可见冠是所有帽子种类的总称，其最初的功能是卷束头发。至于冕，《说文》：“大夫以上冠也。邃延垂鎏纩紞。从冃，免声。古黄帝初作冕。”《礼记·玉藻》：“诸侯裨冕以朝。”《礼器》：“天子之冕朱绿藻，十有二旒，诸侯九，上大夫七，下大夫五，此以文为贵也。”按照以上说法，冕应当是古代贵族阶层中大夫以上者所佩戴的冠具体规范又因等级而异。冠冕一词，则是各种帽子的总称。

在上古时期，冠冕就超出系束头发的这一简单功能，而被赋予浓厚的礼乐文化色彩。关于这点，由上文所言大夫以上才能佩冕即可看出。实际上，冠的佩戴在先秦时期就已形成严格规范。如《礼记·曲礼》：“二十曰弱冠。”周人所谓“六礼”之中有“冠礼”，即成人礼。《冠仪》说：“冠者，礼之始也。故圣王重冠。”只有成人才有佩冠的权利，可见它不只具有一般意义上的审美或实用功能。汉魏时期，先秦时期那样典型意义下的礼乐文化虽已不复存在，但冠冕仍

① 郭沫若1956年为北京服装展览会题词。

②《后汉书·舆服志》，第3661页。

是一种政治地位和身份的标记[①]。《三国志·王昶传》中，王昶不无自豪地对其子侄讲："今汝先人世有冠冕，惟仁义为名，守慎为称，孝悌于闺门，务学于师友。"[②]说明冠冕在当时仍保留着鲜明的政治教化和指向性功能。因此，秦汉时期的统治者十分重视冠冕规范的制定和遵守，《后汉书·舆服志》中，即收入冕冠、长冠、委貌冠、皮弁冠、爵弁冠、通天冠、远游冠、高山冠、进贤冠、法冠、武冠、建华冠、方山冠、巧士冠、却非冠、却敌冠、樊哙冠、术氏冠、鹖冠等20种冠的名目[③]。在此背景下，任何程度上的冠冕逾制都可能与现实政治相联系，从而被纳入"服妖"之列。如《后汉书·五行志》：

> 延熹中，梁冀诛后，京都帻颜短耳长，短上长下。时中常侍单超、左悺、徐璜、具瑗、唐衡在帝左右，纵其奸慝。海内愠曰：一将军死，五将军出。家有数侯，子弟列布州郡，宾客杂袭腾翥，上短下长，与梁冀同占[④]。

延熹是东汉桓帝刘志的年号之一，梁冀为东汉末年有名的"跋扈将军"。这则材料本意在讽刺政治，叙说人们对外戚宦官专政的愤恨与无奈。史学家将这一政治事件与"帻"的变化相联系，体现出

---

① 沈从文等人曾指出："根据文献记载和出土文物分析，中国冠服制度，初步建立于夏商时期，到周代已完整完善，春秋战国之交被纳入礼治。王室公卿为表示尊贵威严，在不同礼仪场合，顶冠既要冕弁有序，穿衣着裳也须采用不同形式、颜色和图案。"沈从文、王孖：《中国服饰史》，第20页。周天则认为，古人以冠饰首，商周时期的冠饰已具雏形，汉代冠制日臻完善，冠在此时已不单单是昭名分、辨等级的一种符号，它还标识着文武官员的职别，甚至还表达在这个职分下的某种精神价值。参见周天：《中国服饰简史》，中华书局，2010年，第29页。

② 《三国志·魏书》卷二七《王昶传》，第746页。

③ 《后汉书·舆服志》，第3661页。

④ 《后汉书·五行志》，第3271页。

古人“恶事召恶类”的灾异历史观。那么,帻怎么会与梁冀、五常侍乱政的政治事件联系起来呢?帻,是指包裹头发、使之不覆盖脸部的头巾,以后逐渐发展为一种便帽,成为地位较低者的头饰。在汉代,帻与冠结合,帻成为冠下面的衬垫物。汉代画像石、画像砖中,有较多戴帻的亭长、武吏形象。魏晋南北朝时期,汉代的这一传统得到继承,帻既是低级官吏的头饰,亦作为冠的组成部分,为高级官员所戴用[①]。从种类上看,帻可分为介帻和平上帻,上述材料反映出东汉末年帻颜与帻耳的变化,“颜短耳长,短上长下”。其中“上”“下”“短”“长”四字均一语双关,既可用于指帻的部位和幅度,也可指现实政治中上下阶层权利的斗争与消长,非常形象地暗示了汉末之际君权削弱、臣权日盛的历史信息。再如《宋书·五行志》:

> 魏武帝以天下凶荒,资财乏匮,始拟古皮弁,裁缣帛为白帢,以易旧服。傅玄曰:“白乃军容,非国容也。”干宝以为缟素,凶丧之象;帢,毁辱之言也。盖革代之后,攻杀之妖也[②]。

帢,是一种介乎帽与巾之间的帽。东汉末期,连绵不绝的战乱导致物资匮乏,曹操主张仿照古代皮弁的样式,用缣、帛等材料做成白帢,来代替原先的旧服以解决将士服饰匮乏的问题[③]。不过按照五行观念的解释,“西方金色白,秋为杀气,白露为霜,白者丧之

---

① 参见朱大渭等:《魏晋南北朝社会生活史》,中国社会科学出版社,2005年,第57页。

② 《宋书》卷三〇《五行志》,第886页。

③ 帢以不同的颜色来区别贵贱,以后演变为专用于庆吊时的服饰。参见朱大渭等:《魏晋南北朝社会生活史》,第57页。又据《汉书·朱博传》记载,朱博升为琅邪太守,初到任时,有官员称病在家以试探朱博脾气,朱博为改变此状况,“乃召见诸曹史书佐及县大吏,选视其可用者,出教置之。皆斥罢诸病吏,白巾走出府门。”由此看出,头着白巾,在汉代是官吏被罢免为民或地位卑贱者的一种标志。《汉书》卷八三《朱博传》,第3399页。

气也。"[①]白色与战争、丧事等联系在一起，很容易让人产生关于政权危机的联想。值得注意的是，很可能是受曹操以上改革的影响，魏晋之交人们对白色的印象与传统观念有很大改观："魏晋之交士人衣服的色彩以淡雅为主，白色又受欢迎，所谓'礼岂为我设耶'，与中国传统习俗相悖，即便在喜庆场合也穿着白色。"[②]尽管如此，一些人仍然试图从曹操所进行的礼俗之变中，找到此后政治事件的前兆。比如，魏晋南北朝时期的傅玄、干宝、何承天等人就将曹操这种本来旨在节省资源的行为，解读为"凶丧之象""毁辱之言"，乃至"革代之后，攻杀之妖也"。这只能说是一种维护旧制、畏惧变革的心态在作怪。

2.上衣下裳的变化

中国自古便有上衣下裳之制。从出土的西周时期人形文物看，服饰装饰虽繁简不同，但上衣下裳已很分明，说明那时候已经奠定了中国服装的基本形制。《周易·系辞》说："黄帝尧舜垂衣裳而天下治，盖取诸乾坤。"表明不晚于东周时期，"衣裳"一词已成为服装的通称。汉代后期，传统服制似乎发生了较大程度的变化，其中某些一时难以被人们接受的变化被加以批判和斥责，并以"服妖"的名目被列入魏晋时期成书的正史当中。《后汉书·五行志》云：

> 献帝建安中，男子之衣，好为长躬而下甚短，女子好为长裙而上甚短。时益州从事莫嗣以为服妖，是阳无下而阴无上也，天下未欲平也。后还，遂大乱[③]。

---

① 萧吉：《五行大义》，第58页。
② 周天：《中国服饰简史》，第44页。
③《后汉书·五行志》，第3273页。

汉献帝时，衣裳形制方面这种“阳无下而阴无上”的现象引起人们的关注。那么，正常的阴阳秩序是怎样的呢？《周易·系辞上》说：“天尊地卑，乾坤定矣。卑高以陈，贵贱位矣。动静有常，刚柔断矣。……乾道成男，坤道成女。”《老子》第四十二章说：“万物负阴而抱阳，冲气以为和。”这就是说，在古人的观念中，男子代表着阳性，女子代表阴性；在正常情况下，阳性居于事物的主导方面，是为上、为尊；阴性居于事物的次要方面，是为下、为卑。唯有阴阳各居其位（“万物负阴而抱阳”），对立而互动（“冲气以为和”），事物才能运行有序[①]。

上引献帝建安中的服饰变化中，男子（代表阳性）衣服上长下短，被夸张性地解释为“阳无下”；而女子（代表阴性）衣服上短下长，则被夸张性地解释为“阴无上”。按照阴阳理论来说的话，“阳无下而阴无上”就意味着尊卑秩序的颠倒，万物不再“负阴而抱阳”，其结果自然可想而知。正是依据这一理论，益州从事莫嗣才将以上现象解读为“服妖”，并把它同混乱的政治秩序和战争局势联系起来。饶有趣味的是，《后汉书·五行志》的作者司马彪还以后来人的身份严肃地点评说“后还，遂大乱”，似乎旨在证明莫嗣所言不虚。在今天看来，当事人和史家的论断无疑是荒唐的，但更值得我们思考的是这些荒唐所赖以产生的复杂背景。

至于《宋书》所载另一则关系衣裳形制变化的“服妖”材料，几乎可以套用完全相同的方式加以解读：“晋兴后，衣服上俭下丰，着衣者皆厌腰盖裙。君衰弱，臣放纵，下掩上之象也。陵迟至元康末，妇人出两裆，加乎胫之上，此内出外也。”[②]这条材料的意思是说，西

---

① 像《国语·周语》记载的那样，一定是阴阳失序的结果：“幽王二年，西周三川皆震。伯阳父曰：‘周将亡矣！夫天地之气，不失其序；若过其序，民乱之也。阳伏不能出，阴迫不能蒸，于是有地震。今三川皆震，是阳失其所而镇阴也。”

② 《宋书》卷三〇《五行志》，第887页。

晋建立至永嘉之乱阶段的服饰出现“上俭下丰”的局面。有学者研究指出,女子衣着较大变化是风格上的“上俭下丰”,原始于汉代的襦裙套装至晋代具有了上衣短小、下裙宽大的特色[①]。据此可知,史家的用意在于以衣裳之上下,代表君臣之尊卑;又以衣裳的宽或窄,象征权力的强大或衰弱;折射到西晋初年的局势,就是王权衰落,大臣专政。

到元康年间后期,女性的衣服又出现新的变化:“妇人出两裆,加乎胫之上。”按“胫”《晋纪》作“交领”。据《释名·释衣服》称:“两裆,其一当胸,其一当背,因以名之也。”王先谦《释名疏正补》卷五:“案即唐宋时之半背,今俗谓之背心,当背当心,亦两当之义也。”可见,所谓“妇人出两裆,加乎胫(交领)之上”,是说当时的妇女开始穿一种背心式服装作为外衣,其形制为胸前和背后各有一片布料,中间由系带经领部而相连。所谓“内出外”者,盖此服在两汉时仅用作内衣,至此时则穿在外面,成为一种便服,“内出外”一语仍为双关无疑。《礼记·内则》:“男不言内,女不言外……内言不出,外言不入。”古人以宫闱之事为内、社稷之事为外,内外之别,最初是为区别两性权力,杜绝女子干政。一旦内外无别,甚至“内出外”,就预示着后宫干政现象的出现。我们知道,元康是晋惠帝司马衷的年号,元康末年,恰好是贾后专政、八王之乱的时期。史学家通过衣服的变化,一方面表达对时政的强烈不满,一方面曲折地反映出他们的政治伦理观念。

(二)男女无别

1.鞋类的变化

鞋的使用在中国古代有十分悠久的历史,据美国人类学家埃

① 沈从文、王孖:《中国服饰史》,第70页。

里克·特林考斯研究，发掘于距离中国周口店遗址区西南6公里处的田园洞、距今4.2万年的人类趾骨表明，那时候的人已经开始穿鞋[①]。对于早期的人类而言，鞋子不仅起到保护作用，也有装饰的意义。进入文明时代之后，鞋子又随其他服饰一道成为礼制系统的重要构成部分。秦汉时期，鞋的名称繁多(如履、靴、鞋、屐等)，由此似不难看出其形制与功能的多元性特点。履、屦为同一物，因穿着时代不同而称谓有别。东汉时期，屐、履式样较之此前已然发生某种程度的变化。在维护礼制的统治者看来，它们均属祸患的征兆，因而被纳入“服妖”之列。请看《宋书·五行志》所载以下材料：

> 昔初作履者，妇人圆头，男子方头。圆者，顺从之义，所以别男女也。晋太康初，妇人皆履方头，此去其圆从，与男无别也[②]。

男女有别，即强调男子和女子因性别不同而因遵守不同的礼仪规范和行为准则，这主要是出于维护男权社会中男子权利的目的。在礼学家笔下，这一准则被视为不可侵犯的戒条，并被阐释为塑造理想化夫妻关系、家庭伦理乃至社会秩序的重要手段。《孟子·离娄上》：“男女授受不亲，礼也。”《礼记·昏义》：“男女有别，而后夫妇有义。”《礼记·效特性》：“男女有别，然后父子亲；父子亲，然后义生；义生，然后礼作；礼作，然后万物安。”为确定男女两性的社会角色，将“男女有别”这一准则落到实处，礼学家不厌其烦地规定了诸如“男女不杂坐”、“男女不同器”等戒律。《礼记·曲礼》：“男女不杂坐，不同椸枷，不同巾栉，不亲授。嫂叔不通问……外言不入于梱，

---

①《考古发现：人类4.2万年前已开始穿鞋》，北方网http://www.enorth.com.cn，2008—12—19.

②《宋书》卷三〇《五行志》，第888页。

内言不出于梱。女子许嫁，缨，非有大故，不入其门。姑、姊、妹、女子子，已嫁而反（返），兄弟弗与同席而坐，弗与同器而食。”

包括鞋子在内的服饰差异，也是古人用以强调男女之别的重要手段。如据《宋书·五行志》说，“履”在发明之初，虽然男女均可穿戴，不过两者形制不同。其中最主要的区别在于女子履的头部为圆形，男子履的头部为方形；这一区别具有明显的性别暗指功能：女子履的圆头，有顺从（男子）之意；男子之履则有主导之意。这一说法看似牵强，不过却与古代礼制的精神若合符契，因此不容轻易否定。

西晋太康初年，女子履的形制发生变化，最主要的特点是其头部变成与男子履相同的方形。古代的礼学家十分善于见微知著，因此这一看似不起眼的变化被敏锐地捕捉到，并自然联系到太康末年及其后出现的一系列政治、军事事件。我们知道，晋武帝短暂的“太康盛世”结束之后，他大封皇族为国王，结果酿成日后的八王之乱。晋武帝本人则由一代有为君主走向荒淫腐化。灭吴前后，他着力选取宫女一万人，无心国事，“常乘羊车，恣其所之，至便宴寝。宫人乃取竹叶插户，以盐汁洒地，而引帝车。”[①]《礼记·中庸》说：“国家将兴，必有祯祥；国家将亡，必有妖孽。”作为后来者，史学家在祯祥妖孽观念的左右下，很容易将男女鞋制的变异同晋武帝之后“国之将亡”的种种现象联系在一起。换言之，史学家认为国家衰落的种种表现，其实都是“服妖”等“妖孽”所引发的必然后果。

2.男扮女装，女扮男装

如上所说，男为主、女为次；男主外，女主内，这是先秦时期比较通行的性别观念。《韩非子·忠孝篇》：“臣事君，子事父，妻事夫，三者顺则天下制，三者逆则天下乱，此天下之常道也。”在古人心目

① 《晋书》卷三一《后妃传》，第962页。

中,君臣、父子、夫妻是构成社会秩序的最主要因素,只有三者之间形成一定约束关系,天下才能平安。儒家文化素来重视男女之别,女子被缚在男子的世界内,在某种程度上而言只是一个从属品。董仲舒在《春秋繁露·阴阳义》中谈到天地阴阳之关系时说:"天地之常,一阴一阳。阳者天之德也,阴者天之刑也。"[①]《基义》篇进一步解释道:"君臣、父子、夫妇之义,皆取诸阴阳之道。君为阳,臣为阴,父为阳,子为阴,夫为阳,妻为阴。"[②]由此可见,男女有别不仅基于性别上的差异,更是指社会、家庭地位上的有别,这种差别必然表现在以冠冕区分等级的服饰文化上,即所谓"非其人不得服其服"。东汉及魏晋南北朝时期,随着传统礼制逐渐走向衰落,上述关于男女社会角色、关系的认识遭到很大程度的冲击。不少人不再拘泥于传统的戒律,相反男子服女子之服,女子饰男子之容的现象屡见不鲜。《后汉书》《宋书》的《五行志》中"服妖"条中,即有不少所谓"男扮女装,女扮男装"的记载。先看男子服女服者,据《后汉书·五行志》记载:

更始诸将军过雒阳者数十辈,皆帻而衣妇人衣绣拥。时智者见之,以为服之不中,身之灾也,乃奔入边郡避之。是服妖也。其后更始遂为赤眉所杀[③]。

又据《宋书·五行志》:

魏尚书何晏,好服妇人之服。傅玄曰:"此服妖也。"……末

① 苏舆:《春秋繁露义证》,第341页

② 苏舆:《春秋繁露义证》,第350页

③《后汉书·五行志》,第3270页。

喜冠男子之冠，桀亡天下；何晏服妇人之服，亦亡其家。其咎均也[①]。

以上两则材料中的人均违背了所谓“非其人不得服其服”的礼仪规制，因而被称为“服之不中”。实际上，类似的情况早在先秦时期就曾出现过。据《左传》闵公二年（前660），晋献公使太子申生伐东山，“大子帅师，公衣之偏衣，佩之金玦。”杜预注：“偏衣，左右异色，其半似公服。”按：“偏衣”，《国语·晋语》中申生本人又称之“奇服”，当是一种左右异色、不符合礼制的服装。申生敏锐地意识到，父亲献公在自己出征时赐予偏衣，表明他对自己的继承人身份有废黜之意。其后，献公果然听信骊姬谗言，逼迫申生自缢于新城。这则例子充分表明在礼乐文化的背景下，衣服的穿着蕴藏着丰富的政治含义，因此不可造次。在受礼乐文化熏陶的史家看来，上引《五行志》中的两则材料中男子衣妇人之衣，同样与当时政治的变乱紧密相关。

先看第一则，更始诸将军经过洛阳时，戴着头巾、穿着妇女的衣服。时人看到后，认为这种不合适的打扮会给自己带来灾患，因此纷纷往边郡逃避。事后，更始果然被赤眉所灭。第二则材料则是说，曹魏时期的尚书何晏喜欢穿妇人之服，此举遭到时人傅玄的批评，并被称为“服妖”。《宋书·五行志》的作者引述历史经验评论说：夏朝末年的时候末喜好戴男子之冠，遂致“桀亡天下”。事后，何晏果然因为服之不中而亡其家，这些都是一样的道理。更始诸将军穿妇女之服的原因，今已不得而知，不过何晏怪异举动的初衷，却可根据当时的历史和文化略加推测。我们知道，何晏是汉大将军何进之孙，并受到曹操的收养和宠爱。在思想方面，何晏作为魏晋玄学

① 《宋书》卷三〇《五行志》，第886页。

贵无派的创始人，主张儒道合同，引老以释儒。他认为："天地万物皆以无为本，无也者，开物成务……故无之为用，无爵而贵矣。"[①]司马光曾评价说："何晏性自喜，粉白不去手，行步顾影。尤好老、庄之书，与夏侯玄、荀粲及山阳王弼之徒，竞为清谈，祖尚虚无，谓《六经》为圣人糟粕。"[②]事实上，何晏对于妇人衣着的特殊喜好，除个性方面的原因之外，更应当与他试图冲破儒家"名教"束缚，借道家"自然"阐释儒家真谛的用意有关。他的这一倾向，恰好契合了魏晋时期儒家逐渐式微，道家受到重视的社会潮流，因此"由是天下士大夫争慕效之，遂成风流，不可复制焉"。然而，无论在恪守儒家礼法的当时人看来，还是从传统角度出发总结历史经验的史家看来，何晏这一违背社会文化正统的穿衣行为，都是无法接受的。

与男子衣妇人衣相关的，是妇人以男子的形象装扮自己。《宋书·五行志》说：

> 晋惠帝元康中，妇人之饰有五兵佩，又以金、银、玳瑁之属为斧、钺、戈、戟，以当笄。干宝曰："男女之别，国之大节，故服物异等，贽币不同。今妇人而以兵器为饰，又妖之大也。"[③]

是说晋惠帝年间，妇女或五种兵器作为腰间配饰，或以五兵中的斧、钺、戈、戟用金、银、玳瑁做成簪、钗。这项在今人看来或者属于妇女勇敢追求个性解放，具有审美创新意识的举措，在干宝等当时人的眼中，却是有悖"国之大节"的荒唐行为。这是因为儒家传统规定军事、兵器等属于男子之事，妇女不得染指。妇女的装饰品种

---

① 《晋书》卷四三《王衍传》，第1236页。

② 《资治通鉴》卷七五《魏纪》邵陵厉公嘉平元年，第2427页。

③ 《宋书》卷三〇《五行志》，第888页。

出现兵器的因素，预示着女子越权的体现，史家认为贾后乱政即是其应征。

（三）其他

除以上所述者外，魏晋南北朝《五行志》中还收入不少因统治者出于娱乐、戏谑等原因而改变服饰用途的做法。比如，将人的装饰佩戴于畜生之身，以求一乐。《后汉书·五行志》所载以下两则例证，可为代表。其一曰：

> 熹平中，省内冠狗带绶，以为笑乐。有一狗突出，走入司徒府门，或见之者，莫不惊怪。京房易传曰："君不正，臣欲篡，厥妖狗冠出。"后灵帝宠用便嬖子弟，永乐宾客、鸿都群小，传相汲引，公卿牧守，比肩是也。又遣御史于西(乡)〔邸〕卖官，关内侯顾五百万者，赐与金紫；诣阙上书占令长，随县好丑，丰约有贾。强者贪如豺虎，弱者略不类物，实狗而冠者也。司徒古之丞相，壹统国政。天戒若曰：宰相多非其人，尸禄素餐，莫能据正持重，阿意曲从；今在位者皆如狗也，故狗走入其门[①]。

是说东汉灵帝熹平年间，府衙内有人给狗戴上帽子、系上绶带。其中一只狗窜入司徒府门，引起舆论哗然。《礼记·玉藻》说："天子佩白玉而玄组绶，公侯佩山玄玉而朱组绶。"绶，是一种只有尊贵者才可佩戴的装饰。而今这种身份和地位的象征却被加诸畜生之身，无疑是对权利的极大讽刺和亵渎。作者认为，这一现象折射的，乃是灵帝在用人方面出现的种种弊病：宠用亲信、卖官鬻爵，致使包括司徒在内的各级官吏倚强凌弱，素食餐位，阿谀奉承。凡此种种，正如狗居官位。

---

① 《后汉书·五行志》，第3272页。

其二曰：

> 灵帝于宫中西园驾四白驴，躬自操辔，驱驰周旋，以为大乐。于是公卿贵戚转相放效，至乘辎軿以为骑从，互相侵夺，贾与马齐。案易曰："时乘六龙以御天。"行天者莫若龙，行地者莫如马。诗云："四牡骙骙，载是常服。""檀车煌煌，四牡彭彭。"夫驴乃服重致远，上下山谷，野人之所用耳，何有帝王君子而骖服之乎！迟钝之畜，而今贵之。天意若曰：国且大乱，贤愚倒植，凡执政者皆如驴也。其后董卓陵虐王室，多援边人以充本朝，胡夷异种，跨蹈中国。①

需要指出的，这则例证表面上看并未涉及服饰，只是说灵帝"驾四白驴，躬自操辔，驱驰周旋"，似与本文讨论的"服妖"没有什么关系。但作者司马彪却仍将其归入《五行志》"服妖"条下，可能是因为在作者观念中，车驾也应属于广义上的服饰之列的缘故。身为一国之君的汉灵帝，理应恪尽职守、日理万机，却在宫中玩起驾驴驱驰的游戏，贵族争相效仿，以致引起驴价飙升、直与马齐。在传统观念中，驴乃是不入经典的迟钝之物，更不会为天子所乘驾②。《史记·日者列传》："骐骥不能与罢(疲)驴为驷，而凤皇不与燕雀为群，而贤者亦不与不肖者同列。"③说的就是这个道理。然而灵帝的行为，颠覆了这一传统，变"野人之所用"为"帝王君子而骖服之"，令人匪夷所思。在司马彪看来，国家即将大乱之际，朝廷用非其人，黄

① 《后汉书·五行志》，第3272页。

② 西汉初年民生凋敝之时，"自天子不能具钧驷，而将相或乘牛车"，然未闻有贵族驾驴者。参见《史记》卷三〇《平准书》，第1417页。

③ 《史记》卷七〇《日者列传》，第3219页。

钟毁弃,瓦釜雷鸣,致使“凡执政者皆如驴也”。作者甚至映射董卓之乱后,多收纳周边少数民族进入权利核心层,使得“胡夷异种”凌驾于华夏政权之上,认为这是等而上之的贤愚倒植。在这里,我们可以清楚地看到作者内心的夷夏之辨观念。

总之,正是通过以上这些对狗、驴等“衣冠禽兽”奇特现象的描述和阐释,史家以一种非理性主义的手段表达了对后汉时期文化低俗、政治腐败、社会黑暗等一系列丑恶现象的深刻批判。

四、余论

清人顾炎武在论及两汉风俗时曾说:“汉自孝武表章六经之后,师儒虽盛,而大义未明……光武有鉴于此,故而尊崇节义,敦厉名实,所举用者,莫非经明行修之人,而风俗为之一变。……三代以下风俗之美,无尚于东京者。……而孟德既有冀州,崇奖跅驰之士。观其下令再三,至于求‘负汙辱之名、见笑之行、不仁不孝而有治国用兵之术者’,于是权诈迭进,奸逆萌生。……至正始之际,而一二浮诞之徒,骋其智识,蔑周、孔之书,习老、庄之教,风俗又为之一变。夫以经术之治,节义之防,光武、明、章数世为之而未足,毁方败常之俗,孟德一人变之而有余。”[①]顾氏的这段话,与本文第二部分所引班固论汉代礼乐重建过程的文字完全一致。风俗盛衰对于一个时代政治、人心的巨大影响由此可见一斑!不过顾炎武将汉末风俗之变的原因归结于曹操一人之身的观点,显然是有失偏颇的。

通过上文的讨论我们可以看出,东汉后期以来政治、经济状况

---

① 顾炎武:《日知录集释》卷一三“两汉风俗”,黄汝成集释,栾保群、吕宗力校点,上海古籍出版社,2006年,第752—753页。

的恶化才是导致两汉以来风俗之变的真正原因。正是基于这一原因,当时服饰风俗方面的许多变化,都由上层统治者丧德失范、自乱其法而始,以民间蜂拥影从、竞相效仿为终。伴随着因政治、经济因素所致的礼乐衰落,传统的服饰仪容失去凭借,而少数民族文化因素的大量涌入,更为陷入僵化的传统汉地礼仪文化添加新的血液。在这些因素的共同作用下,服饰仪容方面的求新、尚变成为一时之风。客观地说,除了诸如汉灵帝时期的冠狗带绶、天子驾驴等荒唐行为之外,其他一些容饰方面的变化多少都有其审美方面的可取之处[①]。尽管如此,在当时以及稍后一些持"正统观念"的人眼中,这些服饰容妆的"创新"却被赋予政治的内涵,而且成为完全负面的角色。魏晋南北朝时期成书的多部正史《五行志》所载的"服妖"现象,便是这方面的一个代表。

自从班固首创《汉书·五行志》以来,史家总是试图见微知萌,见端知末,将现实生活中那些或许纤细的变化投射到政治生活中,一则以后来人的身份对已经衰落的王朝做出合理说明,一则为史家所处时代的统治者提供借鉴,供其防微杜渐。在《五行志》的撰写中,史家将民众服饰、发式的变化,同当时重要的政治、军事事件联系起来,虽然采用一种附会的方式,却体现了作者总结历史经验教训,为统治者提供借鉴的良苦用心。在某种意义上,可以说此间《五行志》中的"服妖"编撰构成了一种模式,先秦两汉以来逐步形成的阴阳、五行、天人感应、礼乐制度等因素掺杂其中,《礼记·中庸》所谓"国家将兴,必有祯祥;国家将亡,必出妖孽"的观念贯彻始末。以非理性的手段,实现历史学"述往事,思来者"的现实主义目的,这

---

① 正因为如此,经过长期的演化之后,不少新出的服饰容妆最终都为社会所接纳,成为中国古代服饰史上不可缺少的演变环节。参见沈从文、王孖:《中国服饰史》,第66—74页。

不仅体现了“服妖”撰述的功能，也代表了中古《五行志》的基本创制意图。

（原载《社会科学战线》2014年第9期，此次收录略有修订。）

女真贵族的史学自觉与金代实录的编纂

吴凤霞

在元朝所修的辽、金、宋三史中,《金史》以"叙事最详核"著称①。究其原因主要在于"金代实录本自详慎"②。而金朝所修实录的"详慎",与一些女真贵族重视修史有直接的关系。本文试对此作简单的梳理和分析。

一、金初访求"祖宗遗事"与祖宗、太祖实录的纂修

女真族是崛起于白山黑水之间的北方民族,12世纪初建立金政权的时候,社会发展较为落后,没有自己的文字,因此有关女真族的祖宗事迹也没有文字记载。随着金军攻辽战争的不断胜利,俘获的契丹人和汉人日益增多,汉字、契丹字就成为其境内通行和实际使用的文字。不久,完颜希尹等又制女真字③。在这种情况下,对

① 《四库全书总目》卷四六《史部》"《金史》"提要:"是元人之于此书,经营已久,与宋、辽二史取办仓卒者不同。故其首尾完密,条例整齐,约而不疏,赡而不芜,在三史之中,独为最善。"(中华书局,1965年,第414页)赵翼:《廿二史札记校证》卷二七"金史"条也称:"《金史》叙事最详核,文笔亦极老洁,迥出宋、元二史之上。"(见赵翼:《廿二史札记校证》,王树民校证,中华书局,1984年,第597页)

② 赵翼:《廿二史札记校证》,王树民校证,第597页。

③ 金太祖命令完颜希尹、耶鲁创制女真文字,希尹等依仿汉人楷字,因契丹字制度,合女真语,制定了女真字,天辅三年(1119)颁行,即女真大字。金熙宗完颜亶统治时期又有女真小字制成,天眷元年(1138)颁行。参见脱脱等:《金史》卷七三《完颜希尹传》,中华书局,1975年,第1684页;《金史》卷四《熙宗本纪》,第72页。

女真族祖宗遗事的追述和记录提到了议事日程。当时，女真贵族中的一些有识之士所具有的历史意识对于搜集和保存女真族早期的史料起了至关重要的作用。

金初，战争尚在进行中，身为领兵打仗的重要军事将领的宗翰意识到搜集史料的重要性，亲自访问女真老人。史载，天辅三年(1119)，当“祖宗族属时事并能默记”的阿离合懑卧病时，“宗翰日往问之，尽得祖宗旧俗法度。”[①]所以史称：“宗翰好访问女直老人，多得祖宗遗事。”[②]此后，金天会六年(1128)，金太宗完颜晟曾下诏访祖宗遗事，以备国史，并命完颜勗与耶律迪越负责其事。完颜勗是穆宗盈歌第五子，以“好学问”著称，因此“国人呼为秀才”。他是当时女真贵族中文化修养较高的人。宗翰、宗望攻下汴州，接受宋帝降附，金太宗曾派完颜勗前往慰劳。统帅宗翰等问他想要什么，他以“好书”相答，得以载数车书而还[③]。完颜勗等采摭遗言旧事，自始祖以下十帝，即始祖函普、德帝乌鲁、安帝跋海、献祖绥可、昭祖石鲁、景祖乌古廼、世祖劾里钵、肃宗颇剌淑、穆宗盈歌、康宗乌雅束的事迹，综为三卷。史称：“凡部族，既曰某部，复曰某水之某，又曰某乡某村，以别识之。凡与契丹往来及征伐诸部，其间诈谋诡计，一无所隐。事有详有略，咸得其实。”[④]可以肯定的是，由完颜勗等采访搜求的“遗言旧事”而编成的这三卷史料，对女真早期历史作了初步的梳理，为后来纂修《祖宗实录》奠定了基础。

金熙宗完颜亶即位后，又于天会十五年(1137)命韩昉、耶律绍文等编修国史[⑤]。据《金史·韩昉传》：“昉自天会十二年入礼部，在职

---

① 脱脱等：《金史》卷七三《阿离合懑传》，第1672页。

②④ 脱脱等：《金史》卷六六《始祖以下诸子·勗传》，第1558页。

③ 脱脱等：《金史》卷六六《始祖以下诸子·勗传》，第1557页。

⑤ 脱脱等：《金史》卷四《熙宗本纪》，第72页。

凡七年。当是时，朝廷方议礼，制度或因或革，故昉在礼部兼太常甚久云。”也就是说，金熙宗天会十五年(1137)命韩昉编修国史时，他在礼部。从其任职部门看，当时金代修史机构尚不健全。在这个时候金熙宗下令由韩昉等人编修国史，与他本人对史学的认识有一定关系。金熙宗幼年曾从学于韩昉及中原儒士，他视旧大功臣为“无知之夷狄”，旧大功臣视他为“宛然一汉家少年子也”。[1]而韩昉在辽时曾任过史馆修撰，金熙宗在思想意识上无疑受到韩昉的某些影响。史书也记载了在天眷二年(1139)六月己未那天金熙宗与韩昉谈及史书和历史的一段对话：

> 上从容谓侍臣曰：“朕每阅《贞观政要》，见其君臣议论，大可规法。”翰林学士韩昉对曰：“皆由太宗温颜访问，房、杜辈竭忠尽诚。其书虽简，足以为法。”上曰：“太宗固一代贤君，明皇何如？”昉曰：“唐自太宗以来，惟明皇、宪宗可数。明皇所谓有始而无终者。初以艰危得位，用姚崇、宋璟，惟正是行，故能成开元之治。末年怠于万机，委政李林甫，奸谀是用，以致天宝之乱。苟能慎终如始，则贞观之风不难追矣。”上称善。又曰：“周成王何如主？”昉对曰：“古之贤君。”上曰：“成王虽贤，亦周公辅佐之力。后世疑周公杀其兄，以朕观之，为社稷大计，亦不当非也。”[2]

可见，在韩昉等人的引导下，金熙宗重视史书的资治作用，并能自觉地从史书所记载的历史中汲取经验教训。皇统元年(1141)

---

① 徐梦莘：《三朝北盟会编》卷一六六《炎兴下帙六十六》，上海古籍出版社，1987年，第1197页。

② 脱脱等：《金史》卷四《熙宗本纪》，第74页。

以后，他更是“颇读《尚书》《论语》及五代、辽史诸书，或以夜继焉”[①]。在金熙宗的督促命令下，金朝皇统年间(1141—1149)的修史工作取得了很大的进展，其成就有二：一是修成《祖宗实录》三卷；二是完成《太祖实录》二十卷。具体情况是：皇统元年(1141)十二月，左丞完颜勗进先朝《实录》三卷，上焚香立受之[②]。这里所说的先朝《实录》，在完颜勗传中称为《祖宗实录》，是金朝廷诏命编修的第一部《实录》。由于这部《祖宗实录》是由完颜勗主持修撰的，其史料当主要基于天会年间完颜勗等所搜集的“遗言旧事”，其内容也应是始祖及其以下十帝的大事。金熙宗对于这部《实录》的修成给予了充分肯定，对完颜勗和其他参与者“赏赉有差”[③]。《太祖实录》始修于何时，史书没有明确的记载，但《金史·熙宗本纪》和完颜勗传中都记载了上进《太祖实录》的时间是皇统八年(1148)。然而，二处记载所提及的上奏人并不相同，前者言宗弼进，后者则提为完颜勗奏上，大概当时二人都为监修国史的缘故[④]。从规模上看，《太祖实录》远远超过《祖宗实录》，共有二十卷。

二、金朝中期太宗、熙宗等五朝实录的纂修

金海陵王完颜亮是金代历史上一位锐意改革的君主，他企图统一南北。在他统治期间(1149—1161)，实行了正隆改制，迁都燕京，营建汴京，发动了对宋的战争。由于急于实现他“万里江山一混

① 脱脱等：《金史》卷四《熙宗本纪》，第77页。

② 脱脱等：《金史》卷四《熙宗本纪》，第78页。

③ 脱脱等：《金史》卷六六《始祖以下诸子·勗传》，第1559页。

④ 脱脱等：《金史》卷七七《宗弼传》言及他在皇统二年(1142)兼监修国史(第1755页)；《金史》卷六六《始祖以下诸子·勗传》在其皇统八年奏上《太祖实录》之前提到：“进拜左丞相，兼侍中、监修如故。”(第1559页)。

同”的志向，海陵王统治的十几年间，除了在修史组织建设方面有些建树之外[①]，修史方面并没有可观的成就。但他也是金代注重学习经史的君主之一，从某种意义上可以说他也影响了金代史学的发展。海陵王年幼时曾从学于名儒张用直[②]，对于前代史书中的人物事迹也多有了解。比如，天德三年(1151)四月，海陵王下诏迁都燕京，有司图上燕城宫室制度，营建阴阳五姓所宜。海陵王说：“国家吉凶，在德不在地。使桀、纣居之，虽卜善地何益；使尧、舜居之，何用卜为。”[③]《金史·萧玉传》也记载了萧玉等人审案不遵循法律办事，海陵王说：“为人臣以己意爱憎，妄作威福，使人畏之。如唐魏征、狄仁杰、姚崇、宋璟，岂肯立威使人畏哉，杨国忠之徒乃立威使人畏耳。”[④]宋人的记载也反映了海陵王读史书的事实，如《正隆事迹记》载：“(海陵王)一日读《晋书》至《苻坚传》，废卷失声而叹曰：‘雄伟如此，秉史笔者不以正统帝纪归之，而以列传第之，悲夫。’”[⑤]仅这几处记载就可以看出，海陵王同样是一个善于学习历史的君王，并对史学有一定的认识。海陵王也希望他的官吏能够从史书中得到教益，所以正隆元年(1156)，他命科举考试以《五经》《三史》正文内出题[⑥]。这从考试内容上规范了金代科举，直接的效果是带动了当时的士子们学习经史，为培养造就史学人才做出了一定的贡献。

金世宗完颜雍统治的29年是金代史学最兴盛的时期，金世宗本人有强烈的史学意识，《金史》对金世宗的言论记载较多，其中包

① 脱脱等：《金史·选举志二》记载，国史院书写为海陵所置。

② 脱脱等：《金史》卷一〇五《张用直传》，第2314页。

③ 脱脱等：《金史》卷五《海陵本纪》，第97页。

④ 脱脱等：《金史》卷七六《太宗诸子·宗本传附萧玉传》，第1735页。

⑤ 徐梦莘：《三朝北盟会编》卷二四二《炎兴下帙一百四十二》，第1740页。

⑥ 脱脱等：《金史》卷五一《选举志一》，第1135页。

含有他对史书的看法,对史家的评价,以及对史事、历史人物的见解。比如:大定二十年(1180)十月壬寅,金世宗对宰臣说:“近览《资治通鉴》,编次累代废兴,甚有鉴戒,司马光用心如此,古之良史无以加也。”[①]大定二十六年(1186)十一月丙寅,他与侍臣论及唐朝历史时言道:“唐太子承乾所为多非度,太宗纵而弗检,遂至于废,如早为禁止,当不至是。朕于圣经不能深解,至于史传,开卷辄有所益。每见善人不忘忠孝,检身廉洁,皆出天性。至于常人多喜为非,有天下者苟无以惩之,何由致治。”[②]另外还有“朕观唐史”“朕近读《汉书》”,等言论,他常常能够从容论及前代的故事。由于金世宗对历史鉴戒作用认识深刻,所以他对修史工作的重视程度超过金代其他帝王。金代大定年间(1161—1189)官修史书的成就也最大,就实录而言,共编修了四部:《太宗实录》《睿宗实录》《熙宗实录》《海陵实录》。

《太宗实录》修成于大定七年(1167)[③],由尚书右丞相纥石烈良弼进上,为此,金世宗赐纥石烈良弼金带、重彩二十端,同修国史张景仁、曹望之、刘仲渊以下“赐有差”[④]。《睿宗实录》由尚书左丞相纥石烈良弼进于大定十一年(1171)[⑤]。睿宗完颜宗尧,金世宗之父,并没有当过皇帝,金世宗时追尊为皇帝。《太宗实录》《睿宗实录》在史官奏进之后,金世宗又命功臣宿将縠英作进一步的修订[⑥]。縠英曾参加过攻辽、伐宋战争,历仕金太祖、太宗、熙宗、海陵、世宗五朝。

---

① 脱脱等:《金史》卷七《世宗本纪中》,第175页。

② 脱脱等:《金史》卷八《世宗本纪下》,第195页。

③ 脱脱等:《金史》卷六《世宗本纪上》,第139页。

④ 脱脱等:《金史》卷八八《纥石烈良弼传》,第1951页。

⑤ 脱脱等:《金史》卷六《世宗本纪上》,第150页。

⑥ 脱脱等:《金史》卷七二《縠英传》记载:“久之,史臣上《太宗》《睿宗实录》,上曰:‘当时旧人亲见者,惟縠英在。’诏修撰温迪罕缔达往北京就其家问之,多更定焉。”第1663页。

这两部《实录》,金世宗父子也都读过。史载:“世宗读《太宗实录》,见庆民夫妇事,叹曰:‘如此节操,可谓难矣。’”[①]又载:“显宗奏曰:‘臣伏读《睿宗皇帝实录》,欲使儿子知创业之艰难,命侍读撒速作歌教之。’”[②]可见,他们都能从中得到教益。当然,他们读实录不仅是因为实录所记载的历史中有可资借鉴的内容,更在于反映当代历史的实录和政治有密切的关系。应该说,他们读实录更包含有对史官所修本朝史进行审查的目的。

金世宗统治时期编纂的另两部实录,从史书的记载中也能了解大致的情况。可以推定,《熙宗实录》的编纂在《睿宗实录》完成后不久。《金史·思敬传》记载:“上谓思敬曰:‘朕欲修《熙宗实录》,卿尝为侍从,必能记其事迹。’对曰:‘熙宗时,内外皆得人,风雨时,年谷丰,盗贼息,百姓安,此其大概也,何必余事。’上大悦。”[③]思敬死于大定十三年(1173),此话当讲在大定十三年(1173)前。大定二十年(1180),《熙宗实录》修成,金世宗称赞监修国史完颜守道说:“卿祖谷神,行事有未当者,尚不为隐,见卿直笔也。”[④]说明金世宗同样审查了这部实录。《海陵实录》的编修大概在大定二十年前后,《金史·郑子聃传》曾提到:“(郑子聃)迁侍讲,兼修国史,上曰:‘修《海陵实录》,知其详无如子聃者’。盖以史事专责之也。二十年,卒,年五十五。”[⑤]金世宗时修《海陵实录》不言而喻有政治的因素包涵于其中。金世宗得位非正常授受,他想通过史书的编纂来制造舆论,即揭露海陵王的罪恶,宣扬自己即位的合理与合法。金宣宗兴定五年(1221)拟依《海陵庶人实录》编写《卫王事迹》,曾事卫绍王

---

① 脱脱等:《金史》卷一三〇《列女传·韩庆民妻传》,第2798页。

② 脱脱等:《金史》卷九八《完颜匡传》,第2165页。

③ 脱脱等:《金史》卷七〇《思敬传》,第1626页。

④ 脱脱等:《金史》卷八八《完颜守道传》,第1957页。

⑤ 脱脱等:《金史》卷一二五《文艺传上·郑子聃传》,第2726页。

的贾益谦在接受编修官的访问时所说的话，一定程度上透露了《海陵实录》纂修的真相。他说："知卫王莫如我。然我闻海陵被弑而世宗立，大定三十年，禁近能暴海陵蛰恶者，辄得美仕，故当时史官修实录多所附会。卫王为人勤俭，慎惜名器，较其行事，中材不及者多矣。吾知此而已，设欲饰吾言以实其罪，吾亦何惜余年。"[①]金世宗的言论也证实了这一点。金世宗曾对宰臣说："宋前废帝呼其叔湘东王为'猪王'，食之以牢，纳之泥中，以为戏笑。书于史策，所以劝善而惩恶也。海陵以近习掌记注，记注不明，当时行事，实录不载，众人共知之者求访书之。"[②]借修史以达到攻讦海陵王的目的是很明显的。元人苏天爵也指出："海陵被弑，诸公逢迎，极力诋毁，书多丑恶。"[③]

然而，尽管金世宗时期实录的编纂有一定的政治目的，某种程度上也确实造成了当时所修实录有失实之处，但金代修史工作因为金世宗的重视，修史制度也在金世宗统治时期渐趋成熟，却也是一个事实。这与金世宗熟悉历史，喜读史书，有明确的史学意识等有必然的联系。金世宗曾与大臣唐括安礼讨论过金代实录与前代史书的问题，他认为前代史书详备，金代的《祖宗实录》太简略。唐括安礼解释说："前代史皆成书，有帝纪、列传。他日修史时，亦有帝纪、列传，其详自见于列传也。"[④]可见，金世宗确实对实录的编纂倾注了心力，他希望金代所修的本朝史也能像前代史一样详备。金世宗不仅自己阅读本朝《实录》，他也劝子孙、大臣了解祖先创业的历史，他在大定二十六年(1186)曾对右丞相原王说："尔尝读《太祖实

① 脱脱等：《金史》卷一〇六《贾益谦传》，第2336页。

② 脱脱等：《金史》卷八九《孟浩传》，第1980页。

③ 苏天爵：《滋溪文稿》卷二五《三史质疑》，陈高华、孟繁清点校，中华书局，1997年，第422页。

④ 脱脱等：《金史》卷八八《唐括安礼传》，第1966页。

录》乎？太祖征麻产，袭之，至泥淖马不能进，太祖舍马而步，欢都射中麻产，遂擒之。创业之难如此，可不思乎？”[①]前述显宗读《睿宗实录》而命人作歌教子(章宗)以颂扬祖父功德，他就非常赞赏。他也诏赐宗宪和平章政事完颜元宜、左丞纥石烈良弼、判秘书监温王爽《太祖实录》各一本。[②]这些都表明他对承载本朝历史的实录的重视，也表明他对史书的教育作用有深刻而清醒的认识。

金章宗统治时期是金代社会发展的鼎盛时期，其文治主要立足于完备制度。史称“章宗在位二十年，承世宗治平日久，宇内小康，乃正礼乐，修刑法，定官制，典章文物粲然成一代治规。”[③]金章宗统治时期国史院编纂了《世宗实录》。需要注意的是，史书记载《世宗实录》上进的时间并不一致。《金史》共有两处记载：一处是，明昌四年(1193)八月辛亥，“国史院进《世宗实录》，上服袍带，御仁政殿，降座，立受之”[④]；另一处是，泰和三年(1203)十月庚申，尚书左丞完颜匡等进《世宗实录》，上降座，立受之(此次钱大昕《元史艺文志》认为是《显宗实录》)[⑤]。赵秉文在《中大夫翰林学士承旨文献党公神道碑》中则记载说：“明昌元年，迁直学士，六年，预修《世宗实录》及《辽史》，改翰林学士。”[⑥]应该说《金史》对金章宗时期修史情况的记载不是很清楚，大概与《章宗实录》记载较简略有关。实际上，金章宗统治时期关于实录的纂修相比之下还是比较好的。元人苏天爵就认为：“《世宗实录》适当章宗承平好文，事

① 脱脱等：《金史》卷八《世宗本纪下》，第193页。

② 脱脱等：《金史》卷七〇《宗宪传》，第1616页。

③ 脱脱等：《金史》卷一二《章宗本纪四》“赞曰”，第285页。

④ 脱脱等：《金史》卷十《章宗本纪二》，第230页。

⑤ 脱脱等：《金史》卷一一《章宗本纪三》，第261页。

⑥ 赵秉文：《闲闲老人滏水文集》卷一一，《丛书集成初编》本，中华书局，1985年，第164页。

最周详。”[①]我们今天对金世宗大定年间的事情了解的相对多些，主要得益于金章宗时期所修的《世宗实录》记载得较详细。从苏天爵所见到的金代的实录看，还有《显宗实录》，按照制度，很可能也是金章宗时所修，因为显宗是金章宗之父，但史书并没有明确的记载。

三、金末完备一代之史的努力

卫绍王统治的时间(1209—1213)较短，正欲纂修《章宗实录》，卫绍王被弑。

金宣宗即位时，金朝国势已衰，但后一朝为前一朝修实录的制度未废，所以金宣宗统治时期(1213—1223)仍然有实录修成，即《章宗实录》。《金史·宣宗本纪》记载：兴定元年(1217)冬十月甲寅，命高汝砺、张行简同修《章宗实录》[②]；兴定四年(1220)九月辛卯，有《章宗实录》进[③]。赵秉文在其所撰《进呈章宗皇帝实录表》中述及《章宗实录》的修撰情况：

> 钦惟陛下，寅绍燕谋，思光前烈，谓信书之未毕，恐遗美之不昭，深诏儒臣，详为实录。往在东海之际，已抽中秘之书，踵此编年，俾之载笔，属典册之未上，值虏寇之不虞，师旅绎骚，篇秩散逸。钦承圣训，复命编摩，遍阅官縢，曲加搜访，然而起居注有所未备，行止录有所未详，或捃摭于案牍之余，或采拾于见闻之际，载之行事，诚咸五以登三，及此成书，惧挂一而漏

① 苏天爵：《滋溪文稿》卷二五《三史质疑》，第422页。

② 脱脱等：《金史》卷一五《宣宗本纪中》，第332页。

③ 脱脱等：《金史》卷一六《宣宗本纪下》，第354页。

万。臣等所编成《章宗皇帝实录》一百卷，并《事目》二十卷，总计一百二十卷，缮写了毕，谨具进呈。伏望圣慈，曲垂省览，臣文章暧昧，学术空疎，遗美不彰，虽乏三长之妙，直辞无愧，庶伸一得之愚云[①]。

这段话反映出《章宗实录》的纂修因战乱而曾经中断，其间篇秩散逸，致使朝廷南迁时材料不足。虽然史官们“曲加搜访”，然而“起居注有所未备，行止录有所未详”，不得不“或捃摭于案牍之余，或采拾于见闻之际”，但史臣们仍然是“惧挂一而漏万”。苏天爵《三史质疑》也提到：“章宗之事，方分撰述，而卫王被弑，国亦南徙。宣宗怨其舍己立叔，弃其稿于燕曰：‘俟还都为之未晚。’在汴诸公复以为请，始撰述之。时中原新经大乱，文籍化为灰烬，故其书尤疎略。诸大臣子孙多死于兵，仅著数十传而已。《卫王实录》竟不及为。”[②]可见，《章宗实录》是在金南迁后诸公请求之下修撰的。依照修史制度，金宣宗时期还应为卫绍王修纂实录，《金史·宣宗本纪》和《金史·贾益谦传》也都言及在兴定五年(1221)曾撰故卫绍王事迹，如海陵庶人例。但到元修三史时，并未见《卫绍王实录》，所以苏天爵谓“《卫王实录》竟不及为”。很可能《卫绍王实录》到元末已经佚散失传。

金哀宗统治时期(1224—1234)，金皇朝已经处于风雨飘摇之中，但正大初，国史院仍然在正常工作，正大五年(1228)，《宣宗实录》修成[③]。有很多有名的学者参与了《宣宗实录》的编修工作，如王

---

① 赵秉文：《闲闲老人滏水文集》卷十《进呈章宗皇帝实录表》，第143页。

② 苏天爵：《滋溪文稿》卷二五《三史质疑》，第422页。

③ 脱脱等：《金史》卷十七《哀宗本纪上》记载：“(正大五年)冬十一月辛巳，进《宣宗实录》。”第381页。

若虚、雷渊、元好问等[1],《宣宗实录》的编纂成功是他们共同努力的结果。

综上,从金天会六年(1128),金太宗下诏访祖宗遗事,以备国史算起,到金正大五年(1228)《宣宗实录》完成,金代的实录纂修断断续续进行了一百年。除个别的实录(《卫绍王实录》可能佚散,《哀宗实录》未能修纂)外,金代所修的实录较为详慎。这虽是多方面努力的结果,但金代一些女真贵族重视历史,关注实录修纂及史学发展是其中重要原因。在他们的直接影响下,金代所形成的实录较系统地记录了金朝百年来社会发展变化的历程,为元朝修《金史》奠定了良好的基础;金代的修史制度也随着实录纂修工作的开展而日趋完备,历史撰述事业相应地得到了发展。值得重视的是,其意义不仅表现在史学上,它也显示了女真族对文明进步的向往和追求,是多民族历史文化认同的具体体现。

(原载《史学集刊》2008年第2期)

① 参见刘祁:《归潜志》卷八,中华书局,1983年,第89页;元好问:《遗山先生文集》卷三三《吏部掾属题名记》,商务印书馆,1937年,第437页。

元朝起居注新探

时培磊

元末明初的学者徐一夔认为“元代不置日历，不置起居注，独中书置时政科，以一文学掾掌之，以事付史馆”[①]，此说影响极大，明清学者多信从祖述。如明人黄佐的《翰林记》卷十三“修实录”条，还有《四库总目》中的《元史提要》，以及《明史·徐一夔传》和清人朱彝尊的《曝书亭集·徐一夔传》等，都转引此说法，以致近代的一些史学史著作也受其影响，如在李宗侗的《中国史学史》中就沿袭了这种观点[②]。其实这种说法并不准确，已有一些学术论著予以质疑与考察，但仍有一些问题尚待深入探讨[③]。本文即在充分吸收前人研究成果的基础上，就给事中和殿中侍御史兼修起居注等问题进行新的探究。

一、给事中兼修起居注

忽必烈即位后，并没有立即设立起居注。元初，王恽就呼吁设立起居注：“宜令学士院修起居注，逐旋进读，复置起居舍人、郎等

① 徐一夔：《始丰稿》卷六《与王待制书》，文渊阁四库全书本。

② 李宗侗：《中国史学史》，中国友谊出版公司，1984年，第165页。

③ 参见市村瓒次郎：《元朝实录及经世大典考》，载箭内亘《蒙古史研究》附录，上海商务印书馆，1922年；金毓黻：《中国史学史》，河北教育出版社，2000年；张帆：《元代实录材料的来源》，《史学史研究》1988年第4期；王明荪：《元代之史馆与史官》，《第三届史学史国际研讨会论文集》，台中青峰出版社，1991年。

官，使分掌其事。”[①]直到至元五年（1268）时，由中书省臣上奏：“前代朝廷必有起居注，故善政嘉谟不致遗失。”[②]忽必烈才任命和礼霍孙、独胡剌充翰林待制兼修起居注。至元六年（1269）任命左右补阙掌修起居注。至元十年（1273），元世祖命布只儿修《起居注》。至元十五年（1278），元世祖又敕命省、院、台诸司应闻奏事，必由起居注。至元十六年（1279），升给事中兼修起居注，掌随朝诸司奏闻事，并且把左右补阙改为左右侍仪奉御兼修起居注。[③]可以看出在元初的时候，起居注记录的内容主要是朝廷中的奏闻之事，并没有和前代一样专门记录皇帝的言动。或许这也跟元代宫廷内部主要由必阇赤来记录大汗言动有关。这种起居注不记皇帝言动的情况，也引起了朝臣的不满。如崔彧在至元二十年（1283）曾经上奏曰：“今起居注所书，不过奏事检目而已。宜择蒙古人之有声望、汉人之重厚者，居其任，分番上直，帝王言动必书，以垂法于无穷。”[④]韩克昌也曾建言批评这种“起居注不举其职”[⑤]的现象。这种情况持续到元英宗时也没有得到改变。至治二年（1322），御史李端仍然对此事表示不满：“朝廷虽设起居注，所录皆臣下闻奏事目。上之言动，宜悉书之，以付史馆。”[⑥]

元代担任起居注者多为蒙古人和色目人，现有材料中没有发现汉人。张帆从《元史》中一共检出9位担任起居注者[⑦]，王明荪认为

---

① 王恽：《秋涧先生大全文集》卷八六《论修起居注事状》，四部丛刊初编本。

② 《元史》卷六《世祖本纪三》，中华书局，1976年，第120页。

③ 关于元代设立起居注和升给事中兼修起居注的时间，《元史·本纪》和《元史·百官志》中的记载有出入。学术界一般都以《本纪》所记为准。参见张帆：《元代实录材料的来源》；王明荪：《元代之史馆与史官》。《元史·本纪》主要依靠《元实录》而来，史料价值自然较高。

④ 《元史》卷一七三《崔彧传》，第4040页。

⑤ 张养浩：《监察御史韩君墓碣铭》，《国朝文类》卷五五，四部丛刊初编本。

⑥ 《元史》卷二八《英宗本纪二》，第625页。

⑦ 张帆：《元代实录材料的来源》，《史学史研究》1988年第4期。

不应该将和礼霍孙、独胡剌包括在内[①]。笔者认为,和礼霍孙和独胡剌都曾经兼修过起居注，和给事中兼修起居注及左右侍仪奉御兼修起居注一样,不应该排除在外。至于王明荪提到的贾居贞,虽然出任过给事中,但此时给事中并未升为兼修起居注,所以自然排除在外。布只儿也曾修过起居注,只是对其情况了解太少,但也不能排除。此外,在《元史》中,还检索出一位曾经担任过给事中的咬驴。这样,已能确知兼任起居注官者有11位,具体见表1“《元史》中所见起居注人选列表”:

表1 《元史》中所见起居注人选列表

人名	籍贯	游学与出身	任职时期	相关史料	史料出处
和礼霍孙	不详	不详	世祖朝	至元五年冬十月……以和礼霍孙、独胡剌充翰林待制兼起居注	卷6《世祖本纪三》
独胡剌	不详	不详	世祖朝	至元五年冬十月……以和礼霍孙、独胡剌充翰林待制兼起居注	卷6《世祖本纪三》
布只儿	不详	不详	世祖朝	至元十年十一月癸未,命布只儿修《起居注》	卷8《世祖本纪五》
阿鲁浑撒理	畏兀人	受业于国师八哈思巴事裕宗,入宿卫	世祖朝	(至元)二十一年,擢朝列大夫、左侍仪奉御	卷130《阿鲁浑撒理传》
坚童	篾里吉氏	少从王鹗游,入国学,复从许衡游入侍禁廷	世祖朝	弱冠,入侍禁廷,授中顺大夫、侍仪奉御。迁中议大夫、同修起居注	卷134《阔阔传附坚童》
虎都铁木禄	合鲁氏	好读书,与学士大夫游,字之曰汉卿	世祖朝	至元二十八年……帝嘉之,擢给事中	卷122《虎都铁木禄传》

① 王明荪:《元代之史馆与史官》,《第三届史学史国际研讨会论文集》,台中中兴大学出版社,1991年,第407页。

续表

人名	籍贯	游学与出身	任职时期	相关史料	史料出处
月鲁帖木儿	卜领勤多礼伯台氏	读书强记，年十二，入国学仁宗时入宿卫，常侍禁廷	仁宗朝	除兵部郎中，拜殿中侍御史。迁给事中、左侍仪、同修起居注	卷144《月鲁帖木儿传》
咬驴	不详	不详	文宗朝	文宗天历二年三月辛酉，遣燕铁木儿奉皇帝宝于明宗行在所，仍命……给事中咬驴……等从行	卷33《文宗本纪二》
星吉	河西人	少给事仁宗潜邸	英宗朝	至治初，授中尚监，改右侍仪，兼修起居注	卷144《星吉传》
野先溥化	扎剌儿氏	入宿卫，掌速古兒赤	顺帝朝	特授朝列大夫、给事中，拜监察御史	卷139《乃蛮台传附野先溥化》
维山	康里氏	侍禁廷	不详	起崇文监丞，擢给事中，迁同佥太常礼仪院事	卷143《巙巙传附维山》

由表1可以看出，担任起居注者，基本上都为蒙古、色目贵族。而且他们大多都充当过大汗身边的宿卫，出入禁廷，是深得皇帝信任的。从他们的出身来看，非常类似于出身怯薛的必阇赤。起居注是元代的宫廷史官，必阇赤是为天子主文史者，二者在职能上有一定的关联。而忽必烈能够很容易接受设立起居注的建议，或许也跟蒙古很早就设立必阇赤一职有关，并且担任起居注者多出身于宿卫也说明了蒙古人的这点考虑。

从表1还可以发现，元代的起居注都是由给事中或左右侍仪奉御来兼修，并没有设立专职的起居注官。这一点和金朝比较相似。在唐、宋和辽都是设立起居郎和起居舍人等专职史官来记录起居注。而在金朝则不是专职专任，多是由他官兼任。金初由秘书监和翰林院官兼任，世宗朝改由谏官兼任，章宗时又改由尚书省左右司属官兼任[①]。在元代给事中原属中书省，左右侍仪奉御原属礼部的侍仪司，从职掌上看原来都不是史官。

在《元史》之外，仍然能够找到一些关于起居注的史料。我们都知道，元代不设常朝，一般都采用御前奏闻的形式处理朝政。在御前奏闻时，除奏事人员外，朝廷高官和宿卫人员也都作为陪奏人员出席。从现有的一些御前奏闻的记录中，我们可以找到起居注人员参与陪奏的证据。今有李治安从《宪台通纪》《元典章》《秘书监志》《庙学典礼》《元代白话碑集录》等书中，一共检出51例有关御前奏闻的官方文书记录[②]。笔者参照其《元代部分御前奏闻一览表》，找出与起居注有关的记录20例，列表2"元代起居注人员参与御前奏闻统计表"[③]如下：

表2　元代起居注人员参与御前奏闻统计表

时间	陪奏人员	出处
仁宗延祐二年九月十四日	给事中赤因帖木儿、不花帖木儿	《元典章》卷46《台察官吏犯赃不叙》
仁宗延祐四年十月十二日	给事中不花帖木儿	《元典章》卷53《刑部十三·僧俗相争》

① 《金史》卷五六《百官志二》，中华书局，1975年，第1280页。

② 李治安：《元代政治制度研究》，人民出版社，2003年，第20–31页。

③ 按：本表只为明晰参加御前奏闻之有关记注人员情况，故省略地点、怯薛番直、上奏官员、上奏内容、皇帝圣旨等内容。陪奏人员条目中只列有关记注人员，其他人一概不列。另外，在上述史料中并非仅此51例御前奏闻的记录，笔者在查找史料的过程中，还检索出几条原表中遗漏的记录，比如《宪台通纪》序中"至元二年四月十二日"条。参见王晓欣点校本，浙江古籍出版社，2002年，第3页。但是并不影响对此问题的认识，因此本表中也暂不补充遗漏的部分记录，只是依据原表中的内容来完成此表。

续表

时间	陪奏人员	出处
仁宗延祐五年十月十一日	给事中定住	《元典章》卷8《吏部二·禁治骤升品级》
仁宗延祐七年四月二十一日	必阇赤也里牙、给事中也灭劫歹	《元典章》卷24《户部十·科添二分税粮》
仁宗延祐七年十一月二十七日	必阇赤要束某、给事中桑哥失里、殿中帖木哥	《秘书监志》卷2《禄秩》
顺帝元统二年正月二十六日	殿中喃忽里	蔡美彪《元代白话碑集录》(79)
顺帝元统二年正月二十六日	殿中喃忽里、火里歹等	蔡美彪《元代白话碑集录》附录一
顺帝后至元六年正月二十日	殿中不花察儿	《南台备要》,《永乐大典》卷2610
顺帝至正元年四月二十四日	必阇赤沙加班、殿中捏烈秃、给事中帖木儿不花	《秘书监志》卷3《食本》
顺帝至正十年十一月二十二日	殿中那海、给事中塔海帖木儿	《南台备要》,《永乐大典》卷2610
顺帝至正十年十一月二十二日	殿中那海、给事中塔海帖木儿	《南台备要》,《永乐大典》卷2610
顺帝至正十年十一月二十日	殿中那海、给事中塔海帖木儿	《南台备要》,《永乐大典》卷2610
顺帝至正十一年正月十一日	殿中那海、给事中塔海帖木儿	《南台备要》,《永乐大典》卷2611
顺帝至正十二年二月初九日	殿中燕赤不花、给事中塔海帖木儿	《南台备要》,《永乐大典》卷2611
顺帝至正十二年三月二十二日	殿中阿不花、给事中塔海帖木儿	《南台备要》,《永乐大典》卷2611
顺帝至正十(三)[二]年闰三月二十五日	殿中燕赤不花、给事中忻都	《南台备要》,《永乐大典》卷2611

续表

时间	陪奏人员	出处
顺帝至正十二年四月三十日	殿中阿不花、给事中朵儿只	《南台备要》,《永乐大典》卷2611
顺帝至正十二年十一月初五日	殿中燕赤不花、给事中秃鲁帖木儿	《南台备要》,《永乐大典》卷2611
顺帝至正二十三年十月十三日	殿中月□不花、给事中观音奴	蔡美彪《元代白话碑集录》(92)
顺帝至正二十六年二月十七日	殿中宝赤、给事中解里颜	蔡美彪《元代白话碑集录》(94)

由表2可以看出,元代给事中是出席御前奏闻的,所以记录起居注也是份内之事。这些人不见于《元史》,但是从人名来推断,几乎没有汉人。另外在陪奏人员中,也多次出现必阇赤,他们是大汗怯薛宿卫人员,职掌文史之事。元代必阇赤是蒙古修史传统下的史官,参加御前奏闻也证明其记录大汗活动的现实性。元代的两重修史体制在御前奏闻中就是一种很好的体现,必阇赤和给事中同时出席,各自记录皇帝言动和奏闻之事,以备日后修史之用。两者存在着很大的相似性,也难怪有的学者认为“给事中或许也是从怯薛执事之一的必阇赤分化出来的”[①]。

二、殿中侍御史兼修起居注

值得注意的是,在上表的这些御前奏闻中,曾经大量出现殿中侍御史。殿中侍御史,在《元史》中记载其职责为:“凡大朝会,百官班序,其失仪失列,则纠罚之;在京百官到任假告事故,出三日不报

① 李治安:《元代政治制度研究》,第10页。

者，则纠举之；大臣入内奏事，则随以入，凡不可与闻之人，则纠避之。"[①]这些职责基本沿袭宋、金。但是似乎不能解释大量出现在御前奏闻中的原因。李治安也指出："御前奏闻中的殿中侍御史可以视作怯薛陪奏和传统的御史纠察朝仪的混合形态。另，殿中侍御史陪奏，元朝前期稍少而后期渐多，其原因待考。"[②]

笔者认为，元代殿中侍御史和给事中一样，都具有兼修起居注的职责。这种情况主要出现在元代后期。在李治安统计的51例御前奏闻中顺帝朝共有18次，而其中殿中侍御史参与陪奏的就高达15次。所以顺帝时李稷就曾上奏："殿中侍御史、给事中起居注，须任端人直士，书百司奏请，及帝所可否，月达省台，付史馆，以备纂修之实。"[③]看来在李稷的眼中，殿中侍御史、给事中起居注的职责基本是一致的，或者说存在很大的相似性。从表2中也可以发现，顺帝朝至正年间的12次御前奏闻中，给事中和殿中侍御史几乎都是同时参与陪奏。在仁宗朝的御前奏闻中也出现1次给事中和殿中侍御史共同陪奏的例子。在元代的御前奏闻中，能够作为陪奏者参与到这种高级决策层的只有皇帝的亲信怯薛，而给事中由于具有兼修起居注的职责，所以也和怯薛中的必阇赤一起参与陪奏。在元代后期，从殿中侍御史能够和给事中一同参与到御前奏闻中，不难看出殿中侍御史已经在制度上具有了和给事中一样的权责。

此外，在辽金宋三史修成时，顺帝和脱脱君臣的一段对话也涉及到了这个问题：

> 脱脱奏曰："给事中、殿中所记录陛下即位以来事迹，亦

---

① 《元史》卷八六《百官志二》，第2178页。

② 李治安：《元代政治制度研究》，第11页。

③ 《元史》卷一八五《李稷传》，第4257页。

> 宜渐加修撰,收入金縢。”上曰:“朕行事只在给事、殿中处之,待朕他日归天去,令吾儿为之可也。”仍以御图书封藏金縢,自今不许有所入。然不知给事、殿中迩来皆公卿膏粱子弟为之,其实瞢然全无所书也。故庚申以来三十六年史事并废[①]。

此处的殿中即是殿中侍御史。从顺帝君臣的言谈来看,给事中和殿中侍御史确实在职责上基本相近。由御史来记录皇帝的言动,在中国历史上也不是没有先例。如战国时期秦赵渑池之会上,秦王令赵王鼓瑟,秦御史前书曰:“某年月日,秦王与赵王会饮,令赵王鼓瑟。”而蔺相如也逼秦王击缻,顾召赵御史书曰:“某年月日,秦王为赵王击缻。”[②]而且元代人也曾经说:“且夫群臣奏对之际,御史执简,史官执笔,缙绅佩玉,俨然左右,则虽有怀奸利乞官赏者,亦不敢公出诸口。”[③]因此笔者认为,元代后期殿中侍御史也具有了给事中一样兼修起居注的职能。

三、余论

元朝皇帝接受起居注的观念,并且认为起居注对自己的行为有一种监督作用,这些也是元朝皇帝接受中原王朝修史传统的表现。如在一次打猎时,猎人失误射死一头“名驼”,忽必烈欲诛之,但是大臣劝阻说杀人偿畜刑太重,忽必烈惊呼曰:“误耶,史官必书。”[④]虽然这段记载可能含有明代汉人史官夸大的成分,但是如果相信

---

① 权衡:《庚申外史》,学海类编本。

②《史记》卷八一《廉颇蔺相如列传》,中华书局,1959年,第2442页。

③ 马祖常:《建白一十五事》,《国朝文类》卷15。

④《元史》卷一二五《铁哥传》,第3076页。

此段记载确有其事，那么忽必烈时期，中原王朝传统中起居注官的记录对皇帝的言行是一种监督的观念还是有一定影响的。在元文宗时期也有这样的记载：

> 文宗在奎章阁，有旨取国史阅之，左右舁匮以往，院长贰无敢言。思诚在末僚，独跪阁下争曰："国史纪当代人君善恶，自古天子无观阅之者。"事遂寝[①]。

首先，这里的国史不可能是《脱卜赤颜》。因为元文宗作为黄金家族的继承人并且是大汗的身份，完全没有理由不让其观阅《脱卜赤颜》。其次，这里的国史也不是指《实录》。因为《实录》不是记当代人君而是记录前任皇帝的历史，而且《实录》的修纂目的之一就是让新任皇帝学习和借鉴之用。这里的国史应该是指文宗的起居注。因为就吕思诚坚守的"天子不观国史"的原则来说，应该是不允许皇帝观阅史官的原始记录。在唐代，唐太宗曾多次向史官提出观看起居注的要求，并且责问房玄龄曰："不知自古当代国史，何因不令帝王亲见之？"[②]在元代国学的一次私试策问中就有"却太宗观史与却文宗者孰贤"[③]的题目。由元文宗观阅起居注未果可以看出，元朝君臣还是接受了中原王朝关于起居注的许多观念。

综上所述，对于元朝起居注可以得出以下几点认识：

第一，元朝担任起居注者多为蒙古人和色目人，出身禁廷，皆属于"大根脚"的行列。这和"为天子主文史者"的必阇赤极为相似，也说明元朝统治者已经在理念上把中原王朝的起居注制度和必阇

---

① 《元史》卷一八五《吕思诚传》，第4012页。

② 吴兢撰：《贞观政要集校》卷七《论文史》，谢保成集校，中华书局，2003年，第391页。

③ 吴澄：《私试策问》，《国朝文类》卷四六。

赤联系在了一起，并且按照蒙古传统的必阇赤选拔制度标准来安排起居注人选。

第二，元朝不设专职的起居注官，而是由给事中、左右侍仪奉御和殿中侍御史来兼修起居注，这是对中原王朝传统起居注制度的一种改造。从初设职能上看，他们原本都和起居注无关。比如前文提到殿中侍御史，《元史·百官志》中记载其职责只是纠察朝仪，但是元朝统治者却令其参与御前陪奏，而这是只有大汗的亲信怯薛执事才可以享有的特权。殿中侍御史正是由于具有了兼修起居注的职能，才被允许参与到御前陪奏中来。

第三，元朝统治者接受了起居注的观念，但也不是完全照搬，而是改造成具有本民族特色的体制。元朝实行的这种独具特色的起居注制度，成为中国古代官方史学发展中的一朵奇葩。

（原载《史学史研究》2009年第3期）

易生错觉的现存明代起居注

南炳文

如所周知，现存明代起居注共有三种：《万历起居注》《泰昌起居注》和《天启起居注》。这三种起居注各有不同的版本，且多有残缺，其中《万历起居注》尤其如此。上个世纪八十年代至本世纪初，笔者与已故妻子吴彦玲在调查国内外各图书馆收藏状况的基础上，将各残本取其独有卷篇以及虽非独有但在各版本中质量最高的卷篇，集合成内容最全的三部起居注，前几年已由天津古籍出版社出版，由于《泰昌起居注》和《天启起居注》篇幅偏小，在出版时合为一册，分别名为《辑校万历起居注》和《校正泰昌天启起居注》。明代起居注在以前曾长期由于种种原因使读者不易接触，其特殊性在史学界了解得也嫌不够充分，这无疑不利于其作用之充分发挥。有鉴于此笔者特撰此文，将二三十年来接触其书得出的一点粗浅认识，与史界朋友交流，并盼着得到指教。

一、并非记录有关皇帝全部言行之书

史学界在相当长的时期内，对于现存明代起居注虽然接触不多，而关于起居注之概念却并不生疏。罗竹风主编之《汉语大词典》收有《起居注》之词条，其注文为："皇帝的言行录。两汉时由宫内修撰，魏晋以后设官专修。唐宋时凡朝廷命令赦宥、礼乐法度、赏罚除授、群臣进对、祭祀宴亨、临幸引见、四时气候、户口增减、州县废置等事，皆按日记载。元明以后趋于简单……《旧唐书·经籍志上》：

‘乙部为史，其类十有三：……五曰起居注，以纪人君言动。’”[①]《中国历史大辞典》(音序本)亦收有《起居注》之词条，其释文为：“史书分类名目之一。帝王言行的记录。汉武帝时有《禁中起居注》，东汉明德马皇后撰有《明帝起居注》，成于宫内。魏、晋以后均有起居注之修撰，唐、宋最详，元、明记载渐简。《隋书·经籍志》《旧唐书·经籍志》《新唐书·艺文志》《通志·艺文略》《直斋书录解题》均有《起居注类》。”[②]以上两个词条之解释文字，既笼统称“帝王言行的记录”“皇帝的言行录”，又有“成于宫内”“两汉时由宫内修撰”“魏晋以后设官专修”“汉武帝时有《禁中起居注》”等语句，由之给读者造成的印象，似乎起居注所记的皇帝言行，既包括宫内发生者，也包括宫外发生者，是无所不包的宫内外一切皇帝言行。这两条释文当代表了前此史学界对起居注类史书的共同或占主流的认识。在这种情况下，如果谈起现存明代起居注的内容范围，未对这些起居注加以深入研究者，当会自然而然地以为它们记录的是有关皇帝在宫内外的一切言行。而这是对现存明代起居注的一个误解或错觉。

明末人文秉著有《先拨志始》一书，其卷上《万历起天启四年止》载：

> 神庙(指明神宗，引者注)嫡母为仁圣陈太后，生母为慈圣李太后，中宫为孝端皇后，而生光庙(指明光宗，引者注)者，孝靖皇后也。二祖(指明太祖朱元璋和明成祖朱棣，引者注)家法：圣躬(指皇帝，引者注)每有私幸，必有赐賚；随侍文书房内阉即注明某年月日私幸(引者补末尾二字)，并记所赏以为验。

---

① 罗竹风主编：《汉语大词典》第九册，汉语大词典出版社，1992年，第1095页。

② 《中国历史大辞典》(音序本)，上海辞书出版社，2007年，中册，第2005页。

> 孝靖皇后(引者补末尾二字),故宫人也,神庙一日索水盥手,孝靖皇后(引者补末尾二字)奉匜以进,神庙(引者补此二字)悦而幸焉,赏头面一副。孝靖皇后(引者补末尾二字)有娠,神庙偶侍慈圣李太后(引者补末尾三字)圣宴,慈圣李太后(引者补此五字)言其事,神庙曰:“无之。”慈圣李太后(引者补末尾三字)命取内起居注相示,神庙面赤,不能復隐。慈圣李太后(引者补末尾三字)慰之曰:“吾年老矣,犹未及弄孙。倘生男,宗社福也。何必讳?”时郑贵妃有宠,每与神庙戏,辄呼为老妈妈,暗示讥刺,圣衷默然,不自得也[①]。

在张廷玉《明史》卷一一四《孝靖王太后传》中同样的史实也有记载:

> 孝靖王太后,光宗生母也。初为慈宁宫宫人。年长矣,帝(指明神宗,引者注)过慈宁宫(末尾一字引者补),私幸之,有身。故事,宫中承宠,必有赏賚,文书房内侍记年月及所赐以为验。时帝讳之,故左右无言者。一日,帝(引者补此字)侍生母(末尾二字引者补)慈圣李太后(末尾三字引者补)宴,语及之。帝不应。慈圣李太后(末三字引者补)命取内起居注示帝,且好语曰:“吾老矣,犹未有孙。果男者,宗社福也。母以子贵,宁分差等耶?”[②]

以上两段记载都提及“内起居注”,而且从所记内容判断,其当为记载皇帝在宫中基本不直接涉及政务之私密言行者。而查《万历

① 文秉:《先拨志始》卷上,上海书店,1982年,第3页。

② 张廷玉等:《明史》卷一一四《孝靖王太后传》,中华书局,1974年,第3537页。

起居注》万历十年(1582)八月十二日丁酉记事及十九日甲辰记事,发现该书明确记载了明神宗之长子即后来的明光宗于万历十年(1582)四月诞生之事。再反查该书万历十三年(1585)至十四年(1586)春之记事,则上述《先拨志始》及张廷玉《明史》所记明神宗与光宗生母的私密行事,根本不见踪影。这使如下事实明确地浮出台面:现存明代起居注撰写时,同时被撰写者还有专记皇帝在宫中基本不直接涉及政务的私秘言行的另一种起居注,其名称为"内起居注"。由此可见,不加深思地认为现存明代起居注记录的是有关皇帝在宫内外的一切言行,确实是不合实际的误解或错觉,应当彻底抛弃。产生这种误解或错觉的原因,除了前此史学界对起居注类史书的共同或占主流的认识之影响外,另一个原因当是:明代的专记皇帝在宫中基本不直接涉及政务的私秘言行的"内起居注",已不复存世,一般不为人所知,从而易于影响其判断。

二、并非只记相关皇帝一人言行之书

从当前史学界对起居注类史书的共同或占主流的认识出发,对现存的明代起居注还易产生另一个错觉或误解:它们当只记皇帝一人之言行。而事实是其中还记内阁大学士写给皇帝的奏疏等。

如《万历起居注》万历四十五年(1617)正月二十二日戊子载:

> 大学士吴道南谨奏:"为奉职无状、久甘摈斥、兹当京察之期、臣不敢援自陈之例、乞皇上先行黜幽、以重大典事。臣乞休经年,已不可一日在辇之下,未蒙矜允,难以径离。属京察届期,復徼例于自陈,是犹然以阁员自处也,义之所不敢自出也。第京察六年之间其所当幽黜者在于今日。计臣之负乘怀惭,昏鉴贻垢,材质有类榱棁,器局又同斗筲,非但国家之大政不能

佐理，即臣躬亲之事亦已从愆，辱命负恩，莫此为甚。幽所当黜，又孰有先于臣者乎？夫法行自近，而叨在中书伴事之列，不可不谓近，法贵得千（千当作平，引者注），而独假微臣宥过之条，不得谓之平。皇上将澄汰百官，肃清仕路，以风厉天下，臣之当黜，亟宜赐以显斥，不得于自陈之例而概兴①。盖大臣自陈，尚有去留，臣则万所当去，万不可留者也。皇上官不及私，罚不阿近，正于此彰圣代平明之治，且令后之人以臣为鉴，惟见有明之可陟、无幽之可黜，未必非儆惕之一大机也。臣不胜悚息待罪引领俟命之至。”二月初九日奉旨："卿协赞政幾，忠诚端慎。朕兹澄清百职，正资弼成化理，岂得引例求去？倚毗方切，不允所辞。吏部知道。"②

又如《天启起居注》天启元年（1621）三月二十三日乙丑载：

大学士刘一燝、韩爌谨题："适接辽东巡抚薛国用塘报，据称：奴贼于本月十八日深入烂泥铺等处，距辽阳三十里，势必攻城。彼中事体，今尚未知何状，但本镇孤悬，急留待援，所有兵将调动事宜，该部一面具奏，一面移文经略督抚衙门讫。广穸（穸当作宁，引者注）山海一带，尤宜倍加防守，仍各遣将分兵，相机策应，务保危城，以遏狂逞。臣等与诸臣悉心计划，协力分猷。皇上虽封疆在念，而起居倍宜珍重，亦不必过为忧惕也。臣等不任惓切。谨具奏闻③。

① "兴"，《吴文恪公文集》卷一二作"舆"。

② 南炳文、吴彦玲辑校：《辑校万历起居注》，天津古籍出版社，2010年，第六册，第3348页。

③ 南炳文校正：《校正泰昌天启起居注》，天津古籍出版社，2012年，第一册，第112页。

上引两个例子,或为内阁大学士所呈奏本,或为内阁大学士所上题本,这些本章既有皇帝作有批示者,也有皇帝未加批复者。而翻检现存三种明代起居注,可以发现,这两个例子所显示的现象,在三书中并非仅有,而是占据了其中的绝大部分篇幅。为什么现存三种起居注中记载了如此之多的内阁大学士的本章呢?这当是缘于明代内阁大学士身份之特殊性。如所周知,明初朱元璋废除中书省之后出现了内阁制。朱元璋不满中书省丞相具有相当大的权力从而妨碍皇帝专制君权的状况,于是用内阁大学士制代替了丞相制。明初的丞相有相对独立的衙门,统辖着分工负责各种朝政的六部官吏,而内阁大学士最初被规定成没有独立衙门只"备顾问"的角色[①],连机要政务也不能接触。永乐时期内阁大学士虽已可参预机务[②],且以后权力仍有扩大,但其在明代始终基本处于皇帝秘书的地位,主要职司票拟之事,为皇帝处理政务提供参考意见即草案,没有独立的衙门,在制度的层面没有直接统辖中央各部门之职权。这种皇帝秘书之身份地位,使得内阁大学士的职务行为成为皇帝整个决策活动的不可分割的一部分,于是在明代起居注记载皇帝的言行时,便自然而然地将内阁大学士的职务活动记录了进去。查现存明代三种起居注,其中所记有关内阁大学士之内容,除特殊情形外,全是内阁大学士所上之奏本或题本。这种情形的存在,正是由内阁大学士的本章之所以能够进入起居注的原因而决定的,内阁大学士之非与皇帝整个决策活动有关的其他个人言行,是无资格进入一般只记皇帝言行的"起居注"之中的。

现存明代起居注之撰写是在万历年间以后开始的,而其当时

---

① 张廷玉等:《明史》卷七二《职官志》一,第1729页。

② 张廷玉等:《明史》卷一四七《解缙传》,第4120页。

之所以得以开始,乃是由于万历三年(1575)张居正提出这一建议而得到了皇帝的批准。张居正在提出这一建议的奏疏中,规定了撰写起居注的种种规定。其中有云:"照得史臣之职,以纪录起居为重。顾宫禁邃严,流传少实,堂廉远隔,听睹非真,则何以据实直书、传信垂后?看得日讲官,密迩天颜,见闻真的,又每从阁臣之后,出入便殿,即有密勿谋议,非禁秘不可宣露者,阁臣皆得告语之。合令日讲官日轮一员,专记注起居,兼录圣谕、诏勅、册文等项,及内阁题稿。"又有云:"内阁题稿,并所藏圣谕、诏勅等项,该阁臣令两房官录送史馆。"[①]由上引两段文字可以得知,张居正关于起居注内容之撰写规定,已经明确将"内阁题稿"纳入其中。这当是现存明代起居注不仅录入皇帝的有关言行、而且收载内阁大学士的本章的直接原因。而张居正之所以作出这样的规定,则当是他身为内阁大学士,已经充分体会到了内阁大学士的职务行为系皇帝整个决策活动不可分割的一部分。审读上述张居正关于起居注内容的撰写规定,还可以看出其中并不包括皇帝在宫中的基本不涉及政务的私秘言行,此使本文第一节关于现存明代起居注并非记录有关皇帝全部言行之书这一判断,又得到了一项新的有力证据。

三、标题中年号之主人与书内所记起居之主人或有矛盾

现存明代三种起居注的书名,皆冠以年号,分别是"万历""泰昌"和"天启"。这使读者会认为这些年号名称标志着其书所记之事当即属于使用这些年号的皇帝之言行。而实际不完全如此。这也是现存明代起居注易令人产生误解的又一种情况。

---

① 张居正:《张文忠公全集》上《奏疏》四《议处史职疏》,《国学基本丛书》本,商务印书馆,1937年,第54页。

如所周知，“泰昌”是明光宗的年号，而《泰昌起居注》一书所记即非明光宗之言行。查《明神宗实录》，可知明神宗于万历四十八年七月丙申（二十一日）（时为公元1620年8月18日，引者注）死去，第二天发丧，戊戌（二十三日）颁遗照传位明光宗：“皇太子（指明光宗，引者注）聪明仁孝，睿德夙成，宜嗣皇帝位，尚其修身勤政，亲贤纳谏，以永鸿图。”[①]又查《明光宗实录》，可知同年八月初一日明光宗正式“即皇帝位”[②]，同年九月一日（时为公元1620年9月26日，引者注）早晨，明光宗“以卯刻上宾”[③]。总上可知，明光宗在位乃始于万历四十八年七月二十二日（公元1620年8月19日），止于同年九月初一日早晨（公元1620年9月26日）。而检《泰昌起居注》，其记事乃始于这一年的九月初一日白天，其第一条记事作：“是日，大学士方从哲、刘一燝、韩爌谨启：‘伏蒙殿下（指明熹宗，引者注）以臣等恭候先帝（指明光宗，引者注）万安，赐臣从哲银一百两、纻丝四表里，臣一燝、臣爌每员银八十两、纻丝四表里，臣等顿首祗领，不胜感戴之至，谨具启谢恩。’”[④]这第一条记事说明，《泰昌起居注》之记事起于明光宗死去的当天，而比明光宗之死时略晚，时明熹宗虽然尚未正式即位，但已经接掌朝政。再检《泰昌起居注》的最后一条记事，乃为：“（泰昌元年十二月）十九日壬申（时为公元1621年1月21日，引者注），大学士孙如游谨题：‘臣顷者四疏请告，伏蒙温旨屡留。兹值王政改元（指年号由泰昌改为天启，引者注），乃天启亿万年之始也，普天率土，莫不仰戴尧天，幸逢景运，合口一辞，以效华封之祝……臣谨于元旦随大班拜舞嵩呼于丹陛，仰祝鸿禧，至于

---

① 《明神宗实录》卷五九六，中华书局，2016年，第11页下至12页上。

② 《明光宗实录》卷三，第1页下。

③ 《明光宗实录》卷八，第8页下。

④ 南炳文校正：《校正泰昌天启起居注》第一册，天津古籍出版社，2012年，第5页。

区区下情，嗣容岀请。谨题。’”[①]

综上可知，《泰昌起居注》之记事，乃始于公元1620年9月26日之白天至1621年1月21日结束，所记之事乃明熹宗在位时发生的明熹宗的言行。至此可以得出结论：《泰昌起居注》所记不是明光宗的言行；而且由于明光宗在位的时间与《泰昌起居注》记事的时间互不相同，后者乃是紧接在前者之后，这也使《泰昌起居注》绝不可能记下明光宗的言行。

现存明代起居注标题中年号之主人与书内所记起居之主人互相不同者，还发生在《万历起居注》一书中，只是，在该书中不是全部如此。现存《万历起居注》之记事，起于万历元年(1573)正月，终于四十八年(1620)八月[②]。而年号“万历”之主人明神宗死于万历四十八年(1620)七月二十一日，自同年七月二十二日起明光宗成为在位的朝政掌管者，明光宗之死在九月一日早晨卯刻。由此推知，《万历起居注》中万历四十八年(1620)七月二十二日记事至八月之记事，其言行的主人当已是明光宗。换言之，《万历起居注》之万历四十八年(1620)七月二十二日至八月之记事，也存在着年号之主人与所记起居之主人互异的情形。

以上起居注标题中年号之主人与书中所记起居之主人不一者的两个实例，是现存明代起居注中此类现象之全部。现存明代起居注除此两例外，其余的部分是《万历起居注》之万历元年(1573)至万历四十八年(1620)七月二十一日为止之记事，以及《天启起居注》之天启元年(1621)正月至二年(1622)正月、二年(1622)四月至九月为止之记事，它们皆不存在标题中年号之主人与书中所记起居之主人互异的情形。

---

① 南炳文校正：《校正泰昌天启起居注》第一册，天津古籍出版社，2012年，第73—74页。

② 参见《辑校万历起居注》原书。

现存明代起居注中为什么存在起居注标题中年号之主人与书内所记起居之主人或有互相矛盾的现象呢？根子在于：由于明末发生了明光宗只主政一个多月的偶见现象，这使明代的皇帝年号制度受到很大冲击，不得不作出相应的调整，于是导致了上述矛盾现象之出现。为了彻底解开此谜，需将明末调整皇帝年号制度之事详加说明。

《明光宗实录》卷三开篇载："泰昌元年，时万历四十八年也。礼，未踰年不改元，而今称泰昌元年者何？盖八月之诏既以明年为泰昌元年，而九月之诏又以明年为天启元年。于是廷臣议年号者不一。今上（指明熹宗，引者注）下其议。部臣侍郎孙如游请集众论。论定，上疏曰：'窃闻历数代更，有一君[①]有一号，大统世及，父传子，子传孙，此万世之经也。今先帝（指明光宗，引者注）升遐之日犹在万历庚申之年（即四十八年，引者注），而明岁改元[②]之期，即为天启辛酉之始。万历之后，天启继之，则泰昌之号虚而无寄。然神宗之统，传之先皇（指明光宗，引者注），而皇上（指明熹宗，引者注）之统实受之祢庙（指明光宗，引者注）。今日之纪年（指泰昌年号，引者注）既缺，异时之信史难征，继万历而开天启者属之谁乎？科臣李若珪、暴谦贞言：今年七月以前宜仍万历之号，八月初一日先帝登极以后，应称泰昌之年。臣等再参之阁部诸臣之议，符合居多。人心之同，即典礼之正。如唐顺宗永贞之号，附于德宗贞元之后，御史左光斗引证，足为今日定例。伏乞勅下臣部，通行天下，一切章奏文移自今年八月朔至十二月终，俱用泰昌元年。既不亏神宗之全历，亦无妨皇上之改元，庶统系分明，人心允惬。'今上是其议，报曰：'先帝年号，众论佥同，大典允惬，深足慰朕孝思。其依议行。'于是定以万

① 此三字据广方言馆本补。

② 此字原作"年"，据广方言馆本改。

历四十八年七月以后改号泰昌年。"[①]这段话把明末皇帝年号制度调整的原委讲得相当详细、清晰。其指出:所谓泰昌元年(1620),实乃由原来的万历四十八年(1620)的一部分月份改来。按照礼法,在老皇帝(明神宗)死去之年(即万历四十八年)本是不应改变年号的,要到下一年,新皇帝(明光宗)才可以改变年号。可是新皇帝仅在位一个月略长(万历四十八年七月下旬至八月底)即死去,新皇帝的儿子于同年九月接任皇位,这样矛盾从而自然产生:新皇帝和新皇帝的儿子都在即位时宣布将万历四十八年(1620)之后的一年改用新年号,而分别定为"泰昌"与"天启";这样,同样的一年在同一个朝代,怎能使用两个不同的年号?经过讨论,最后只好将新皇帝所定的"泰昌"年号用以称呼万历四十八年(1620)的八月至十二月,从而使新皇帝的儿子所定的年号"天启"在万历四十八年(1620)之后的一年得以开始行用。这一调解办法的实行,虽然使老皇帝死后其年号不可当年废除的礼法没能坚持下来,从而使明神宗的"万历"年号"吃亏"五个月,但总算解决了两个年号同争用于一年的矛盾,可谓息事之妙法。

上引《明光宗实录》卷三开篇的那段话,记明了明光宗宣布其即位后下一年使用"泰昌"年号的文件为"八月之诏",而明熹宗宣布其即位后下一年使用"天启"年号的文件是"九月之诏"。这是很正确的。《明光宗实录》卷三泰昌元年八月朔载:"大赦天下,诏曰:……属兹履阼之初,宜焕维新之号,其以明年为泰昌元年。"[②]《明熹宗实录》卷一泰昌元年(1620)九月庚辰(六日)载:"遂颁诏大赦天下,诏曰:……惟兹临御之初,宜有涣颁之号,其以明年为天启元年。"[③]但

① 《明光宗实录》卷三,第1页。

② 《明光宗实录》卷三,泰昌元年八月朔,第1页下至第2页上。

③ 《明熹宗实录》卷一,泰昌元年九月庚辰,第10页。

是，上引《明光宗实录》卷三的那段话，并未记明最后以明光宗在位之年即最初称为万历四十八年(1621)的八月及该年九月至十二月为泰昌元年(1620)之决定，和最后以明熹宗即位后的第二年为天启元年(1621)之决定是在何时作出的。为解决这一问题，需要查阅《明熹宗实录》方能解决，该书卷一泰昌元年九月庚寅(十六日)载："礼部等官会议年号，定以万历四十八年八月以后为泰昌元年，明年为天启元年。从礼科给事中李若珪、暴谦贞等之请也。"[①]这一记载说明，明朝之最后决定以明光宗在位之年即最初称为万历四十八年(1620)的八月及该年九月至十二月为泰昌元年(1620)、和最后决定以明熹宗即位后的第二年为天启元年(1621)，乃在明光宗在位之年即最初称为万历四十八年(1620)而最后称为泰昌元年(1620)那一年的九月十六日。

讨论至此，现存明代起居注存在标题中年号之主人或与其书中所记起居之主人互异现象的原因，即可彻底揭出谜底了。

张居正在提议撰写起居注的奏疏中，提出如下一条规定："一、议收藏处所。照得国史，古称为金匮石室之书，盖欲收藏谨严，流传永久。今宜稍仿此意，月置一小柜，岁置一大柜，俱安放东阁左右房内。每月史官编完草稿，装为七册，一册为起居，六册为六曹事迹，仍于册面各记年月、史官姓名。送内阁验讫，即投入小柜，用文渊阁印封锁。岁终，内阁同各史官，开取各月草稿，收入大柜，用印封锁如前，永不开视。"[②]由这条规定可知，明代起居注之撰写，乃每月一册，每月写完即投入柜中封存，以备皇帝死后撰写实录参用。由此看来，万历四十八年(1620)七月和八月的起居注如果在同年九月十六日将同年八月改称泰昌元年八月时已经写完，则其自七月二

---

① 《明熹宗实录》卷一，泰昌元年九月庚寅，第27页。

② 张居正：《张文忠公全集》上《奏疏》四《议处史职疏》，《国学基本丛书》本，第55页。

十二日起的七月记事中及全部八月记事中存在的起居注标题中年号之主人与书中起居注之主人互不相同的现象，应由老皇帝死去之年不可改变原来所用年号之礼法来负责，即其成因在于这种礼法的限制,其与撰写者个人没有关系。而这两个月的起居注,如果在同年九月十六日将同年八月改称泰昌元年八月之后才撰写出来，则其自七月二十二日起的七月记事中存在的起居注标题中年号之主人与书中起居之主人互不相同的现象，仍应由老皇帝死去之年不可改变原来所用年号之礼法来负责，至于八月记事中存在的同样现象,其责任即当由撰写者个人负责,因为其若按照同年九月十六日的新规定办事,则将不会产生这一矛盾现象。查这年八月的起居注，发现其所记事项总共只有6条，与其前同年的七月(12条)、六月(20条)、五月(15条)、四月(22条)及其后的同年九月(31条)、十月(61条)、十一月(36条)、十二月(25条)相比,可称少得可怜。该月的最后记事也仅为其月的十七日。这种状况显示,该月之起居注,很可能是在明光宗生前未完成、在明光宗死后又没继续撰写而形成的半拉子产品。其作为《万历起居注》的一部分而存在、不用“泰昌”年号而用“万历”年号,似即由此而来。如这一推测不误,则其存在标题中年号之主人与书中起居注之主人互不相同的现象，则可肯定下来是由于老皇帝死后本年不能改换年号之礼法所造成的。

至于《泰昌起居注》存在标题中年号之主人与该书中所记起居之主人互相不同现象的原因,是清清楚楚的:为了保留明光宗拟用的年号,决定其事的大臣与明熹宗不惜乱按硬派。另,从上文可知,明熹宗即位后于九月间所设定泰昌纪年的月份，包括着该年的八月,以该月为始。但现存之《万历起居注》实包括该年八月,《泰昌起居注》中则从该年九月始。这也是一种矛盾现象,这一矛盾现象之存在,当是由于起居注写成后即封存起来而造成的。八月中撰写当月之起居注而后封存之，九月讨论泰昌元年起止月份安排时，因看不到该月起居注而只好随机设计，于是发生了这一矛盾。这一矛盾的发生，使硬性安排泰昌年号起止时间的不合实际弊病，更加突显起来——当人们阅读《泰昌起居注》一书时，连八月份与泰昌年号相合的一点点合理性也看不到了。

（原载《史学史研究》2019年第1期）

《明孝宗实录》修纂凡例探析

程彩萍

《明孝宗实录》共224卷，按时间顺序记载了有关明孝宗在位时期，即成化二十三年（1487）八月至弘治十八年（1505）五月的历史。正德元年（1506）始修，正德四年（1509）修成。参与修纂者据《明孝宗实录·修纂官》记载有61人[①]，另外还有《修纂官》未记载者，如鲁铎"选翰林庶吉士，少师李文正公雅重之，授编修预修孝庙实录"[②]。席书"以编修预修孝庙实录进呈"[③]。可见，编纂队伍庞大，必须制定凡例才能保证全书编写的整齐划一。所谓"作史者必先定其例，发其凡，而后一代之事可无纰谬"[④]。

目前已有不少针对修史凡例作出的研究成果，例如马刘凤的《中国古书凡例研究》将古书凡例进行了较为全面系统的探讨[⑤]。谢

---

① 具体人员参见谢贵安《明实录研究》，湖北人民出版社，2003年，第255—261页。

② 黄佐：《朝列大夫国子监祭酒谥文恪鲁公铎传》，焦竑：《国朝献征录》卷七三，《四库全书存目丛书·史部》第104册，齐鲁书社，1997年，第127页；廖道南：《楚纪》卷二二《鲁铎》，《四库全书存目丛书·史部》第47册，齐鲁书社，1997年，第608页。

③ 张萱：《西园闻见录》卷八四《刑部一》，周骏富编《明代传记丛刊》第123册，台湾明文书局，1991年，第147页；其余尚有"李楫字济之怀宁人，弘治乙丑进士，纂修孝庙实录。"《光绪重修安徽通志》卷一七八"张鲸字文升别号简轩，丙寅（正德元年）有司修孝庙实录特礼请公。"张邦奇：《张邦奇集·靡悔轩集》卷九《明故赠南京兵部武库清吏司主事张公暨配安人顾氏墓志铭》，《续修四库全书》第1337册，上海古籍出版社，2002年，第81页。

④ 朱彝尊：《曝书亭集》卷三二《史馆上总裁第一书》，文渊阁《四库全书》第1318册，台湾商务印书馆，1986年，第11页。

⑤ 马刘凤：《中国古书凡例研究》，2009年武汉大学博士学位论文。

贵安的《〈明实录〉体裁与体例研究》提出实录的“修纂凡例”反映出编纂体例上的特点①。钱茂伟《晚明实录编纂理论的进步:以薛三省〈实录条例〉为中心》②介绍了薛三省拟定的《实录条例》。然而尚无专文探讨明代列朝实录凡例的制定情况,本文拟以《明孝宗实录》修纂凡例为考察对象,探讨《明孝宗实录》的编纂主旨,并总结该凡例的特点,以及在文献编纂方面提供的启示。

一、《明孝宗实录》凡例体现的编纂宗旨及其特色

《明孝宗实录》在《明实录》中具有承前启后的地位,在此之前明朝已编纂了太祖、太宗、仁宗、宣宗、英宗、宪宗六朝实录,积累了丰富的编纂经验,实录的编纂已经形成一套比较完善的机制。从下诏编纂、组织编纂队伍,到采集史料,具体纂修都有成例可循,其凡例的制定亦有前朝实录的凡例可以借鉴。《明孝宗实录》凡例总体原则和核心思想基本遵循此前实录,然而亦颇具特色,一方面与正德初期的政治环境具有密切关系, 另一方面根据孝宗朝时代特点加以损益而成。

(一)以记载当时国家职能及其运作为编纂宗旨

从《明实录》凡例所规定的修纂内容来看,绝大部分属于国家治理的范畴,这便体现了实录编纂的宗旨所在。凡例规定的叙述对象从皇帝、贵族一直到文武大臣,他们所执掌的事务成为该实录记载的重要部分。首先凡例规定的记述内容往往围绕皇帝而展开,与皇帝、皇室相关者包括重大礼仪,以及皇帝下达的重要旨意,如皇

---

① 谢贵安:《〈明实录〉体裁与体例研究》,《史学史研究》1997 年第 3 期。

② 钱茂伟:《晚明实录编纂理论的进步:以薛三省〈实录条例〉为中心》,中国明史学会等编《第十届明史国际学术讨论会论文集》,人民日报出版社,2005 年。

帝即位、册封太子、国家祭祀,举行皇帝大婚、颁布诏书等内容是必须要写进实录的。其次,国家机构参与的各项事务以及相应的制度在凡例规定的范围中亦占了很大比重,包括六部以及各寺监负责的日常事务,如除授或降黜官员、赈灾备荒、节日赐宴,科举考试,旌表节义、整饬兵备、审录罪囚、修建宫殿等。

《明孝宗实录》凡例的撰写亦体现了这一宗旨,且更加突出皇帝与皇太子的地位,如在表述上将《明宪宗实录》凡例中所记“皇帝、皇太子、诸王、公主冠婚皆书”[1]改为“皇帝大婚、皇太子冠及诸王、长公主冠婚皆书”[2]。明孝宗被视为中兴之主,在位期间较为勤政,凡例将其一些重要举措增入实录记载的范围内。如刑罚方面弘治时期制定了很多新的制度,弘治元年(1488)夏,“令两法司、锦衣卫将见监罪囚情可矜疑者,俱开写来看,自后岁以为常。”[3]这是明朝京师热审成为定制的开始。此外明朝的审录制度以三法司会审为特色,而该项制度由特例变为定制始于弘治十三年(1500)的《问刑条例》。具体规定:“法司遇有重囚称冤,原问官员辄难辩理者,许该衙门移文会同三法司、锦衣卫堂上官,就于京畿道会同辩理。果有冤枉,及情可矜疑者,奏请定夺。”[4]明孝宗本人亦非常重视罪囚的审录以防造成冤案。弘治十七年(1504)大理寺右少卿吴一贯勘问都指挥佥事张天祥掩杀“虏人”一案,因处断过当人多称冤,于是明孝宗决定亲自审问,“令三法司、锦衣卫于午门外会问,与所勘狱词异,乃并逮诸勘官至,上御午门一一亲鞫之。”[5]明朝皇帝虽重视

---

①②《明宪宗实录·修纂凡例》。

③ 申时行:《明会典》卷一七七《热审》,中华书局,1989年,第903页。

④ 弘治《问刑条例·辨明冤枉》,黄彰健《明代律例汇编》,1979年,“中研院”史语所专刊,第991页。

⑤《明孝宗实录》卷二一八,弘治十七年十一月乙未条。

录囚，但亲录囚徒已不多见，《明孝宗实录》凡例特规定将此事记入实录内，“亲录囚徒及差官审录刑狱皆书。”[①]这体现了凡例对国家新制度以及皇帝新举措的重视。

明代注重礼法之治，礼治方面《明孝宗实录》凡例新增加“淫祀革罢者亦书”[②]与“衍圣公袭封书”[③]两条。明宪宗宠信方士李孜省与僧人继晓，广建寺庙，滥发度牒，所授法王、国师不胜枚举，对社会经济造成严重破坏。孝宗即位后将僧道衙门额外官员与真人、禅师之类进行革罢，“命法王佛子降国师，国师降禅师，禅师降都纲，自讲经以下革职为僧，各遣回本土、本寺或边境居住。”[④]国子监祭酒郑纪赞颂道：“陛下登极之初，左道害政者戮必首加，耗国病民者刑不少贷。去淫祠以严祀典，禁斋醮以正人心，故李孜省、邓常恩之徒举正其罪，国师佛子绝迹。”[⑤]如此使宪宗朝因崇信佛道而荒废朝政的混乱局面得以改观，《明孝宗实录》凡例规定将革罢淫祀之事记入实录内，惩戒后人毋受其害，以保障国家职能的正常发挥。同样对衍圣公袭封之事的特别强调体现了国家对孔子的尊重，对礼治的重视。

可见，凡例规定的记载内容都集中于国家职能的运作，包括国家机构的设置、职能的发挥以及制度的实施。从体例看《明孝宗实录》是典型的编年体史书，而从凡例规定的撰写范围与内容看具有极强的政书色彩，是一部记录当时君臣如何治理国家的文献。

（二）凡例中“特例”体现出皇帝的政治导向

《明孝宗实录》凡例对记述对象有一定的标准，包括对文武大

---

①②③《明孝宗实录·修纂凡例》。

④《明孝宗实录》卷四，成化二十三年十月丁卯条。

⑤ 郑纪：《东园文集》卷二《论斋醮祝延圣寿疏》，文渊阁《四库全书》第1249册，台湾商务印书馆影印本，1986年，第740页。

臣事迹的记载有明确的规定，如任命官员方面主要记载中央各机构官员以及地方主要官员。然而对于低级官吏的任命而言，并非一概不予录入，凡例规定有特例："若中外文武官有功绩显著及以事特升迁者，不限职之大小皆书。"[①]

同样凡例对入传的大臣品级亦作了限制："凡公、侯、驸马、伯，在京文武三品以上、近侍五品以上，在外都司、布政司、按察司正官没皆书卒，及概见其行实，善恶务合公论。"[②]而对于低级官吏有突出功绩者不在此限制范围之内，凡例给予特例当录入实录当中："若文武官有治行功绩显著，不限职之大小，皆书。"[③]

另外对于一些常例一般不予详细记载，如颁给大臣告敕之事并未在凡例规定的编纂范围之内，然对于一些特殊情况凡例规定需要记载："文武大臣诰敕有特赐者书。"[④]又如皇帝对大臣的例行赏赐亦不属于编纂的范围，然而凡例规定："中外文武官有特恩赐予皆书。"[⑤]

其他有关特旨的规定亦要求写入该实录，如"有特敕褒勉臣下，抚谕远人及恤刑宽贷之类悉书"[⑥]。"公侯伯并文武大臣老疾致事，特恩优闲……皆书"[⑦]。"公侯伯有特旨送监读书……等项事例皆书"[⑧]。"有特旨罢黜干系惩劝者，不拘职之大小并书，其蒙特恩宽宥亦书"[⑨]。

以上特例所要记载的内容都有其特殊之处，或属于对国家治理有突出贡献的人，或属于皇帝曾经特殊优待的官员。这些事例不拘于一般的规定，被允许收录于实录当中，突出皇帝的"特旨"以体现皇帝的政治倾向，有的起到了号召提倡作用，激励人们建立功绩；有的起到了警示作用，告诫人们切勿违反律例。可见，凡例的规定有着明显的为国家政治服务的目的。

---

①②③④⑤⑥⑦⑧⑨《明孝宗实录·修纂凡例》。

（三）体现了编纂官对明武宗的政治期望

《明孝宗实录》的编纂有着独特的时代背景。弘治十八年(1505)五月，明孝宗去世，明武宗即位，随后朝局发生较大变化。明武宗信任宦官，与内阁矛盾日益激化，由内阁大臣组织的实录编纂班子希望通过编纂《明孝宗实录》申明祖制，限制明武宗的任意胡为。如《明孝宗实录》中多次强调弘治《问刑条例》的权威，将其与《大明律》兼用，并“通行天下，永为常法”[①]。以此强调祖制的不可侵犯性。其凡例正是在此特殊背景下制定，体现了编纂官的政治期望。

《明孝宗实录》凡例增入了“经筵日讲及皇太子出阁读讲皆书”[②]一条，经筵之设一直被明朝君臣视为美事，君臣之间“有聚会精神之美，有意谕色授之益”[③]。弘治元年(1488)三月孝宗重开经筵，之后“每月三旬遇二日辄开讲”[④]。除了寒暑暂免讲读之外，孝宗一朝基本将其坚持下来，而武宗即位之初虽开经筵，却时常临讲报罢，“时上颇好骑射、为微行，经筵日讲多罢免，视朝或至日晏。”[⑤]这令群臣颇为惊惧，《明孝宗实录》凡例特规定实录需记载“经筵日讲”之事，想必以此约束明武宗纵乐之心。此外，“皇太子出阁读讲”也体现了昔日武宗在东宫时接受的教育。弘治十一年(1498)二月大学士徐溥为皇太子选定了程敏政、杨守阯、李旻、梁储、李杰、焦芳等19人充任侍讲学士等官员，其中多人后来参与了《明孝宗实录》的编纂，他们当然希望明武宗能遵循旧制，勤学戒逸。

---

①《明孝宗实录》卷一五九，弘治十三年二月庚寅条。

②《明孝宗实录·修纂凡例》。

③《明孝宗实录》卷一四，弘治元年五月壬辰条。

④《明孝宗实录》卷一二，弘治元年三月丙子条。

⑤《明武宗实录》卷一六，正德元年八月甲寅条。

《明孝宗实录》凡例还新增“凡文武大臣有宣召谕问皆书，顾命之辞备书”[①]一条。明孝宗在位晚期时常召见内阁大臣进行面谕，临终前留下顾命之辞：“上大渐，晓刻遣司礼监太监戴义召内阁大学士刘健、李东阳、谢迁甚急，至乾清宫东暖阁御榻前……上执健手又曰：‘先生辈辅导辛苦，朕备知之。’又曰：‘东宫聪明，但年尚幼，先生辈可常常请他出来读书，辅导他做个好人。”[②]可见明孝宗欲命刘健等辅佐武宗，然而事与愿违，武宗即位后逐渐宠信刘瑾等内官，朝政逐渐废弛。大臣纷纷上疏劝谏，如六科给事中周玺等言：“内阁大臣亲受先帝顾命以辅陛下，宜加尊礼，使朝夕纳诲，退朝之暇，即御便殿讲求治道，内外章疏悉与议论。”[③]正德元年(1506)十月，内阁大学士刘健、谢迁、李东阳因内侍刘瑾、马永成等蛊惑上心，连章请诛之，皆被武宗留中不发。最后刘健、谢迁等被迫致仕，很多抗议的文官皆遭清算。《明孝宗实录》凡例得以增入此条当赖于李东阳、王鏊等编纂官，他们希望以此引导明武宗远内官亲内阁，重振朝纲。该条凡例属《明孝宗实录》新创，当与正德初期特殊的政治背景有密切关系。

(四)反映了明孝宗在位时期的时代特点

《明孝宗实录》修纂凡例根据孝宗朝时代特点明确规定了该部实录书写的领域，共有51项应当编入的内容。除了上述新增内容外，还增加了“文武臣僚有没于王事者皆书，有得褒赠亦书”[④]；“停罢岁办及贡献诸物皆书”中的“贡献诸物”[⑤]；“山陵迁祔书”[⑥]；“增岁

①⑤⑥《明孝宗实录·修纂凡例》。

②《明孝宗实录》卷二二四，弘治十八年五月庚寅条。

③《明武宗实录》卷九，正德元年春正月乙巳条。

④《明孝宗实录·修纂凡例》。按：《明宣宗实录》凡例与《明英宗实录》凡例亦有此条。

贡额数……皆书"[1]以及"监生拨历等项事例皆书"[2]等内容。与《明太宗实录·修纂凡例》相比，删去了"巡狩及留守事宜皆书""车驾亲征叛虏及命将平安南等处皆备书始末"等[3]。与《明宪宗实录·修纂凡例》相比删去了"征聘隐士亦书""四夷遣子入学皆书"等内容[4]。以上内容的增删当与孝宗朝史实有关，如停罢进贡一项，在孝宗《即位诏》中明确规定："在外镇守、分守、守备内外等官，近年假以进贡为名，佥取民间皂隶出办银两，贻害地方，今后不许额外进贡。"[5]随后孝宗便制止了云南、甘肃、湖广等镇守太监的进贡，革除了成化时期以进贡为名搜刮地方的弊病。可见实录的修纂凡例会根据时代特点不断进行调整。

除此之外，《明孝宗实录》凡例继承了以往凡例中注重记载新事物、新规定的特点，避免各实录之间相互重复。如礼仪制度方面自明初已经制定，有些沿用前朝者不必重复记载，凡例规定只记载有改动者，"凡礼仪有新制或损益书"[6]。

除了礼仪有严格的规定之外，《明孝宗实录》还非常注重制度的记载，凡例强调各方面的制度有新变革者需记载在内。如政治方面，"选法及荐举有新定书，考课有新例及损益旧例亦书。"[7]经济方面包括钱法、盐法、漕运等，"转输漕运之法及田赋、徭役、农桑劝课有新令者书"[8]，"凡开盐场有新定中纳盐粮及户口食盐则例皆书，钞法、钱法有新令亦书"[9]，"屯种有新定事例及考较之法书。"[10]"有新定备荒事例亦书。"[11]军事方面，"兵政有新令者……皆书。"[12]

另外，凡例还注意到了国家机构以及经济建设方面的变化，如："凡关津、巡徼、驿传、递运、烽堠有新设及改革者书"[13]，"修缮各

①②③④⑥⑦⑧⑨⑩⑪⑫⑬《明孝宗实录·修纂凡例》。

⑤《明孝宗实录》卷二，成化二十三年九月壬寅条。

处城池、屯堡及新建革者皆书”[①],“仓库、坑治有新定建革及新令书(“治”当作“冶”,无“定”字,引者注)”[②],“新开修河渠、圩岸、桥道皆书”[③]。

凡例注重记载新事物、新规定体现了编纂官具有发展的历史眼光,编纂思想具有很强的创新性。另外,明孝宗在位初期励精图治,改善国家政治,不论制度的修订还是国家建设的新举措都能够反映出弘治一朝的时代特点,《明孝宗实录》凡例根据其时代特点增删内容对于突显历史的变化、如实记载一朝史实具有很大意义。

二、《明孝宗实录》凡例的指导作用及其拒书的潜在规则

《明孝宗实录》凡例独立于卷首,明确规定了该书的编写范围,成为史料取舍的重要标准。另外对于哪些内容不能记入实录中,凡例没有明确指出,而在《明孝宗实录》正文中有所体现。

(一)对编纂《明孝宗实录》具有重要的指导作用

凡例是编纂实录的指向标。明孝宗在位时期,官员上疏频繁,新令屡下,各种社会人物活动丰富,每年发生的历史事件更是数不胜数。《明孝宗实录》不可能将所有这段时期发生的历史一一记录下来,而是有所选择。那么凡例即是选择史料的标准,是编纂官可遵循的修史准则,是保证史书风格一致、质量统一的指向标。曾担任《明神宗实录》修纂官的薛三省认为:“纂修凡例更为史官第一要义,此义不立,则编摩无法,详略任意,或当详而反略,或可略而反

①②③《明孝宗实录·修纂凡例》。

详,或详而致冗,或略而致疏。”[①]可见史书修纂凡例的重要性。

《明孝宗实录》是研究弘治年间及其前后历史的文献瑰宝,不论从内容之广度上还是记述之准确性上都是当时编纂质量较高的历史资料。这首先离不开凡例的指导作用,其所规定的撰写领域有利于编纂者全面系统收集材料,保证了本书收录内容之广泛,同时又紧紧围绕编纂宗旨展开。以奏疏的收录为例,《明孝宗实录》编纂官面对浩繁的各部档案,必然按照一定的标准与倾向对其进行一番筛选。如凡例规定:“建言有关涉国体者皆录。”[②]这就体现了收录奏疏的标准。《明孝宗实录》所收奏疏共有 4555 条[③],数量巨大,考其内容遵循了凡例规定的范围。首先必须有关朝政大事、皇帝圣德者,明朝历代皇帝即位后对“实录”的编纂都非常重视,旨在宣扬前代皇帝之“圣政”。明武宗曾敕谕礼部曰:“朕惟帝王功德在天下,必有典则,贻子孙简册垂后世,此古今通义也。我朝列圣代有实录藏之天府,皇考孝宗敬皇帝临朝莅政十有九年,圣德大孝、弘谟伟烈,薄海内外罔不闻知,不可无所纂述以昭示万代。”[④]故其所收奏疏首先围绕皇帝临朝莅政之事。

另外,《明孝宗实录》以反映如何治理国家为编纂宗旨,凡是对治理国家有重要意义者尽量避免遗漏,《明孝宗实录》收录包含多项建议的综合类奏疏如兴利革弊的建言疏,或者应对灾异的弭灾疏等共二百余条。如弘治二年(1489)明孝宗因灾下令修省,各部大臣根据本部所掌管事项先后上弥灾疏,礼部尚书耿裕因灾言七事,

---

① 薛三省:《薛文介公文集》卷三《移阁列实录条例揭帖》,《四库全书存目丛书·史部》第 182 册,齐鲁书社,1997 年,第 271 页。

② 《明孝宗实录·修纂凡例》。

③ 参见程彩萍:《〈明孝宗实录〉与传世相关文集收录奏疏价值比较研究》,《文史》2014 年第 2 辑。下文有关奏疏的统计数字亦参考于此文附表。

④ 《明武宗实录》卷八,弘治十八年十二月丁巳条。

主要包括寅畏天戒、减省贡献、停止折纳、革退军厨、慎重教职等。兵部尚书马文升等因灾言军政十三事，主要包括严饬武备、处置操官、处置逃军、优恤补役军士、拨补杂差、革冒滥军职、节省应付等。户部尚书李敏等因灾言土地事宜，乞将皇庄，王府庄田归官给民。吏部尚书王恕等因灾言人事事宜七事，涉及官秩考满等事。内阁大学士刘吉等因灾言综合类七事，有溥恩施、举贤才、定科举、选军职、积边储、稽工程等。大理寺卿冯贯因灾异言司法五事，提出审录罪囚请每年秋后等。《明孝宗实录》依凡例所定，以上奏疏皆被收录，详略随宜。再如凡例规定："文武大臣、各处镇守、巡抚整饬边备等项，及备御规画皆书。"[①]《明孝宗实录》中收录了大量谋划战事、筹备军防的建议疏，其中有关如何防御蒙古部落入侵、加强北方边镇建设等奏疏约 160 条。凡例还规定"风宪官及文武臣僚弹劾大臣之罪皆书。"[②]《明孝宗实录》中收录了大量弹劾大臣罪行与过失的奏疏，约有 251 条。如弹劾传奉官的奏疏约 40 条，弹劾织造内臣请求将其裁撤的奏疏约 45 条。

凡例还为《明孝宗实录》臣传的撰写提出了要求："凡公、侯、驸马、伯，在京文武三品以上、近侍五品以上，在外都司、布政司、按察司正官没皆书卒，及概见其行实，善恶务合公论。"[③]《明孝宗实录》所载各类人物的传记共 421 篇，包括宗室、妃嫔等传记 160 篇，公、侯、驸马、伯传记共 43 篇，未得封爵的武臣传记 53 篇，文臣传记 165 篇。可见官员的品级成为立传的首要标准，这些传记中除了个别有大功绩者不在品级的限制范围内，其余皆严格控制在五品以上。

（二）拒书存在潜在规则

《明孝宗实录》凡例虽未明确规定哪些内容绝对被排除在外，

---

①②③《明孝宗实录·修纂凡例》。

但可以从侧面进行推敲,如规定:"建言有关涉国体者皆录。"换言之敷衍虚夸者以及琐碎之事不录。除此之外,还有留中不发者亦不录。"成化初,谢铎预修《英宗实录》,检(章)纶《复储疏》不得,辄叹息泣下曰:'公疏动万言,竟一字不传,何以示天下后世?'数白总裁刘定之,应曰:'奏疏留中者例不书。'谢曰:'景泰数年间事孰此为大,不书此奚书,盍请上增入录中,竟不从。'"[①]由上记载可知,奏疏留中者例不书。《明孝宗实录》之编纂亦遵循此规定。姜洪于成化二十三年(1487)疏劾内阁万安、刘吉,不报[②]。查《明孝宗实录》中,果无其奏疏,只载万安致仕因御史姜洪等劾奏。"大学士万安再乞致仕……特允致仕……以御史姜洪、汤鼐、庶吉士邹智相继论劾也。"[③]

此外,还有一些拒收者则是出于刻意避讳的原因。从《明孝宗实录》凡例规定中可知其编纂宗旨具有明显的政治倾向,以宣扬皇帝"圣德"为核心。故编纂者们根据所处的舆论环境及其立场等,会有意避开某些史实的记载。如《明孝宗实录》对有损孝宗形象的奏疏,极注意谨慎处理,特别是对待言辞激烈者,一般不予收录。进士李文祥曾上奏《永保天命疏》,成为明孝宗推行新政过程中,惊动朝野的著名言论。疏中指陈当时的弊政用词非常苛刻,称内阁:"顷者在位多废,人权移内侍,赏罚任其喜怒,祸福听其转移。仇视言官,痛加摧挫,公行贿赂,滥授冗员,阿顺者则交相接引,骤至超迁,违

---

① 过庭训:《本朝分省人物考》卷五六《章纶》,《续修四库全书》第534册,上海古籍出版社,2002年,第536页。

② 雷礼:《国朝列卿纪》卷一二二,《续修四库全书》第524册,上海古籍出版社,2002年,第90页。

③《明孝宗实录》卷五,成化二十三年十月丁亥。

忤者则巧为谗谤,远遭窜逐”[1],称三法司“顷者法司惟徇己私,不恤国宪,豪横有恃者,虽重罪必曲宽容,贫弱无告者,虽小嫌必深钩巨,惠及奸宄之雄,养成倾颓之俗。纪纲尽废,体统荡然”[2]。最后李文祥自知此疏言辞偏激,进行自我辩护,称“臣草茅新进,积无怨雠,岂不自谋,率尔狂戆。但思臣之于君,子之于父,吉凶休戚实相关,隐默谩欺,情亦安忍,故不避斧钺历尽愚”[3]。

该奏疏上呈以后,引起内阁当政者及明孝宗的不满,以历练为名,将其除授陕西咸宁县县丞,《明孝宗实录》记载曰:“文祥先上书指斥时事言甚切直,上以其新进浮薄,命除授繁剧县佐令其历练。”[4]此句将该奏疏的信息披露,而对于其内容只字未提。这乃是春秋大义,既要为圣者讳,又不掩圣者瑕,体现了编纂官所要表达的深刻内涵。

另外有些奏疏因侵犯皇亲国戚的利益,事态严重而被拒收。李梦阳于弘治十八年(1505)四月应诏陈言《上孝宗皇帝书稿》,共5000余字,主要陈述了当时上到朝政、下到社会各个层面存在的弊端,概括为:“今天下之为病者二而不之去也,为害者三而不之祛也,为渐者六而不使不可长也。”[5]其中所谓“病一”指大臣士气不足,缺乏直言者;第二指滥用宦官。“三害”主要指兵害、民害、庄场畿民之害。最后李梦阳还劾奏外戚张鹤龄:“今寿宁侯招纳无赖罔利,而贼民白夺人田土,擅拆人房屋,强虏人子女,开张店房,要截商货,而又占种盐课,横行江河,张打黄旗,势如翼虎,此谓之不替

---

①②③ 李文祥:《永保天命疏》,张瀚:《皇明疏议辑略》卷二,《续修四库全书》第462册,上海古籍出版社,2002年,第551—552页。

④《明孝宗实录》卷三,成化二十三年九月癸丑条。

⑤ 李梦阳:《空同集》卷三九《上孝宗皇帝书稿》,文渊阁《四库全书》第1262册,台湾商务印书馆,1986年,第347页。

可乎？”[1]该奏疏敢于弹劾贵戚，崔铣所撰李梦阳墓志铭专门介绍该疏[2]，可见其影响之大。而《明孝宗实录》未收载此疏，盖因此疏引起贵戚不满，招来祸事有关。李梦阳曾因此被送进诏狱，其自述称："及疏入不报也，以为竟不报也。一日忽有旨拿梦阳送诏狱。乃于是知张氏有本辩矣，张氏论我斩罪十，然大意主讪母后……奉圣旨：'李梦阳妄言大臣，姑从轻罚俸三个月。'"[3]可见《明孝宗实录》编纂官在舍弃某些历史信息不书时，亦需遵循一定的规则和惯例。

三、《明孝宗实录》凡例规定过于笼统及其不利影响

凡例规定了《明孝宗实录》书写的范围，对全书内容的收录与撰写具有指导意义。但凡例对于各领域如何具体书写，写到什么程度，未作交代，如此过于笼统导致该书出现某些内容记载矛盾、不清等失误。表现在如下方面：

（一）奏疏时间记载不明确

某奏疏往往涉及上疏、某衙门覆奏、皇帝批复，甚至反复商讨，最终得以批复等多个环节，每个环节时间各异，《明孝宗实录》凡例未规定将其记于其中哪个环节，导致实际书写中，有些记于上疏时间，有些则记于皇帝批复时间，有些则记于当事人接到圣旨的时间。如《明孝宗实录》卷七成化二十三年(1487)十一月壬戌条所载礼部尚书周洪谟会五府、各部、都察院、翰林院等衙门议祧迁之制

① 李梦阳：《空同集》卷三九《上孝宗皇帝书稿》，文渊阁《四库全书》第1262册，第354页。

② 崔铣：《洹词》卷六《江西按察司副使空同李君墓志铭》，文渊阁《四库全书》第1267册，台湾商务印书馆，1986年，第515页。

③李梦阳：《空同集》卷三九《秘录附》，文渊阁《四库全书》第1262册，第354页。

及孝穆慈慧皇太后奉享之礼的奏疏[①],内容极为详细,然而具体时间记载模糊,所涉礼部等衙门上奏时间、明孝宗第一次批复时间、礼部等覆奏时间、明孝宗第二次批复时间等皆不详,“壬戌”为上述哪一环节的时间亦不能确知。据倪岳撰《礼仪一》记载:“成化二十三年十一月二十一日于西角门题奏,本月二十三日奉圣旨‘是。奉先殿旁近无宫室堪改别庙,恁还再议来说’。钦此。钦遵。成化二十三年十一月二十六日礼部会官议拟题,奉圣旨‘你每既考论明白,准议’。”[②]礼部尚书周洪谟等上奏时间当为本月二十一日,本条所记:“上是其议,第以奉先殿傍近无宫室堪改别庙者,命再议以闻。”该时间当为本月二十三日,本条所记“礼部覆会官上议曰”,该时间当为本月二十六日。而“壬戌(二十七日)”当为皇帝准议的时间,即本条所记“上以众议既考据明白,从之”之时间。

《明孝宗实录》卷八记载:“(成化二十三年十二月)乙酉(二十日),致仕南京兵部尚书王恕被召为吏部尚书,中途复陈疾乞致仕。上曰:‘卿老成重望,特兹起用,所辞不允,有疾令所在有司遣医调治,待平复即趣赴京。’”据文集可知王恕上奏的时间为“成化二十三年十一月二十七日,奉圣旨的时间为十二月二十二日”[③]。《明孝宗实录》记载的时间当是皇帝做出批示的时间。

又如《明孝宗实录》记载“(弘治二年三月)癸未(二十五日),调监察御史姜洪为山西夏县知县”,并叙及了该调任令下达的原委:

洪巡按湖广,与总督漕运都御史秦纮因公事文移相激。纮

① 《明孝宗实录》卷七,成化二十三年十一月壬戌条。

② 倪岳:《青溪漫稿》卷一一《礼仪一》,文渊阁《四库全书》第1251册,台湾商务印书馆,1986年,第106页。

③ 王恕:《王端毅奏议》卷七《老疾不能赴召奏状》,文渊阁《四库全书》第427册,台湾商务印书馆,1986年,第583页;《明孝宗实录》卷八,成化二十三年十二月乙酉条。

批词云:"札付湖广经历司("广"下有"布政司"三字,引者注),转呈巡按监察御史姜洪照详施行。"洪亦批云:"布政司星驰差人咨禀淮安总督漕运官早行处置,毋致临期有误国用。"于是纮奏:"洪越礼不逊。"事下都察院,刑科参纮"纷扰自伤大体",都察院亦言:"巡按御史令经历司转达巡抚都御史,于事体无碍。"上以事干名分,命礼部会官议之。于是吏部尚书王恕等言:"洪词失大体,刑科都察院词涉偏向。"上曰:"洪批词不逊,有失大体,难居风宪,调外任。刑科、都察院佥书官偏向不公,各罚俸一月。"[①]

据王恕文集记载,可知明孝宗第一次批示的时间为弘治二年(1489)三月十二日,第二次批示时间为弘治二年(1489)三月二十日,吏部奉旨提出调任方案的时间为弘治二年(1489)三月二十四日。《明孝宗实录》中所记时间当为调任之命令下达的时间[②]。

(二)某事件发生的时间记载不确切

有关某事件之发生、发展、朝廷处理过程,皇帝下达旨意等环节,往往涉及多个时间,凡例未规定应将时间系于上述环节中哪一个,亦未明确指出所记事件之时间为哪一环节之时间,如某些军事行动延续时间较长,《明孝宗实录》记载相关事宜时,往往出现时间记载不明的现象。平定某处"叛乱",往往在某时间之后记载"某贼被诛",或接以"某处贼平"之句,而该时间往往并非诛杀此人、平定"叛乱"之时间。如《明孝宗实录》卷八六记载"(弘治七年三月)癸巳

---

① 《明孝宗实录》卷二四,弘治二年三月癸未条。

② 王恕:《王端毅奏议》卷一〇《会议儹运粮储行移奏状》,文渊阁《四库全书》第427册,台湾商务印书馆,1986年,第627页。

贵州苗贼平。镇守贵州太监江德、总兵官顾溥、都御史邓廷瓒,都督佥事王通等会调官军土兵征剿都匀长官司寨苗乜富架、长脚等,分路并进……凡破一百一十余寨,斩首俘获万余。捷闻,命降敕奖励德等。"[①]本条记载句首为"贵州苗贼平",下文涉及讨平乜富架的过程与结果,以及报捷到朝廷、明孝宗下旨降敕等环节,由此无法断定弘治七年(1494)三月是哪一环节之时间。而《贵州图经新志》卷八与《皇明经济文录》卷三一详细记载了该事件发生的具体时间:"明年癸丑(弘治六年)秋八月,监督偕总兵与协同咸来会军……(九月)越翌日壬子,师分道以进。孟冬上旬,我师一鼓遂缚其酋乜富架……仲冬中旬,师再鼓,又缚长脚……斩级若干。至季冬下旬,师三鼓,又缚阿利、鸡选,阵杀阿脚,斩级仍若干……明年甲寅春正月丁未(十七日)班师奏捷。二月庚申俘献。皇情悦怿,降敕奖谕。"[②]《国榷》记载:"弘治七年正月,邓廷瓒平都匀、清平蛮,班师。"[③]由此可判断弘治七年(1494)三月当为明孝宗降敕奖励立功官员的时间,而非平定贵州苗夷叛乱的时间。

(三)人物亡故时间记载有不统一之处

《明孝宗实录》唐瑜传记载其弘治七年(1494)九月七日卒[④],而徐溥所撰唐瑜神道碑铭、王鏊撰《都察院右副都御史唐公墓表》皆

---

① 《明孝宗实录》卷八六,弘治七年三月癸巳条。

② (弘治)《贵州图经新志》卷八《都匀府·公署》,《四库全书存目丛书·史部》第199册,齐鲁书社,1997年,第94页;万表:《皇明经济文录》卷三一《贵州·平蛮碑》,《四库全书禁毁书丛刊·集部》第19册,北京出版社,1997年,第349—350页。

③ 谈迁:《国榷》卷四二,弘治七年正月丁未条,上海古籍出版社,2008年,第2655页。

④ 《明孝宗实录》卷九二,弘治七年九月壬辰条。

记作“七年八月十八日”[1],与《明孝宗实录》唐瑜传记载不同。又如《明孝宗实录》陈瑗传记载其卒于弘治十三年(1500)八月六日[2],而吴宽所撰陈瑗神道碑铭记作:“弘治庚申(1500)八月二日卒于南京公馆,享年五十九。”[3]李濂撰《副都御史陈公传》记作:“庚申八月二日,卒于金陵官舍,得年五十有九。”[4]《明孝宗实录》所记其卒时,皆晚于其他史书。概由于其所记乃二人之讣告传至朝廷、朝廷处理善后之时间,易使读者产生误解。

(四)宗藩子弟排行有记载矛盾或不清者

《明孝宗实录》记载宗藩成员信息较为详细,凡例规定“皇太子及皇子生书,亲王之子生已赐召者书,诸王嫡长孙生亦书”[5]。另外,赐予上至亲王下至奉国将军等所生子弟名字亦记载。以上内容往往涉及他们的嫡庶、排行等问题。由于凡例未规定排行的统一规则,导致出现不分嫡庶一概排序及区分嫡庶身份分别排序的不同。如卷二〇第七页下第二行记载祁铣为“靖王庶第三子”。《明英宗实录》卷六六记载:“赐郑王瞻埈子名,长曰祁锳,次曰祁锐,次曰祁铣,次曰祁镕。”[6]卷一〇二记作“封郑王瞻埈嫡长子祁英(锳,引者

---

① 徐溥:《谦斋文录》卷四《嘉议大夫都察院右副都御史唐公神道碑铭》,文渊阁《四库全书》第1248册,台湾商务印书馆,1986年,第643页;王鏊:《震泽集》卷二五《都察院右副都御史唐公墓表》,文渊阁《四库全书》第1256册,台湾商务印书馆,1986年,第396页。

② 《明孝宗实录》卷一六五,弘治十三年八月戊子条,第3000页。

③ 吴宽:《家藏集》卷七七《明故通议大夫都察院右副都御史陈公神道碑铭》,文渊阁《四库全书》第1255册,台湾商务印书馆,1986年,第788页。

④ 李濂:《嵩渚文集》卷八四《副都御史陈公传》,《四库全书存目丛书·集部》第71册,齐鲁书社,1997年,第286页。

⑤ 《明孝宗实录·修纂凡例》。

⑥ 《明英宗实录》卷六六,正统五年夏四月壬申条。

注)为郑世子,第二子祁锐为新平王,第三子祁铣为泾阳王,第四子祁镕为朝邑王"[①]。《弇山堂别集》卷三六记载"泾阳安靖王祁铣,靖第三子"[②],《罪惟录》记载:"靖王第三子为泾阳王祁铣。"[③]以上皆记载祁铣为第三子。又据《明孝宗实录》卷一〇三记载"郑王祁锳薨,王靖王嫡子,母妃张氏"[④]。可知祁锳为嫡长子,则卷二〇所记祁铣为庶第三子似与之矛盾。可知祁铣之排行,虽标注为庶子,但"第三"却是在所有兄弟中的排序,非庶子中排第三。

对于嫡子、庶子分别排行者,有些却因未标明嫡庶身份,造成矛盾。《明孝宗实录》卷九十五第六页上第五行弘治七年十二月乙亥记载:"滋阳王长子曰健机。"而本书卷四十九弘治四年三月戊寅记载:"赐滋阳王庶长子曰健樀。"[⑤]卷二百〇一弘治十六年七月辛巳记作"其(滋阳王)庶长子镇国将军健樀"[⑥]。以上记载"健机"与"健樀"皆为滋阳王长子,似有所矛盾,当是区分嫡庶排序,"健机"应为"嫡长子"。

另外,有些亲王、郡王等子孙早亡或因罪革为平民,《明孝宗实录》凡例未规定是否将其排列与众子之中,导致某人排行之记载前后矛盾。如《明孝宗实录》卷五十八记载:"赐晋府襄阴王奇瀴嫡第二子曰表楗。"[⑦]而卷七三记载:"襄阴王嫡第二子曰表朴。"[⑧]此二人同为襄阴王奇瀴嫡第二子,记载矛盾。据《明宪宗实录》卷一七七记载:"赐晋府襄阴王奇瀴嫡长子名曰表椅。"[⑨]《明孝宗实录》卷二一

---

① 《明英宗实录》卷一〇二,正统八年三月甲子条。

② 王世贞:《弇山堂别集》卷三六,中华书局,1985 年,第 637 页。

③ 查继佐:《罪惟录》列传卷四,浙江古籍出版社,1986 年,第 1263 页。

④ 《明孝宗实录》卷一〇三,弘治八年八月丁丑条。

⑤ 《明孝宗实录》卷四十九,弘治四年三月戊寅条。

⑥ 《明孝宗实录》卷二百〇一,弘治十六年七月辛巳条。

⑦ 《明孝宗实录》卷五八,弘治四年十二月丙寅条。

⑧ 《明孝宗实录》卷七三,弘治六年三月甲午条。

⑨ 《明宪宗实录》卷一七七,成化十四年四月己亥条。

记载:“赐晋府襄阴王庶长子名曰表槠。”[①]《明孝宗实录》卷一六七记载:“封晋府襄阴王长子表樋为襄阴王。”[②]由上记载推断其嫡长子或早夭或有其他事故。嫡第二子表樋后封为长子,表朴成为嫡第二子。

可见《明孝宗实录》的修纂凡例虽规定了撰写的内容范畴,但却对具体的书写规则及方法缺乏说明,从而影响了其编纂质量。此外,其凡例亦没有明确规定撰写来源,致使材料收集与使用方面存在不足,如搜集材料的眼界不够开阔,《明孝宗实录》的材料来源主要依靠各部留下来的档案,这就使得对各方面的了解局限于官方的认识。

总之,凡例乃发凡起例,需对所修书籍的体例、章法以及内容大要等进行说明。《明孝宗实录》修纂凡例因规定的过于笼统导致实录中某些内容的编排不统一,甚至模糊处理,如此给读者造成一定的困惑。然而该凡例所规定的内容范畴对实录的修纂无疑起到了指导作用,还向读者展示了修纂官的编纂宗旨与政治倾向,其开创性内容也为实录编撰范围提供了更为宽阔的视野,在《明实录》凡例中占有重要的地位。

(原载《史学集刊》2018 年第 5 期)

---

① 《明孝宗实录》卷二一,弘治元年十二月戊午条。

② 《明孝宗实录》卷一六七,弘治十三年十月丁酉条。

《明孝宗实录》焦芳“曲笔”问题考论

纪海龙

正德元年(1506)十月以后,焦芳被任命为《明孝宗实录》总裁官。其时及稍后任总裁者还有李东阳、王鏊、杨廷和。正德五年(1510)刘瑾倒台之后,朝中有人指认焦芳在纂修期间挟刘瑾之势,在《明孝宗实录》中凭个人好恶,掺杂“曲笔”。谢贵安教授对明代历朝实录进行过系统研究,认为焦芳确曾依赖刘瑾威势,在《明孝宗实录》纂修中大做手脚,使得《明孝宗实录》成为秽史[①]。程彩萍认为《明孝宗实录》中经焦芳所加工部分,“常有肆意歪曲史实之事发生。”[②]钱汝平则指出,因焦芳“曲笔”之故,嘉靖时期曾因董玘建议而对《明孝宗实录》做过改修[③]。笔者梳理明中期以后各类记载,在具体事实层面判定焦芳在《明孝宗实录》纂修过程中确曾杂以己意,歪曲史事,对与自己有恩怨者恣意评论,这一定程度降低了《明孝宗实录》史料价值和评论的公允程度。但嘉靖时期并未曾重新纂修《明孝宗实录》,局部修改虽确经人建议,但很可能并未确然落

---

① 谢贵安指出:“刘瑾则乘机安插他的亲信焦芳任总裁。尽管当时大学士李东阳名为第一总裁,但他处事圆滑,迫于阉党的权势,而处处迁就焦芳,使得焦芳在《明孝宗实录》中大做手脚,丑化自己的政敌和仇家,使《明孝宗实录》蒙受的秽史之名不亚于魏收的《魏书》。其他修纂人员敢怒而不敢言,他们很想在私下改正《明孝宗实录》的不实之处,但又不敢走得太远,从而陷入进退维谷的尴尬境地。”见谢贵安:《〈明实录〉研究》,湖北人民出版社,2003年,第250页。

② 程彩萍:《〈明孝宗实录〉研究》,南开大学博士学位论文,2015年。

③ 钱汝平:《试论董玘对〈明实录〉的贡献》,《绍兴文理学院学报》2015年第5期。

实。传统史家论史,常将恶行、恶果归罪于一二“大奸大恶”之人,这在关于曾依附刘瑾的焦芳“曲笔”之评论、考证中颇有体现,但与焦芳同时主持《明孝宗实录》纂修的其他人,对焦芳“曲笔”未加坚决抗争,其后也没有积极对之加以修正,不能无咎。《明孝宗实录》内容详细,规模庞大,其史料价值仍在,不应过分低估。

一、明人有关焦芳“曲笔”的记述

明清两代史籍提到焦芳在修撰《明孝宗实录》时作有“曲笔”之事的记载甚多,追溯其源头,大多本自《明武宗实录》及参与《明孝宗实录》编纂的史官之私人著作。

《明武宗实录》在记载《明孝宗实录》进呈时写到:“总裁大学士焦芳,人品庸劣,不为士论所重,弘治间垂涎台鼎,久不得进,每以为恨。至是,附瑾获柄用,与操史笔,凡其所褒贬,一任己私,以好恶定之,如叶盛、何乔新、彭韶、谢迁,皆天下所称许,以为端人正士,而芳肆其诋诬,不恤公论。”[①]此处指出,焦芳是因依附刘瑾之故得以“与操史笔”,并借机在实录中对叶盛、何乔新、彭韶、谢迁等人进行诋诬。同书又载,焦芳,“笔削任意,尤恶江西人士,一时先正名卿无不肆丑诋,以快其私忿。所书多矫诬不根,往往授意所厚,若段炅辈,使笔之,挟瑾威,以钳众口,同官避祸,皆莫敢窜定一字。”[②]这里强调,焦芳借助刘瑾威势钳制同官,使其不敢对焦芳的“曲笔”行为进行抵制。在明代,后一朝实录直言前朝实录总裁官故作“曲笔”,此属首次。

除《明武宗实录》,与焦芳共事的史官也留下了一些类似记

① 《明武宗实录》卷四九,正德四年四月壬午。

② 《明武宗实录》卷一四七,正德十二年三月丁酉。

载。杨廷和称:“孝庙实录,焦泌阳(芳)与总裁之列,故与万文康(安)、彭文思(华)有怨,每言及彭,辄俚语大骂,甚至移怒于其乡人。予谓王守溪(鏊),此老似于万稍恕。守溪笑曰:先生在故耳。至书将成,藉以报复,置所厚三二人于内阁东偏,所不合者,一一属之作传,而授之意,极其诋诬。如谓文康于皇亲万通为僚婿,其妾常出入禁中,大抵皆诬罔之言。诸名公卿,但异已者,尽枉其是非,而为之辞。所私者,恣为溢美,不复顾忌。”[①]据杨氏的说法,焦芳授意私人,在人物传部分对包括万安、彭华在内的异己者作了歪曲丑化的记述。

明世宗即位后,曾经参与《明孝宗实录》纂修的董玘上言:“昔者,武宗毅皇帝即位之初,纂修《孝宗敬皇帝实录》,臣以菲才滥与其末。于时,大学士焦芳依附逆瑾,变乱国是,报复恩怨,既已毒流天下矣,而犹未足也,又肆其不逞之心于亡者,欲遂以欺乎后世。其于叙传,即意所比,必曲为掩互,即夙所嫉,辄过为丑诋。又时有称述,甚至矫诬敬皇而不顾。凡此类,皆阴用其私人誊写圈点,在纂修者,或不及见。惟事之属臣者,黾勉载笔,不敢有所前却,而其他则固非所及也。”[②]按董玘所讲,焦芳的“曲笔”集中在人物行实方面,且是焦芳指使其亲信为之,这与杨廷和的说法可相印证。曾经与修《明孝宗实录》的顾清曾有诗曰:“米传羞闻晋史腥,独卧烟江双雪鬓,尚余幽恨在丹青。”[③]后做按云:“书妖人李孜省事,有诬彭文思附以得进者;书中官蒋琮逐科道事,有嫌而欲删节者,皆不敢从,闻

① 杨廷和:《杨文忠三录》卷三《视草余录》,(景印)《文渊阁四库全书》第428册,台湾商务印书馆,1983年,第801页。

② 董玘:《中峰集》卷二《校勘实录疏》,中华书局,2016年,第57页。

③ 顾清:《东江家藏集》卷三四,归来稿,《岁云晚矣园居独谣追始惟今斐然有述八章》,(景印)《文渊阁四库全书》第1261册,第768页。

后来颇有更定添入，不可知也。”[①]此诗及按语皆未明言何人欲诬陷彭华，但其墓志铭载：“正德初还朝，与修孝庙实录，书妖人李孜省事，焦公芳与彭文思公有隙，欲诬其附以得进，贻公以风闻书，公云：‘据实直书，史职也，他不敢与闻。’焦不能夺。”[②]据此则顾清是在有关彭华是否曾经党附求进史事书写与焦芳发生过龃龉。

以上记载，或出自《明武宗实录》，或出自曾参与纂修史官之记述，都指焦芳凭借刘瑾势力，在《明孝宗实录》纂修过程中任用私人，在万安、叶盛、何乔新、彭韶、谢迁、彭华等人行实记述中，做了歪曲事实的书写。

二、嘉靖初年删正《明孝宗实录》之议

正德四年(1509年)五月，《明孝宗实录》修成。基于前述情况，很快有人提出改纂甚至重修《明孝宗实录》之议。杨廷和称，李东阳就曾欲上请重修实录：“西涯曰：‘此秽史也。瑾诛后，欲请于上重修之。予曰：‘重修恐致纷纷。’西涯曰：‘先生忘《表》中之言乎？是曰是，非曰非，岂得专于独见？疑传疑，信传信，庶以备于将来。予为此《表》时，意正在今日也。’”[③]据杨氏此言，李东阳在上呈进呈实录表时就有将来重修的意图。李东阳另有诗称：“三朝史笔今重载，欲报先皇恐未能。”[④]内中除自谦和惶恐外，也流露出对所纂史书的不

---

① 顾清：《东江家藏集》卷三四，归来稿，《岁云晚矣园居独谣追始惟今斐然有述八章》，第768页。

② 孙承恩：《文简集》卷五四《故南京礼部尚书顾文僖公墓志铭》，(景印)《文渊阁四库全书》第1271册，第630页。

③ 杨廷和：《杨文忠三录》卷三《视草余录》，第801页。

④ 李东阳：《怀麓堂集》诗后·八《孝宗实录纪事一首》，《明别集丛刊》第一辑，第六十四册，黄山书社，2013年，第571页。

满。杨廷和并未支持李东阳重修《明孝宗实录》的主张，原因是恐怕扰动人心，不如在其他著述中另加说明，后世自会判断："一时人才，大贤、大奸如黑白之在人耳目者，自不可枉。其余中人上下者，恐不必传，传亦无足为轻重。公闲中著述时，一白之，曰贤者如某某为泌阳所诬，不贤者如某某为泌阳所右，一字褒贬，自足取信后世，异日修史者，亦自能改正。"[①]李东阳似乎最终听取了杨廷和的意见，终正德一朝，《明孝宗实录》并未重修。

嘉靖元年（1522 年），与修《明武宗实录》的卢琼正式建议对《明孝宗实录》进行修改，其说称："史笔之公，取信万世……孝宗敬皇帝以始终典学之圣，为太平守文令主，深仁厚泽，浸渍人心，而实录成于焦芳之手，未免贤否混淆，是非颠倒，恐将来无所据以为信。乞乘今纂修，令儒臣改撰。"[②]世宗回复："孝宗敬皇帝实录虽出自焦芳，间有笔削任情不足取信处，但当时朝廷大政、大议及人才忠邪、枉直，天下自有公论，后世亦不可欺，不必改修。其余系一人一事者，令今纂修官因事辩白之。"[③]沈德符指出，世宗如是处理是因为恐改修前朝实录会引起对嘉靖时期议礼的猜疑："盖大典既定，恐改述者，仍蹈前辙，复任私意，上虑远矣。"[④]其实，嘉靖元年"大典"尚未成定论，沈德符没有详考两事的时间关系。当时杨廷和的意见还有重大影响，杨廷和有言："至嘉靖初，言官果有以重修孝庙实录上请者。予与总裁诸公亦时以告之诸史官，使随事辩白，天理之在人心，终不容泯也。"[⑤]世宗此时的回复体现杨廷和的意见。

《皇明词林人物考》称，董玘在翰林时也"尝请重修孝庙实

---

① 杨廷和：《杨文忠三录》卷三《视草余录》，第 801 页。

②③《明世宗实录》卷一四，嘉靖元年五月癸酉。

④ 沈德符：《万历野获编》补遗，卷一《重修国史》，中华书局，1959 年，第 801 页。

⑤ 杨廷和：《杨文忠三录》卷三《视草余录》，第 801 页。

录"[①]。其事与卢琼建议重修之举是否关联及时间前后关系，不见记载。因为前引董玘在嘉靖初所上《校勘实录疏》提出了对《明孝宗实录》中的"曲笔"予以删正的建议，《皇明词林人物考》中所说的重修应该就是指该疏提出的删正建议[②]。疏称：

> 兹者恭遇皇上入继大统，敕修《武宗毅皇帝实录》，内阁所藏《明孝宗实录》副本例发在馆，誊写人员及合用纸札之类不烦别具，欲加删正，此其时矣。伏望特旨将内府所藏《明孝宗实录》正本一并发出，仍敕总裁大学士杨某等及此时曾与纂修备谙本末者数人，逐一重为校勘。凡十八年之间，诏令之因革，治体之宽严，人才之进退，政事之得失，已据实者，无事纷更，至若出焦芳一人之私者，悉改正之。其或虽出于芳而颇得实状者，亦自不以人废，则为费不多，事亦易集，使敬皇知人之哲无为所诬，诸臣难明之迹得以自雪，而人皆知公是公非所在，不容少私。如芳者，纵或肆行于一时，而竟亦莫掩于身后。庶乎孝宗一代之书藏之中秘而传于无穷者，必可据以为信矣。不然，万世之下，安知此为芳之私笔也哉？仰惟圣明临御以来，先朝积弊厘革殆尽，惟此关系于国典者甚大，郁而未白，臣窃惜之。傥俯察愚言，恻然允纳，亦初政用慰舆情之一助也[③]。

---

① 王兆云：《皇明词林人物考》卷五《董文玉》，《续修四库全书》第532册，上海古籍出版社，2002年，第556页；又见过庭训：《本朝分省人物考》卷五〇《浙江绍兴府二》，《续修四库全书》第534册，上海古籍出版社，2002年，第343页。

② 董玘去世后，他的外甥汪应轸为其所作行略记载："辛巳十月，修《武宗毅皇帝实录》，充纂修官。公谓《孝宗敬皇帝实录》当时为总裁者阿附刘瑾，变乱国是，请改正，疏曰……"。在"疏曰"二字后接《校勘实录疏》正文，未提及董玘曾有过"重修"主张。参见《中峰集》卷首，《明通议大夫吏部左侍郎兼翰林院学士中峰董公行略》，第8页。

③ 董玘：《中峰集》卷二《校勘实录疏》，第57、58页。

据焦竑记载，此疏上呈后，“士论惬然”，可见反映了部分士人的心声[①]。今人钱汝平认为：“嘉靖帝不同意整体改修《明孝宗实录》，但允许就某人某事的个别记载作出修改，实际上已采纳了董玘的意见。孝宗朝实录的内容得到了一定程度的纠正，而后国史不至于颠倒错乱，董玘厥功甚伟。”[②]这样的讨论，确认了嘉靖初年曾基于董玘建议而对《明孝宗实录》进行局部修改之事。然而前引《明世宗实录》中所载嘉靖帝就董玘建议的回复，只称史官可“因事辩白”，并未明指授权于史官直接进行修改。钱说虽非有所依据，但结论未必可做如此肯定观。比较肯定地声言董玘曾经修改《明孝宗实录》的是汪应轸所作董玘行略。该行略提及嘉靖帝对董玘建议的回复前后情形，与前引《明世宗实录》所载并不完全相同：“奏可奉行。两朝之实录得以厘正而国史之是非不至于颠倒，皆公之力也。少师费宏每举以语人，曰：‘非董某，几无信史矣。’”[③]徐阶据此行略所撰董玘的墓志铭说法近似：“武宗朝大奸相继乱政，其事庞杂，诸史官相顾不能书。公于纪载详而不冗，简而能尽，又因以正前录之讹谬，归之至公，其有功于国史甚大，少师费公每举以语人。”[④]这些说法，源出董玘亲属，且与《明世宗实录》所说有所出入，在无其他证据之前，还不足判定董玘确曾修改《明孝宗实录》。

提示董玘并未修改《明孝宗实录》的是吴瑞登在其刊刻于万历

---

① 焦竑：《玉堂丛语》卷四《纂修》，中华书局，1981 年，第 132 页。

② 钱汝平：《试论董玘对明实录的贡献》，《绍兴文理学院学报》2015 年第 5 期。

③ 董玘：《中峰集》卷首《明通议大夫吏部左侍郎兼翰林院学士中峰董公行略》，第 9 页。

④ 徐阶：《世经堂集》卷一八《明故通议大夫吏部左侍郎兼翰林院学士中峰先生董公墓志铭》，《四库全书存目丛书·集部》第 79 册，齐鲁书社 1997 年，第 751 页。按据董玘《中峰集》卷首《明故通议大夫吏部左侍郎兼翰林院学士中峰先生董公志铭》之案语：“徐氏撰铭据公甥汪应轸所作《行略》”，可知徐阶所作该墓志铭依据汪氏所作行略。

二十二年(1594)的《两朝宪章录》。该书再次提起重修《明孝宗实录》之事:“臣按:实录一书关系甚大,而韩[当作“卢”]琼所言皆当亟于改正者……孝宗贤圣,真不世出之主,而实录纪载不能阐扬万一。彼焦芳何如人也,而乃使之秉笔乎?使琼言之,左右辅臣复赞之,则可以传信而采遗,奈何其无闻也。噫!复建文之年,削景皇帝之附,而开馆以重修孝宗实录,是应有侍于皇上者,愿早为之计焉。”[①]据此,则嘉靖初年并未对《明孝宗实录》进行删正,否则吴氏无需再次提议。史籍中未见万历时期朝廷对吴瑞登此议如何回应,万历时也的确没有实行对《明孝宗实录》的改纂之举。另据明末平露堂刻本《明经世文编》收录的董玘《较勘实录疏》批语:“孝宗圣主,时多良臣,而芳意诬妄,惜乎至今未之改也”[②],可见明末下批语者认为当初董玘的建议并没有被采纳。清人龙文彬意见与此一致:“帝惟命史臣,正孝宗实录之不当者,然亦未有所正也。”[③]

综上,董玘是否曾经修改《明孝宗实录》不能定论,且未曾修改的可能性较大。

三、明后期士大夫对焦芳“曲笔”的考证与评论

嘉靖以后人对《明孝宗实录》中与焦芳有关的“曲笔”问题继续关注,其中,王世贞曾就之进行考证,沈德符、廖道南、黄景昉、雷礼

① 吴瑞登:《两朝宪章录》卷一,《续修四库全书》第352册,上海古籍出版社,2002年,第504页。

② 陈子龙:《明经世文编》卷一五二《较勘实录疏》,《续修四库全书》第1657册,上海古籍出版社,2002年,第205页。按董疏中“较”字本应作“校”,《明经世文编》所载该疏正文中间有批语,据批语中“胡今之修‘要典’者”可知下批语者为天启时人,避熹宗讳,以“较”代“校”。

③ 龙文彬:《明会要》卷三六《修史》,中华书局,1956年,第637页。

等人也曾发表有关言论，所涉具体情节主要是何乔新劝父自杀事、谢迁上疏致孝宗子嗣不昌事、彭华党比排陷事，及傅瀚等迫害程敏政事，现逐一梳理如次。

（一）何乔新劝父自杀事

《明孝宗实录》称何乔新“性刚介寡与，自少好学，至老不倦，为文精采有矩度，尤长于吏事，然量颇隘，议法颇刻深。初，景泰谋易皇储，草诏。大学士陈循起句云：‘天佑下民作之君’而窘于对，乔新父吏部尚书何文渊适在侧，即应声曰：‘父有天下传之子’。迨天顺改元，与谋易者多斥逐罢归。乔新时为刑部主事，因见黄纮、徐正处以极刑，恐祸及己，乃贻书劝其父自引决，文渊果自尽，士论耻之”[①]。《明武宗实录》直接否定上述说法，指出这是焦芳所作“曲笔”：“乔新自初仕即自誓不营利、不阿权贵、不以爱憎为赏罚，守其言终身。公退，必读书，虽视事，亦手一编，藏书三万卷，皆手自雠校。及卒，都御史林俊为乞赠谥，并援叶盛例，言‘谥当以文’。会有沮之者，给事中吴世忠论曰：‘蒋之奇尝诬奏欧阳修，后日太师、文忠之赠谥，之奇不能夺；胡纮辈尝诬奏朱熹，后日太师、文公之赠谥，胡纮辈不能夺，盖诬善者，群小之私，赠谥者，万世之公也。’广昌知县张潒复论之。诏乔新学行俱优，始终全德，赠太子少傅，仍与谥。公论至是始定，而先朝实录本传谓乔新议法刻深，及劝父引决以自全，盖出焦芳之曲笔云。”[②]《明武宗实录》明确指出《明孝宗实录》中有曲笔并加以驳正，类似情况在明代历朝实录之间，甚为罕见。

王世贞认为何乔新劝父自尽之说不可信，是焦芳丑诋何乔新说致，其父自缢与何乔新无关。言称：“此亦焦泌阳怼笔也。正德

① 《明孝宗实录》卷一九四，弘治十五年十二月庚申。

② 《明武宗实录》卷一六五，正德十三年八月庚寅。

中,柄史者力为辩其诬。然考之‘天顺录’,云致仕后,上复位,革宫保,文渊自以与议易太子,首发‘父有天下’之言,虑有奇祸。时副都御史陈泰左迁广东按察副使,道经广昌,人有传泰来抄提文渊者,惧,即自缢死。后为人所奏,差官启椁验之,果然。则劝文渊引决之说诬,而自尽之说实也。”[①]王世贞根据《明英宗实录》,即引文中的“天顺录”记载判断,何文渊因参与景泰帝易储之事,听闻陈泰前来抄提,惧而自杀。王世贞此说与同何文渊大约同时的叶盛的说法可以互相支持。叶盛称:“壬申,易立之诏就下。何文渊尝告人曰:诏语‘天佑下民作之君,父有天下传之子’出自手笔。既归里,又屡以告郡邑亲识,人皆知之。天顺改元,乡人固虞文渊必及祸,谓在旦夕。一日,报陈都御史将至,邑人益惊信,文渊因自经死。未几,至者盖广东陈副使泰,取便道过家耳。陈以都宪改职,因误传云。”[②]王世贞还指出,《明孝宗实录》所记何文渊、黄竑、徐正三人死亡时间先后关系错误:“又,文渊以四月卒,而黄竑、徐正以五月诛,大抵未可信。”[③]何文渊既卒于黄、徐二人之前,则《明孝宗实录》所说何乔新见黄、徐被杀后贻书劝父自杀的记载也就不能成立。

据《明英宗实录》,何文渊卒于天顺元年(1457)四月十四日,[④]与章纶所作《吏部尚书何公文渊行状》中所记去世时间一致[⑤],王世

①③ 王世贞:《弇山堂别集》卷二四《史乘考误五》,中华书局,1985 年,第 434 页。按《明英宗实录》记载参与易储人员中有“黄玹”与“黄竑”混用情况。二者实为一人,即“前军都督同知黄玹”。明人其他著作中也常将“玹”“竑”二字混用,本文遵从所引文献之写法,不作统一。

② 叶盛:《水东日记》卷七《何文渊自经》,中华书局,1980 年,第 83 页。

④《明英宗实录》卷二七七,天顺元年四月丁未。

⑤ 焦竑:《国朝献征录》卷二四《吏部尚书何公文渊行状》,广陵书社,2013 年,第 995 页。

贞说“文渊以四月卒”当不误。至于称“黄竑、徐正以五月诛”，略有参差。据《英宗实录》景泰五年(1454 年)十一月乙卯条载，“前军都督[同知]黄竑死，人或言其仰药云。”[①]故黄竑去世时何文渊尚在世间。徐正则是在天顺元年(1457)五月四日以谋反罪被处凌迟[②]，此距何文渊离世已 20 天。综上，黄竑死于何文渊之前，徐正死于何文渊之后。《明孝宗实录》所载三人死亡先后关系混乱，是否有意为之，难以得知，而王世贞所说徐正死期无误，所说黄竑死期则与前史记载不符。即使如此，仅徐正死于何文渊之后，已可证明《明孝宗实录》所记何文渊之死原委不足采信。

查《明英宗实录》关于何文渊之死因由：“初，太子太保兼吏部尚书何文渊在景泰时因言官论其贪纵，自言已有废立皇储功，诏书所云：‘父有天下传之子，天佑下民作之君’实已属对，得释罪，致仕。及上复位，文渊惧，缢死。致仕知府揭稽，文渊受业弟子也。至是，令人至京发其事，并举其子南京礼部主事乔新等诸不法，云文渊之死，实诸子逼以脱祸。于是，乔新辈亦令人告稽，为侍郎镇守广东时，代黄竑为易储之疏，章俱上。上怒，遣锦衣卫官收稽等赴京鞫之。”[③]时人黄瑜《双槐岁钞》大致抄录《明英宗实录》前述说法[④]。万历间人何乔远《名山藏》说法类似[⑤]，其源当皆出于《明英宗实录》前述记载。《明英宗实录》所记何文渊自杀事与其他各种记载一致，无疑，但所记何乔新劝父自杀情节，只是转述揭稽举告大意，并未认

① 《明英宗实录》卷二四七，景泰五年十一月乙卯。

② 《明英宗实录》卷二七八，天顺元年五月丙寅。

③ 《明英宗实录》卷二九三，天顺二年七月丁亥。

④ 黄瑜：《双槐岁钞》卷五《易储诏》，中华书局，1999 年，第 103 页。

⑤ 何乔远：《名山藏》卷六九《臣林记》，《四库禁毁书丛刊·史部》第 47 册，北京出版社，1997 年，第 434、435 页。

定为事实。综上,《明孝宗实录》书写何乔新劝父自杀,并无确切依据,捕风捉影。王世贞考证虽略有瑕疵,但基本可靠。

（二）谢迁上疏致孝宗子嗣不昌事

孝宗初立，御马监左少监郭镛请预选女子于宫中或诸王馆读书习礼,待服阕后册封为妃,以广储嗣。谢迁因宪宗甫崩,上疏力阻,主张在“山陵既毕,礼制既终”之后,徐图选妃。礼部亦赞同谢迁之议[①]。《明孝宗实录》记述此时之际,对谢迁大加挞伐指其主张为“谀词”,致使孝宗子嗣不继,且与其在正德初主张前后不一。语云:“初,郭镛请预选女子于宫中,或诸王馆读书习礼,以待服阕之日册封二妃,广衍储嗣,不为无见。而谢迁乃进此谀词献谄,以误孝庙继嗣之不广,皆此邪谋启之也。比观正德改元,即立三宫,时迁适当国柄,略无一言论及,其奸鄙之迹甚明。盖以今日之立为是,迁实不能复肆昔之邪谋矣。且古者诸侯尚一娶三姓而备九女,以广继嗣,况孝庙以万乘天子，独不得立三宫可乎？小人图势利而不为国谋如此,识者恨之。”[②]王世贞认为,前述《明孝宗实录》中史官评语出于“泌阳之忿笔,盖阴刺中宫之擅夕,而讥谢公之从谀也。殊不知上春秋甫十九,中宫仅踰年,何以有擅夕之声于外,而谢已逆知权之在中宫,而从谀之？且谢以山陵未毕、谅暗尚新为词,其义甚正,胡可非也?小人哉泌阳,其无忌惮一至此!”[③]王世贞这里指出的问题,与《明孝宗实录》中有关何乔新的书写有所不同。何乔新书写的问题在于捕风捉影锻造事实,谢迁书写的问题则在于评议不公不正,构陷人非。

沈德符认同王世贞的说法,认为“王弇州考误中驳焦云‘此泌阳怼笔’……此说固不谬”,并提及次年礼科右给事韩鼎再次提出

①② 《明孝宗实录》卷一一,弘治元年二月丁巳。

③ 王世贞:《弇山堂别集》卷二五《史乘考误六》,第 454 页。

备妃嫔以广皇嗣事，认为孝宗子嗣不昌是中宫擅宠所致，继云："泌阳之讥谢文正，诚属无稽。然而谢之为圣孝计，韩之为宗祧虑，俱忧国谠言，未可偏废也。"[①]晚明时人徐日也持相同看法，称："时已立长秋，或疑迁阴有附托，故诋其谀谄也。然以大丧未及期年，遽尔备物，得无不可咎？迁于正德时之不言可矣。乃至以此举为邪谋，为误国，时孝宗春秋鼎盛，便使三宫迟建年余，岂足误继嗣之不广耶？"[②]沈德符认为，《明孝宗实录》将孝宗子嗣不昌归罪于谢迁，可能与监生丁巘的建言有关："至弘治四年，吏部听选监生丁巘者又疏言：内庭妃嫔之选，上用谕德谢迁言而止，所以保护圣躬者至矣，今恐左右谗巧之人，或以皇储未建为言，移上初意，乞慎终如始云云。是时去谢疏时已阅四岁，且上亦从无采择之诏，其意不过迎合中宫，结欢张氏为进用地也。"[③]沈德符显然也不认为谢迁当为孝宗子嗣不广负责，但丁巘此疏，固以迎合皇后为目的，但也可能给《明孝宗实录》纂修者一些"启发"而将孝宗子嗣不昌归罪谢迁。综合前述记载，谢迁在孝宗初立时的主张符合当时公论，亦不足以致使孝宗后来子嗣不昌，《明孝宗实录》对谢迁的评论罗织人罪，激切偏颇，大失公允。

（三）彭华党比排陷事

《明孝宗实录》称彭华深机莫测，阿李贤，嗾言官劾李秉，排邢怀、陈鉴，构尹龙之狱，附李孜省以进[④]。据前引顾清的诗文及墓志铭可知，在编纂时顾氏就同焦芳在彭华是否曾经党附李孜省以求进用问题上意见分歧，结果顾清的意见未被采纳。《明孝宗实录》直

---

① 沈德符：《万历野获编》卷三《宫闱》，中华书局，1959年，第85页。

② 徐日久：《骘言》卷二《原心》，《四库禁毁书丛刊·史部》第23册，北京出版社，1997年，第37页。

③ 沈德符：《万历野获编》卷三《宫闱》，第85页。

④《明孝宗实录》卷一一八，弘治九年十月己卯。

指彭华勾结李孜省："华又嘱其乡里妖人李孜省，同恶大学士万安，夤缘入阁。"[①]关于焦芳与彭华的纠葛，《明孝宗实录》讲到，成化十九年(1483)三月，彭华与焦芳因对御制《文华大训·进学篇》某些语句理解不同而发生争论，彭华遂对焦芳"愈加怀恨，千机百网，必欲中伤而后已"[②]。后来，焦芳牵连兵部官员盗窃废敕转卖建州事中而下狱[③]。《明孝宗实录》引焦芳语称他的这一遭遇是彭华、万安二人构陷所致，此二人"捏写帖子，诬臣与指挥张旺等主谋起稿保留兵部郎中邹袭，串同孜省，用使图书，传与东厂官校，将臣逮系锦衣，棰拷甚苦"[④]。受该事影响，焦芳由翰林学士谪降桂阳州同知[⑤]。焦氏于弘治三年(1490)七月，疏请朝廷"将安、华削夺其官，明正其罪，以为人臣朋奸合党，欺君罔上，构陷忠良之戒"[⑥]。该请因内阁大学士刘健力沮而未得行[⑦]。弘治十年(1497)七月，焦芳由南京通政司右通政改为太常寺少卿，《明孝宗实录》在记述这一任命后写道："上在春宫时，芳侍讲读，敷析明畅，尝辩质讹误，为学士彭华、大学士万安诬构以去，久淹外任，上意久属之，会服阕至京，乃有是命。"[⑧]总之，《明孝宗实录》展现了焦芳饱学正派却屡遭彭华等人迫害的形象，彭华则在这样的叙述中被描绘得阴险刻薄。

曾担任《明孝宗实录》总裁官的王鏊，在《震泽纪闻》中则对焦芳与彭华等人的过节另有说法："芳，河南泌阳人，天顺甲申进士。时大学士李贤，以同乡故，引入翰林，芳出入其门为之厮役，同列耻

①② 《明孝宗实录》卷三五，弘治三年二月戊申。

③ 何乔远：《名山藏》卷一七《典谟记》，《四库禁毁丛刊·史部》第46册，北京出版社，1997年，第383页。

④ 《明孝宗实录》卷三五，弘治三年二月戊申。

⑤ 《明孝宗实录》卷一〇，弘治元年闰正月癸未。

⑥⑦ 《明孝宗实录》卷四〇，弘治三年七月己未。

⑧ 《明孝宗实录》卷一二七，弘治十年七月丁未。

之。时翰林皆以才华自标显，独芳以不学居其间，未尝赋一诗，缀一文，而猜狠无赖，众皆畏之。故事，侍讲九年，例进讲读学士，或言于万安曰：'不学如芳，将以为学士乎？'安曰：'事那可知？'芳闻之曰：'是必彭华有间于予也，他日不为学士，我将刺华于长安道上。'安不得已，亦升为侍讲学士。初修《文华大训》，于东宫进讲，盖华等数人为之，芳耻不与，每指摘其疵，尝言于讲筵，曰：某当作某，盖当时修书者之误，意以中伤华。华闻之不平。及尹龙败，事连芳，贬桂阳州同知，芳以为华与安为之也，衔之入骨。升四川提学佥事，转湖广副使，百方谋复入翰林。时执政皆畏之，不得已升为南京通政。以忧居家。会南京祭酒李杰服阕，徐溥执政，欲还之翰林。刘健曰：'翰林秩卑而要，既出不可复入，入则加于众上，众且怨之。'溥不听，健曰：'芳日夜伺此久矣，公今日既援杰，他日能拒芳乎？'杰既入，芳兼程而至，亦授太常少卿兼学士。未几，升礼部侍郎，犹以为淹滞，日怨健，于众中嫚骂之。"[①]依王鏊说法，焦芳实为不学无术之徒，不为士论所重，他与彭华的矛盾出于焦芳挟私报复，焦芳百般运筹而得以还朝，对刘健公开嫚骂，全无大臣风度气韵。王鏊这一说法，显然针对《明孝宗实录》对焦芳多所褒扬的记载而发。

王世贞也认为《明孝宗实录》对彭华的指责并无道理："盖出焦芳笔也。焦以尹龙事坐谪桂阳，云出华意，故怨之刺骨，而谤詈甚口若此。华虽由李孜省荐，生平之与尹直俱在是非间，不应至此。"[②]廖道南也觉《明孝宗实录》有关彭华的记述不可置信："予观《吉安志》，谓华才识超迈，望重一时，及读国史，累千百言，皆极其丑诋。

---

① 王鏊：《震泽纪闻》卷下《焦芳》，中华书局，1991 年，第 36、37 页。

② 王世贞：《弇山堂别集》卷二六《史乘考误七》，第 462 页。

又谓罗伦之逐，张元祯之劾，皆原于华，予不敢尽信。”[①]黄景昉亦言："张元桢潜心理学，家居逾久，雅有恬穆之风。实录因丑诋彭华险谲，连及张，似非正论。”[②]总之，明后期士大夫多认为《明孝宗实录》指责彭华党比排陷等事为不实之词。

（四）傅瀚等迫害程敏政事

《明孝宗实录》称，傅瀚为入内阁，唆使同乡监生江瑢讦奏内阁大学士刘健、李东阳，既而恐谋泄，遂倡言江瑢与学士程敏政友善，该奏词语决非江瑢所能，当为傅瀚所为[③]。并言，程敏政死后，傅瀚果然升居程敏政之位，后来傅瀚家中屡见怪异，忧悸成疾而死。程敏政死前，刘健当国，"大学士谢迁又素憾敏政尝发其交通太监李广营谋入阁之私，而谕德王华亦衔敏政尝扬其主考卖题事，又都御史闵珪与迁、华皆同乡，乃嘱珪及科道数辈，内外并力交攻，罗织成狱……顾当时刘健、谢迁徒知杀人灭口以避祸，曾不思亏损国体，沦丧士气，以玷科目，其为盛时风化之累，有非细故者比。此皆始于瀚争夺名位，一念之私以误之也。”[④]依据这种说法，傅瀚因私利攻讦大臣，已称奸猾，刘健、谢迁甚乃"杀人灭口""亏损国体""沦丧士气"，无疑千古罪人。王世贞认为，《明孝宗实录》这些说法出于焦芳"曲笔"，并分析了背后原因。他认为："傅文穆有倾程之意，人亦知之，至于家僮鬻题，事已彰著，且与刘、谢不相关。盖焦芳李南阳（贤）门客，程其婿也，故颇为掩覆。而刘与傅皆与芳有隙，故肆其丑诋如此。”[⑤]明末人廖道南则指出，《明孝宗实录》有关傅瀚的记述与

---

① 廖道南：《殿阁词林记》卷三《阁学》，（景印）《文渊阁四库全书》第 452 册，台湾商务印书馆，1983 年，第 181、182 页。

② 黄景昉：《国史唯疑》卷四，上海古籍出版社，2002 年，第 105 页。

③④《明孝宗实录》卷一八四，弘治十五年二月癸亥。

⑤ 王世贞：《弇山堂别集》卷二六《史乘考误七》，第 463 页。

李东阳为傅瀚所作墓志铭恰成反悖："予读国史，于瀚极其訾议，谓敏政之死，瀚实构之。及观西涯所撰墓铭则又奖与无间词，何也？岂其实有之与，将诬之也？"[①]查李东阳撰傅瀚墓志铭，确有："予与公同年，交最厚"语，并对傅的为人表示钦佩有加。[②]廖氏因此怀疑，《明孝宗实录》所指江瑢劾奏李东阳等人为傅瀚授意，进而怀疑傅瀚等人迫害程敏政说法的真实性。晚明人于汝楫也质疑："同乡监生汪镕，诬奏大学士刘健、李东阳，或谓瀚实嗾之，而嫁祸于程敏政。谢迁、王华咸中诬之。不能不致疑于国史所訾云。"[③]

上述明后期士大夫的考证与评论，提供了焦芳在《明孝宗实录》中所做"曲笔"的诸多细节，包括焦芳与诸人之间的恩怨。从这些士大夫所举《明孝宗实录》中的相关行文看，的确透露出纂修者强烈的情感色彩，即使依据《明孝宗实录》中所列情节，相关评论也过分褊狭激切，颇失"国史"端方凝重、"允执厥中"之意。不过，这些士大夫所提示的"曲笔"，主要在于焦芳个人恩怨所涉人物品评方面，尚未见有关孝宗一朝大政方略方面有何"曲笔"之处。

四、结语

由于所谓焦芳"曲笔"之故，明清两代学者对《明孝宗实录》颇有微词。张岱在《征修明史檄文》中针对包括《明实录》在内的部分明代史籍做过概括性评论。关于《明孝宗实录》，他讲到："后焦芳以

---

① 廖道南：《殿阁词林记》卷五《学士晋礼部尚书傅瀚》，第 213 页。

② 李东阳：《怀麓堂集》卷八五《明故资善大夫礼部尚书赠太子太保谥文穆傅公墓志铭》，第 249 页。

③ 俞汝楫：《礼部志稿》卷五三《尚书傅瀚》，(景印)《文渊阁四库全书》第 597 册，台湾商务印书馆，1983 年，第 972 页。

佥壬秉轴……黑白既淆，虎观、石渠尚难取信。”[1]在清修《明史》中发挥重要作用且以熟稔明朝史籍著称的万斯同对《明孝宗实录》评价极低："有明之《实录》，未有若弘治之颠倒者也。盖总裁于焦芳，而撰述于段炅辈，宜其如此？”[2]进而又讲："孝宗为一代守成令主，而《实录》所纪当时之弊政，何其多也？盖帝务通下情，人人得以尽言，故有过举尽形之于奏牍，人之见之者，以为帝德之有失也，而不知正其能纳谏之美也……且孝宗十八年之间，国家最为无事，而《实录》卷帙之多，反有过于诸帝，亦由奏疏之多耳。余恐读者不察，徒见其疵而不见其美也。”[3]清初学者徐乾学则指出："明之实录，洪、永两朝最为率略，莫详于弘治，而焦芳之笔褒贬殊多颠倒。”[4]乾隆时期学者沈德潜在诗中言："史成胜代存殷鉴，诏定编年准紫阳。五位深仁推敬帝，一朝实录混焦芳。”[5]后接按语："分纂孝宗敬皇帝其实录，出焦芳手，不足凭也。”[6]因而感叹"空闻刘氏说三长"，[7]失望之情溢于言表。类似言论不一而足。大体上，明清学者大体上因焦芳"曲笔"之故对《明孝宗实录》的整体评价不高。

虽有大量文献提到焦芳在修撰《明孝宗实录》时故作"曲笔"，但《明孝宗实录》卷帙浩繁，非焦芳一人之力可以完成。明代实录之修撰，总裁、副总裁各有分工。王鏊言："副总裁删削之，内阁大臣总

---

① 张岱：《琅嬛文集》卷三《征修明史檄》，岳麓书社，1985 年，第 109 页。

② 万斯同：《石园文集》卷四《读弘治实录二则》，《万斯同全集》第八册，宁波出版社，2013 年，第 243 页。

③ 万斯同：《石园文集》卷四《读弘治实录二则》，第 243 页。

④ 刘承干：《明史例案》卷二《修史条议》，《四库未收书辑刊》第 5 辑，第 6 册，北京出版社，1997 年，第 555 页。

⑤ 沈德潜：《归愚诗钞》卷一七《史局漫兴》，《续修四库全书》第 1424 册，上海古籍出版社，2002 年，第 392 页。

⑥⑦ 沈德潜：《归愚诗钞》卷一七《史局漫兴》，第 392 页。

裁润色。”[①]《明孝宗实录》的总裁官包括李东阳、王鏊(中途离开)、杨廷和、焦芳,按惯例都对史稿有裁定、润色之责。既然如此,焦芳做“曲笔”之时,其余几位有何举措?万斯同就曾对此提出疑问:“吾窃怪当时诸公如李文正、王文恪、杨文忠、梁文康皆有总裁之责,何乃一无纠正,而任其颠倒若是耶?中书之堂既已伴食,兰台之内又欲随人曲笔耶?甚哉诸公之靡也。一焦芳以附瑾之故,笔削之际,犹且不敢逆之,则当瑾之横行,而曰‘吾将有所补救’,吾不知所补救者何事也?即畏芳之肆蜇,独不畏万世之公议乎?与之同官而犹若此,将古之笔枋头之败而详张说之事者,独何人也?吾是以益叹古人之不可及,而知有明《实录》之未可尽信也。”[②]当事人之一杨廷和声称,李东阳、王鏊二人起初对焦芳的做法不满,亦曾与之争辩,但因为焦芳背后有刘瑾的支持,他们无可奈何,而杨廷和本人干脆采取放任的态度。其说云:“西涯、守溪见之怫然,谓此乃万世之是非,非一人所得私也。初亦相与辩论,久乃益厌。泌阳又私以告之逆瑾,今日入瑾耳,明日即出瑾口,信之甚笃。予知不可口舌争,不复省视。”[③]曾担任副总裁官的李杰也表示在此问题上无可奈何:“正德纪元,预修孝庙实录,充副总裁。大学士焦芳,擅窜国史,杰亦莫如之何。”[④]董玘称:“惟事之属臣者,黾勉载笔,不敢有所前却,而其他则固非所及也。”[⑤]意思是,他负责的部分没有屈从焦芳的意志,其他部分他就不能把控了。总之,上述负责或参与《明孝宗实录》纂修的官员,时候皆表示自己厌恶焦芳的做法,但因其背后有刘瑾的支

① 王鏊:《震泽长语》卷上《官制》,中华书局,1985 年,第 18 页。

② 万斯同:《石园文集》卷四《读弘治实录二则》,第 243 页。

③ 杨廷和:《杨文忠三录》卷三《视草余录》,第 801 页。

④ 雷礼:《国朝列卿纪》卷二七《南京吏部尚书行实》,《续修四库全书》第 522 册,上海古籍出版社,2002 年,第 450 页。

⑤ 陈子龙:《明经世文编》卷一五二《较勘实录疏》,第 204 页。

持，而无可奈何。以今观之，万斯同的批评是有道理的。李东阳、王鏊、杨廷和等总裁官，对此问题集体失声，即便在刘瑾失势后亦无所补救，有不可推卸的责任。尤其杨廷和还极力抵制重修的主张，虽有政治考量，但缺乏对于古代中国传统史学求真、求实精神的敬畏。

就目前掌握的史料来看，相比于大量指责焦芳故作"曲笔"的记载，笔者仅找到焦芳回应该问题的零星史料。《名山藏》载，焦芳"与修孝宗实录也，亦以笔恶南人，若叶盛、何乔新、彭韶、谢迁，皆天下所推长者名卿，芳肆情诬诋。反自喜负曰：今朝廷之上，无如我直者"[①]。《明通鉴》亦言焦芳，"反自诩以为直，不恤人言。"[②]此类记载距《明孝宗实录》之修已久，虽可供参酌，难以从中了解确切情形，惟焦芳"曲笔"是有意为之，当不为诬。

回顾前文所述，焦芳在《明孝宗实录》纂修期间故作"曲笔"，当确有其事。刘瑾垮台后，为解决"曲笔"，有重修和有限删正两种方案被提出，重修之议被否决，有限删正之议虽文献记载不一致，难以定论，但前引嘉靖以后抵于清修《明史》期间诸多史家对《明孝宗实录》的评论显示，有限删正多半并未实施。王世贞等对焦芳"曲笔"所做考证，主要依据前代实录，虽略有瑕疵，且未必没有因厌恶焦芳人品因素在内，但毕竟指出了《明孝宗实录》的一些史事失真和评论未能公允处，并提示了焦芳与若干被丑化者之间存在恩怨纠葛的线索。焦芳"曲笔"导致明清学者对《明孝宗实录》整体评价不高。但因被指出的焦芳"曲笔"主要在某些人物个人品行评价方面，其他诸多孝宗朝重大史事问题并未涉及，故《明孝宗实录》的史

① 何乔远：《名山藏》卷九五《宦者杂记》，《四库禁毁丛刊·史部》第48册，北京出版社，1997年，第140页。

② 夏燮：《明通鉴》卷四三《武宗毅皇帝》，第1602页。

料价值还是不能因此而被一概否定。从另一个角度看,围绕《明孝宗实录》所发生的“曲笔”就是明代历史的组成部分,其相关痕迹为我们展示出历史记述中较非常见的一面。倘若当初做了彻底修改,这一面的真实也就被掩盖了。

（原载《古代文明》2019 年第 4 期）

清代乾嘉史家的著述价值观

金久红　罗炳良　杨志芳

在 20 世纪的中国史学史研究中，分歧最大的莫过于对清代乾嘉史学的评价。有的学者认为清代乾嘉时期的史家没有撰写出像司马迁《史记》和司马光《资治通鉴》这样大部头的史书，因而得出清代史学成就较前代大为逊色的结论。这一认识表面上看来似乎合理，但实际上却存在明显的偏颇。我们认为，必须考察清代乾嘉史家撰述史书的时代背景与价值观念，才能够对清代史学作出恰如其分的评价。

由于时代不同，不仅各个时期史学研究承载的历史使命不同，而且史家对自身历史使命的认知也不相同。汉宋以来的史家之所以撰写出各种体裁的大部头史书，是因为他们遵循"直书""实录"的治史观念，认为记载和保存的历史事实越详细越完备，就越能够发挥史学的经世作用。这一时期史家不仅注重采用不同的体裁记载历史，而且唐宋时期还出现了通史撰述的高潮。这种大部头通史的编纂，适应了时代赋予史家的使命，在当时较好地发挥了史学的功能，应当充分肯定其价值。但到清代乾嘉时期，中国传统史学历经两千多年的发展，无论在历史文献还是在史学思想方面，成就固然巨大，弊端也积习颇深，亟须做一番认真的清理和总结。乾嘉史家认识到当务之急是考订和审查历代遗留下来的大量史料，如果依据错误的史料撰写史书，那么编撰得越多出现的错误也就越大。这一治史观念反映在乾嘉史家的著述价值观上，主要表现在以下三个方面：

其一,好著书不如多读书。在清代乾嘉史家中,王鸣盛和章学诚在这方面的认识最具代表性,集中反映出清代乾嘉史家的著述价值观。王鸣盛在其代表性著作《十七史商榷》的序言中说:“好著书不如多读书,欲读书必先精校书。校之未精而遽读,恐读亦多误矣;读之不勤而轻著,恐著且多妄矣。”面对数量颇丰却错漏屡出的前代著述,王鸣盛深刻地意识到澄清历代史书的谬误,才能促进史学的健康发展,校勘订讹才是当代学人读书治学的基础工作和根本任务。在他的史学意识中,只有根据确切、内容征实的考证之作才真正有价值,所以王鸣盛极力倡导一种力图使考据与撰述相互统一的治史学风,阐述了关于历史编纂学的辩证思想。他说:“予岂有意于著书者哉?不过出其读书、校书之所得标举之,以诒后人,初未尝别出新意,卓然自著为一书也……然则予盖以不著为著,且虽著而仍归于不著者也。”[①]章学诚与乾嘉考据学派的观点多有不合,但在慎言著述这一点上,却是所见略同。他在《知非日札》中说:“杨文庄公言学者取三多:看读多,讲论多,著述多也。夫看读与讲论,则洵贵乎多矣;著述安在其必多哉!著述多则必不精,精则必不能多。”由此可见,好著书不如多读书的观念被当时学界所认同。乾嘉时期记载历史和编撰史书已经不是史家的主要任务,当务之急是考证历史,避免史书以讹传讹。于是勘误、纠谬类型的考史之作成为史学著作的主要表现形式,而记载历史类型的著作则降至次要地位。

其二,考误订疑,护惜古人。历代遗留下来的史籍浩如烟海,但经过千百年传抄镂刻,尤其是人为裁夺取舍,脱误已多,积重难返。王鸣盛感慨书籍“每为无学识者改坏,一开卷辄叹千古少能读书人”[②],可

① 王鸣盛:《十七史商榷·序》。

② 王鸣盛:《十七史商榷·黎斐》。

谓真实写照。乾嘉史家自觉地承担起考误订疑、正本清源的时代责任。王鸣盛指出:“生古人后,但当为古人考误订疑。若凿空翻案,动思掩盖古人,以自为功,其情最为可恶!”[①]替前人著作考误订疑,并非志在穷责究过,而是一种护惜古人的态度;那种不顾时代的责任,一味凿空翻案,掩前人之功以为己著的做法,最终只会毁灭学术。钱大昕也指出:“史非一家之书,实千载之书,祛其疑乃能坚其信,指其瑕益以见其美。拾遗规过,匪为前人,实以开导后学。”他表明自己“桑榆景迫,学殖无成,惟有实事求是,护惜古人之苦心,可与海内共白”[②]。阐明如此治史不但可以揭示前人著述的真正价值,而且还可以繁荣学术事业,嘉惠后学,最终促进史学的延续与发展。崔述作为清代辨伪成就最高的学者,曾经遍考群书,整理古代史料,刊落百家谬妄。他在《考信录提要》中也明确提出:“古之国史既无存于世者,但据传记之文而遂以为固然,古人之受诬者尚可胜道哉!故余为《考信录》,于汉、晋诸儒之说,必为考其原本,辨其是非。非敢诋先儒,正欲平心以求其一是也。”崔述穷其一生所致力的目标是不使古人受诬于后世,其间所体现出的护惜古人之情,与钱大昕等学者如出一辙。这并不是简单的历史巧合,而是时代精神所使然。

其三,力戒妄言和驰骋议论。乾嘉史家在著述观念上还有一个特点,就是极力反对妄为大言,驰骋议论。这主要是针对宋明以来所形成的那种褒贬予夺的空疏学风。这种治史方法往往强立文法,擅加予夺褒贬,严重背离了历史评论要以史实为依据的治史宗旨,受到了乾嘉史家的严厉抨击。王鸣盛声明:“如所谓横生意见,驰骋议论,以明法戒,与夫强立文法,擅加予夺褒贬,以笔削之权自命

① 王鸣盛:《十七史商榷·通鉴与十七史不可偏废》。

② 钱大昕:《廿二史考异·序》。

者，皆予之所不欲效尤者也。”[①]他批评那些动辄妄为大言的人，“高自位置，蔑弃前人，而胸驰臆断，其实但可欺庸人耳，自有识者观之，曾不足以当一笑。后之学者，尚其戒之。”[②]钱大昕也指出：“世之考古者，……皆文致小疵，目为大创，驰骋笔墨，夸耀凡庸，予所不能效也。更有空疏措大，辄以褒贬自任，强作聪明，妄生疻痏，不叶年代，不揆时势，强人以所难行，责人以所难受，陈义甚高，居心过刻，予尤不敢效也。”[③]在乾嘉史家看来，读史之人对历代典章制度不必横生意见，对善恶事迹亦不必强立文法，只要考证清楚就可以起到惩恶劝善的作用。而前人那些凌驾于历史事实之上的驰骋议论之作，不但无法与历史事实完全符合，而且搞乱了历史事实，无益而有害。这表明当时力避空疏、实事求是的治史观念已经在无形地规范着他们的治史活动，促使他们注重征实考证而不轻易撰写通史著述。

在上述著述价值观的指导下，乾嘉时期的史家以前所未有的理性意识，对先秦以来的史学遗产做了一次全面清理，诠解蒙滞，审核舛驳，考证异同，补苴罅漏，为史学的健康发展做出了突出的贡献。同前代史家相比较而言，通史撰述更容易名扬后世，但订疑规过却往往只是为他人作嫁衣。身为史家，何人不想代圣立言，垂范后世，而乾嘉史家能顺应时代需要，选择自任其劳而让后学受益，自甘寂寞而成他人之美，无疑需要一种更深刻的历史理性和更宽广的学术胸襟。诚然，乾嘉时期的学术特征不排除有在政治高压之下，学者不得畅言的成分，但是除了外在的政治原因，史家对于时代责任的认知及其在著述价值观上的变化，更不容忽视。因为不

① 王鸣盛：《十七史商榷·序》。

② 王鸣盛：《十七史商榷·马融从昭受汉书》。

③ 钱大昕：《廿二史考异·序》。

同时代历史编纂学的内容和形式，取决于各个时代社会给史学提出的任务。由于治史的任务在不同时代各不相同,所以不能把它固定为某种形式,或以某个时代特定的形式作为典型,并以此为标准衡量其他时代,评价其史学成就大小,这种方法是不科学的。

（原载《光明日报》2012 年 1 月 5 日第 11 版）

乾嘉史家的“博古”与“知时”

金久红　罗炳良

所谓“古”与“时”的关系,即历史与现实的相互联系,这一命题始终受到历代史家的关注,成为历史理论研究中的重要问题。清代乾嘉时期的史家大都以“博古”著称,致力于为古史订误补阙,历史考据学蔚然成风。由此导致相关研究中的一种误解,认为乾嘉史家“博古”而不“知时”,有人据此批评他们埋头于故纸堆中,完全脱离现实需要,为考据而考据。笔者认为,不能因为这一时期的史家具有“博古”倾向,就断言他们有“嗜古”之癖。治史路径上的“博古”未必就一定昧于“知时”,也未必就一定导致历史观念上“厚古薄今”。恰恰相反,由博文稽古所夯实的深厚古学功底,反而使他们发现了古史中的诸多问题,从而对“博古”与“知时”的辩证关系形成了更为深刻的认识。

一、好古而不薄今

清代乾嘉时期,治史注重考据的风气达到极盛。他们诠解蒙滞,审核舛驳,对先秦以来的史学遗产进行了一次全面的清理和总结。而在博综史事、探本溯源的过程中,很多史家都不约而同地体现出了“好古而不薄今”的辩证意识。

钱大昕作为乾嘉时期历史考据学的杰出代表,在研究中不迷信古史,亦不专信一史,而是旁征博引,反复考订。他提出:“史臣载笔,或囿于闻见,采访弗该,或怵于权势,予夺失当。将欲补亡订误,必当博涉群书。”[1]他强调博古考据的重要，但同时也明确表明，稽古只是订补古史的重要手段，而绝非目的。他对于名物、职官、舆地研究，都非常注意古今的会通和历代的因革损益，明确反对“重古轻今”的学术倾向。针对清人所见的金石资料远胜古人的情况，他更是慨叹说：“谁谓今人不如古哉！”[2]

同为乾嘉史家翘楚的王鸣盛也强调：“大约学问之道，当观其会通。知今不知古，俗儒之陋也；知古不知今，迂儒之癖也。心存稽古，用乃随时，并行而不相悖，是谓通儒。”[3]他非常注重“古”“今”历史的相互联系，尖锐地批评治史“不通古今”之弊，切中了某些佞古积癖学者的痼疾。

洪亮吉也大力抨击当时社会上一些陋儒的“佞古”之弊，认为“风俗之厚薄，原有今不如古者，亦有今远过于古者”[4]。他强调古今有短长，时代有差异，不必事事师古，展示了在“博古”与“知时”上的理性认识。

作为清代浙东史学巨擘的章学诚，对“博古”与“知时”关系的认识达到了新的理论高度。他不仅注意到了“古”“今”的时代差异，反对世人不关心现实社会，因“好古”而“贱今”，而且还非常注意“古”“今”的相因之义。他明确指出：“要其一朝典制，可以垂奕世而致一时之治平者，未有不于古先圣王之道得其仿佛者也。故当代典章，官司掌故，未有不可通于《诗》《书》六艺之所垂。”[5]历史与现实是相互联系的，历代典章制度也具有相通之处，后人之所以要重视

---

① 钱大昕：《潜研堂文集》卷十八《续通志列传总序》。

② 钱大昕：《潜研堂文集》卷二五《山左金石志序》。

③ 王鸣盛：《十七史商榷》卷八二《唐以前音学诸书》。

④ 洪亮吉：《卷施阁文甲集》补遗《再与袁简斋书》。

⑤ 章学诚：《文史通义》内篇三《史释》。

和研究古代典制，正是要从继承与发展的关系中领会其精神实质，从而更好地解决当代所面临的问题。

二、师古而不泥古

从学术方法上讲，“宋明的学问是悟的，清代的学问是证的……宋明的学问是独断的，清代的学问是怀疑的”，傅斯年的这一概括很好地把握了乾嘉学派的学术特色。正是这种实证与怀疑的精神，使得乾嘉学者对古史有了更清醒的认识，从而在古今关系上呈现出“师古而不泥古”的历史自觉。

王鸣盛以“好古”著称，但却并不“泥古”。他认为：“古可好，不可泥也……圣人亦不能背时而复古。”[①]他总结历代学术发展的规律，主张“作者当随时变通，不可泥古”[②]。告诫后人，研究历史应该懂得文体随时而变的道理，如果盲从古人，必然不能适应当代社会。他还以史家撰写历史为例，强调“编年虽古法，而古不可泥，宜以后出为定”[③]。倘若后代史家纪事一味模仿古代史家笔法，那么人们将看不出“古”、“今”历史的时代差异，更看不到不同历史时期的社会特征。

钱大昕针对某些人不通“古”“今”历史，仅仅用大一统观点评价东周时期历史的做法提出异议。他说：“后儒去古日远，不考封建之制，强立议论，要于经义无当也。”[④]如果不考虑历史的发展，混淆“古”“今”社会的不同特征，在历史与现实关系问题上就必然得出

① 王鸣盛：《十七史商榷》卷八二《唐以前音学诸书》。

② 王鸣盛：《十七史商榷》卷七〇《新纪太简》。

③ 王鸣盛：《十七史商榷》卷九九《正史编年二体》。

④ 钱大昕：《潜研堂文集》卷七《答问四》。

错误的结论。他还将这种对“古”“今”关系的认识自觉地应用于对历史的评价之中，在“古”“今”关系问题上表现出了可贵的理论认识。不同的历史时代有不同的礼法制度，人们对待现实社会中的问题应该根据当时的形势采取措施，而不能因为“好古”而照搬前人的做法。如果不考虑具体时代，把“古”“今”制度简单地相互比附，只能陷入非历史主义的泥潭，导致理论认识上的错误。

章学诚在考察历史发展的基础上，对“古”“今”时代差异也得出了深刻的理论认识。他认为后世必然胜过前代，反对世人盲目崇古和是古非今的做法，强调“古今时异，周孔复生，亦必不尽强今以服古也……是则先王制礼，有必不可易者，亦有必不能仍者。如井田、封建、宗法，尧舜不能复行于后世”[①]。他主张根据客观形势制定政策，反对把古人的制度和措施照搬到当今社会，哪怕是古代完美的制度和行之有效的措施。时异势殊，师古者但师其义，远胜于泥古而被其毒。这种主张无疑是着眼于现实时代，贯穿着发展进化的社会历史观。

三、知时而达变

历史是不断发展的，时代不同，语言文体、社会风尚乃至各项制度等都会根据时代需要相应地发生变化。乾嘉史家纷纷从不同的角度阐发了自己的见解，形成了“因时制宜”的知时达变的历史观念。

王鸣盛在考证历代制度的过程中，注意到了“古”“今”历史的发展变化对社会各项制度的影响，并对此作了比较全面的论述，形成了“因时制宜”的理论认识。他评价史学的发展，认为“史家数人

---

① 章学诚：《章学诚遗书》卷七《述学驳文》。

传合一篇,或以事合,或以人合,不可拘执,但当临时制宜"[①]。这是要求史家视具体情况的发展变化记载历史事实,以便适应时代发展的需要。

钱大昕亦有明确的"遵时王之制"的思想。他评论战国时期荀卿"法后王"的主张,认为荀卿当"老庄之言盛行,皆妄托于三皇,故特称后王以针砭荒唐谬悠之谈,非谓三代不足法也……后儒好为大言,不揆时势,辄谓井田、封建可行于后代,徒为世主轻儒者借口,是不如法后王之说为无弊矣"[②]。他本着"好古"的宗旨提出荀卿未必不主张效法三代,虽值得商榷;而从"知时"的原则出发,批评后世主张复古的种种谬论,指出"古""今"历史存在差异,不能背时而复古,则是非常正确的认识。

汪辉祖任幕僚和地方官多年,从审时度势的原则考察"古""今"吏治的好坏。他说:"有才有识,可善治矣。然才贵练达,识贵明通。遇有彼此殊尚,今昔异势者,尤须相时因地,筹其所宜。"[③]他强调根据不同的现实情况确定施政方针,具有明确的"因时制宜"思想。

洪亮吉从历史发展的角度肯定了秦始皇废封建而置郡县的功绩,认为这是"因时制宜,更非泥古者所可同年而语也"[④]。批评居今之世而泥古之道的错误做法,主张根据所处的时代评价历史。

章学诚强调史学要切合人事以经世,极力反对"昧今而博古,荒掌故而通经术……舍器而求道,舍今而求古,舍人伦日用而求学

---

① 王鸣盛:《十七史商榷》卷五〇《合传不拘忠奸》。

② 钱大昕:《十驾斋养新录》卷一八《法后王》。

③ 汪辉祖:《学治续说·宜因时地为治》。

④ 洪亮吉:《历朝史案》卷六《秦始皇帝》。

问精微”[①]的学风。他认为“文章可以学古，而制度则必从时”[②]，批评某些史家不关注时代和现实需要，昧今博古，又好古而不知所择的错误。

综上可知，清代乾嘉史家对历史与现实关系的认识是相当明确的。他们在治史的过程中，注意到“古”“今”的相因相革之意，主张因时因势考察历代典制和事件，强调重视当代的典章制度，立足于现实评价历史，而不是一味“博古”“好古”。他们这种关心当代社会和注重现实的思想，表现为一种进步的社会历史发展史观，是中国古代历史理论中具有重要价值的内容。

（原载《光明日报》2013年4月3日第11版）

---

① 章学诚：《文史通义》内篇三《史释》。

② 章学诚：《文史通义》内篇五《妇学》。

黄彭年史地思想初探

吕书额

黄彭年是晚清时期著名的学者、官吏、藏书家,其一生有较高学术成就,在事功方面也有杰出表现,其思想在晚清甚至整个近代中国思想史上都占有重要的地位。改革开放以来,学界关于黄彭年研究已初步展开,但其深度和广度与之在历史上的地位是不相称的[①]。本文主要结合其学术,试析其史地思想。不当之处,敬请方家指正。

一、黄彭年生平概述

黄彭年(1823—1890),字子寿,号陶楼,贵州贵筑县(今贵阳市)人,出身书香暨仕宦之家:生父黄辅辰道光十五年(1835)进士,授吏部主事,累迁郎中,后以知府分山西,署冀宁道,同治五年(1866)任山西凤邠盐法道员,不久以积劳病逝,被祀陕西名宦;伯父黄辅廷、黄辅相都在朝为官。其中,二伯父黄辅廷在山西任县令期间,其父黄辅辰随兄赴任。三伯父黄辅相是道光二十五年(1845)进士,历任广西陆川、博白知县,横州知州,镇安知府与左、右江道。受生父、伯父的影响,黄彭年自小就同清季一些父辈的官员甚至朝

① 学界关于黄彭年的已有研究成果数量不多,研究主题主要涉及四个方面:一是对其教育思想及实践的探讨,二是对其学术交游等活动的梳理,三是对其“经世致用”的学术思想与政治主张的述论,四是对其文学成就或某些著述文献价值的考述。

廷重臣、名士等有识,如他在年少时即与曾国藩交笃,受业于道光二十五年(1845)状元萧锦忠,与学当时的知名学者贺麓樵、黄琮等。在其父官京师期间,黄彭年才学日益精进,引起曾国藩的关注,在其家书、日记中常常提到黄彭年。如在道光二十二年(1842)十一月十七日《致澄弟温弟沅弟季弟》的信中,曾国藩说:"黄子寿处,本日去看他,工夫甚长进,古文有才华,好买书,东翻西阅,涉猎颇多,心中已有许多古董。"[①]在十二月二十日给诸弟的信中又说:"英气逼人,志大神静,则有黄子寿……近作《选将论》一篇,共六千余字,其奇才也。黄子寿戊戌年始作破题,而六年之中遂成大学问,此天分独绝,万不可学而至,诸弟不必反而惊之。"[②]道光二十五年(1845)四月二十四日,曾国藩在给诸弟信中说:"今年湖南萧史楼得状元,可谓极盛。八进士皆在长沙府。黄琴坞[③]之胞兄及令嗣皆中,亦长沙人也。"[④]《曾国藩全集》诗文中有《寄弟三首》,其二附小字注曰:"黄子寿彭年,后起之秀,予尝命九弟与之纳交。"[⑤]

黄个人的聪慧好学,和家学渊源、转益多师、早遇社会贤达,对他的后来发展产生了重大影响。道光二十七年(1847),黄彭年中进士[⑥],逾两年改翰林院庶吉士,散馆授编修。咸丰初年,随父在籍办团练,参加镇压农民起义。咸丰十一年(1861)应直隶总督恒福之聘,主保定莲池书院。同治初年,入川督骆秉章幕,参加镇压太平

① 曾国藩:《曾国藩家书》卷一,李鸿章校勘,江西人民出版社,2016年,第30页。

② 曾国藩:《曾国藩家书三种合编》,钟叔河点校,北岳文艺出版社,1994年,第174页。

③ 黄辅辰,字琴坞,原籍湖南醴陵。

④ 曾国藩:《曾国藩家书》卷一,李鸿章校勘,第116页。

⑤ 唐浩明主编:《曾国藩诗文集》,岳麓书社,2015年,第16页。

⑥ 前因生父、伯父均为进士,后又有其子黄国瑾、堂侄黄庆樾中进士,故黄氏曾有"一门五进士"之美谈。

天国石达开部,“数有赞画功,不受保荐。”[1]同治初年,陕西巡抚刘蓉聘其主讲关中书院。不久,又被直隶总督李鸿章聘为《畿辅通志》主纂,并主讲莲池书院。光绪初年,“法、俄边事迭起”,黄彭年“虽不在朝”,但颇受时人推崇,“侍从近臣多慷慨建言”,“中外大臣密荐之”[2]。光绪八年(1882年),被外任湖北襄阳道、权湖北督粮道,次年升湖北按察使,并“治馆于黄鹄山麓,课僚属学律”[3]。年余,结案40余起,平反冤案十数起。光绪十一年(1885),调陕西按察使、署布政使。在该任期间,因连年水旱,“米踊贵,属县请加漕折,巡抚欲许之”,但黄彭年坚持不允[4]。后又迁江苏布政使,疏浚吴淞江等。光绪十六年(1890),调湖北布政使,总督张之洞颇为倚重,但不久病逝于湖北任上。

黄彭年虽仕途曲折,但在为官任上,颇有政绩,影响一方;同时,在执教、为学期间,他不仅治学有术,且坚持以身事教、广育人才,且尤重经世之道。这与其一生历经道光、咸丰、同治、光绪四朝,面对社会动荡、战乱迭起,而国力日益衰微、民生日益贫弱也有一定关系。他崇尚有用之学、讲授西学,培养了大批经世致用的人才。一生中,他不仅如上述在关中书院、莲池书院专事讲学,在湖北、江苏等地为官时还“以官兼师”[5],为襄阳鹿门书院购置图书;于湖北臬司署衙设学律馆,对候补官员进行法律条文和司法实践的培训;在苏州正谊书院设学古堂,倡导学生博览群书。后人即将以黄彭年

---

① 《清史稿》卷四三四,中华书局,1998年,第12354页。

② 《清史稿》卷四三四,第12354页。

③ 黄彭年:《陶楼诗文辑校》,黄益整理,齐鲁书社,2015年,第288页。

④ 《清史稿》卷四三四,第12354页。

⑤ 《陶楼诗文辑校》卷二《捐置鹿门书院书籍条规》,第126页。

为核心的学案称之为“陶楼学案”。徐世昌在《清儒学案》中称其为学可谓是“根本盛大,无门户之见。入建谠言,出宣善政,皆体用兼赅。平生以实学倡导后生,殚竭心力”。《清史稿》称其“廉明刚毅,博学多通,所至,以陶成士类为国储才为己任”[①]。

二、黄彭年的史地思想表现

鸦片战争后，清政府原来紧闭的国门虽被迫打开，但不得不说,即便是在与列强签订了一系列的不平等条约后,很多国人仍沉浸于“天朝上国”的迷梦中,持续“周遭四方皆蛮夷”的观点,而对“我中原”之外的地方既没应有的认识,也没有想了解的欲望,更不会将其列入自己的研读范畴。相对而言,平生阅历丰富、走南闯北而到过诸多地区的黄彭年，此时属于走在时代前列的人。在其著书、藏书、整理与刊刻典籍等方面,可以看到他的史地认知,及其为向国人普及国内外史地常识所做的努力。

(一)黄彭年主要史地著作

黄一生非常重视历史地理学、军事地理学和域外史地之学的研究。除在主纂的一些方志中对各史地的涉及外,黄彭年还有专门研究国内史地的著述,如《大别山考》《两湖水利考略》《直隶六大河图》《直隶全省舆图》《金沙江考略》《东三省边防考略》《历代关隘津梁考略》等;《日本国史纪事本末序》《红毛番英吉利考略序》《俄罗斯全国图说》等域外史地著作,也显示了其较宽阔的史地视野。

① 徐世昌等编著:《清儒学案》第7册,中华书局,2008年,第7101页。

1.《大别山考》[②]

《大别山考》是可见的黄彭年关于舆地方面的第一篇成文作，也是黄彭年舆地之学的一篇力作。道光二十八年(1848)初，好友龙翰臣官放湖北学政，黄彭年归乡祭墓路过湖北，“取《(湖北)通志》读之”。当时他对通志中大别山的说法产生疑问，“虽与龙君翰臣论及”，但“嫌于考证单薄，不敢妄与古人为难”。后因“舟行多暇，烧烛检书”，看到了当世学者蒋湘南和方堃的相关论说，认为两人的观点“与余说若契合焉”，所以“芟其芜累，择其精要，汇为一篇”，是为《大别山考》。文中，黄彭年梳理、并逐一分析了从《禹贡》、班固《汉书·地理志》、郑玄注《古文尚书》、颜师古《汉书注》《左传》等历代典籍关于大别山的不同说法，到时人蒋湘南、方堃关于大别山的观点。他认为，大别山在安徽霍邱的这一说法是正确的：“汉以前无不主安庆之说，知当时江、汉河流仍如古道，晋以后始有疑之者。然则江、汉合于翼际山下，当在汉之末造、魏晋之际。”“沿讹既久，《明史稿》至汉阳、霍邱并载大别山名，盖鲜能笃信班《志》者”，而“近方君堃、蒋君湘南始确宗班、郑、桑、颜之说，读《禹贡》者可以无疑矣”。在自附跋语中，黄彭年虽称他“芟其芜累，择其精要，汇为一篇”，可以以此“与龙君相质，冀有以益余也”。但同时，他对大别山等历史地理的分析、论说，也由此而证实了《汉书·地理志》记载的准确性。

2.《志例琐谈》等

《志例琐谈》在黄彭年的史地著述中是比较具有代表性和特殊性的。它是黄彭年初为给湖南省省志编纂提供最佳体例而作，也是建立在其具有宏博的史地才识基础上的佳作。

《志例琐谈》完成于同治八年 (1869)初。这一年，黄彭年 47 岁，他已经跟随父亲黄辅辰辗转直隶、山西、四川、贵州、陕西等省，

① 以下关于《大别山考》引文见《陶楼诗文辑校》，第 396 页。

在历经当山长、兴团练、参戎机、修县志、务屯田各端后，其思想更为成熟，学术亦更精纯。因此，尽管此书草成费时不到10天，但其文仍能纵横捭阖于18省共20种省志中，条分缕析，为湖南省新省志的纂修提供切实可行的体例建议。《志例琐谈》完成之速与全书仅约2万字有关，更与黄彭年本人的才识密切相关，也可看作是其对古代及当时中国史地优秀认知的一种体现。该书撰写完成后，由于各种原因未能公开流传，但其价值却通过黄彭年的修志活动得到了部分发挥。

因学识之渊博、对舆地和经世之学的关注，黄彭年除上述史地著述外，还在其为官、治学甚至交游期间，对很多所到之处的地理、历史等情况有感而述。如，其在同治八年(1869)八月赴京城途径岳州、武昌时，撰《两湖水利考略》；同治九年(1870)，与友人自镇江乘船至武昌的途中，遇到日本学子东芳，向其询问日本国情，并因此写下了《东芳笔谈记》；光绪九年(1883)任湖北按察使时，辑有《子贝渊疏河建闸议》。此外，黄彭年还为其父黄辅辰、伯父黄辅相均撰有“行略”等。

3.《红毛番英吉利考略序》[①]

这是黄彭年在京师刊刻汪文台的《英吉利考略》时，为之所做的序文。

汪文台[②]，字南士，安徽黟县人。据史料记载，汪文台少从文学，博闻强记，刻苦钻研，治经以汉儒为宗，持法严谨，曾为阮元《十三经注疏校勘记》作《识语》，阮元读后服其精博，聘他去扬州。汪文台一生著述宏富，有《脞稿》《七家后汉书》《淮南子校勘记》《论语外传》《小学札记》《说文校字录》等著作传世。他的这篇由黄彭年刊刻并

---

① 《陶楼诗文辑校》，第340—341页。

② 也有作“汪文泰”。

做序的考略文章[①],作于1841年。鸦片战争爆发后,英国渐渐引起一些士人的重视,并渐次涌现出一些瞩目于这个国家的著述,如陈逢衡的《英吉利纪略》、叶钟进的《英吉利国夷情纪略》、梁廷楠的《英吉利国记》等,汪文台的《英吉利考略》也是其一。虽然相对而言,这一时期的这些著述对英国及英国人的认识是很不成熟的。如马廉颇在《晚清帝国视野下的英国——以嘉庆道光两朝为中心》[②]一书中称,叶钟进的著作反映的是鸦片战争以前中国人对英国的认识水平。但即便如此,它们也有着积极的时代意义:表达了作者个人对"天朝上国"之外的世界的关注,也迎合了当时一些人们想了解更多关于英国信息的需要。

黄彭年与汪文台及其《英吉利考略》的渊源始于汪文台的学生程鸿沼。程鸿沼,字伯敷,安徽黟县人,曾为曾国藩和李鸿章幕僚,也因此而与黄彭年相识。黄对程的印象极佳,在其看来,"程君伯敷,进退从容,粹然学者,谈论经义,亦知依据。"问及所师时,程答曰"事同县汪先生",且其"读书为人,多先生教"[③]。故黄彭年称,在他还没有接触汪文台及其《英吉利考略》时,已因"重伯敷之学行而敬其师"[④]。后来,当程鸿沼向黄展示其师所做的《英吉利考略》时,

① 关于汪文的确切题名,现在有《英吉利考略》《红毛英吉利考略》和《红毛番英吉利考略》等几种不同说法。即便是曾直接阅读过该著的黄彭年在其不同的文章中说法也不一:在他为该作做序时,标题和文中均称"《红毛番英吉利考略》"(见《陶楼诗文辑校》,第340—341页);国家图书馆藏抄本也是《红毛番英吉利考略》。但黄彭年在《〈淮南子校勘记〉跋》(见《陶楼诗文辑校》,第375页)提到该著时,用的是"《英吉利考略》";《清史稿》卷一百四十六志一百二十一中记录中,采用的也是"《英吉利考略》"。本文采用后者说法:汪文台初做文章为《英吉利考略》,黄彭年做序时加上了"红毛番"几个字眼。

② 马廉颇:《晚清帝国视野下的英国——以嘉庆道光两朝为中心》,人民出版社,2003年。

③《陶楼诗文辑校》,第340—341页。

④《陶楼诗文辑校》,第375页。

黄虽认为“传写有出入”，但仍“属伯敷以先生定本校刊”，并在京师刻印发行之前亲自为之做序。序文中，黄彭年或直接或间接地表达了对程鸿诏及其师汪文台的肯定与赞赏：“余惟儒者居斗室之中，举足不过茹武，瞻视不出寻丈，而天下利病、四海形势，昭然在目，亦在博闻疆识、敏求勿忘而已。昔唐贾躭撰成《海内华夷图》及《古今郡县道四夷图》，表献之曰：‘伏波之聚米，开示众军；酇侯之图书，方知阨塞。’先生是书，实符斯旨意。信乎不手之药，非以为洴澼絖也。”“伯敷尝为余言，其师事亲孝，澹于仕途，善诱后学，为乡邻望。所为书，自经史外，凡有裨于学问、政教者，靡不综则。是篇，犹大海之一勺也。”

原来只是对国内历史地理较为熟悉、关注的黄彭年，因有对汪有好感的基础性认识，加上当时国内外局势的影响和其经世致用的理念的推动下，虽然“传写有出入”，但在“属伯敷以先生定本校刊”后，即加以刻印发行，并欣然为之做序。只不过，此时黄彭年在域外史地思想认识上还有一定局限，在其做序之后的《英吉利考略》变成了《红毛番英吉利考略》。

（二）黄彭年的史地藏书

黄彭年嗜好藏书在当时就颇有声名。邵懿辰曾在《过黄子寿适晾书画满壁赋呈贤尊考功》中即有诗咏黄彭年藏书云：“归来堆栈满箧儿，论价不惜酬兼金。俸钱到手便倾付，清荣展对喜溢襟。”[①]因治学之需和藏书之好，黄彭年在莲池书院、鹿门书院、关中书院期间，均有为之购补大量书籍之举，自己私人藏书亦极富且精。这些藏书同其著述一样“造端宏大”，经、史、子、集均有涉及，史地之学尤为所重。据《文献家通考》，“（黄彭年）卒后，其家出售书目占宋板有十余种。…… 其家又有后百宋一尘藏宋板书十七种，经季振宜、

① 邵懿辰：《半岩庐集·遗诗》，清光绪三十四年（1908）刻民国补刻本。

宋荦、周亮工、徐干学等人收藏,有元本十三种,余皆为钞本、明本、精刻本。”[①]这些藏书后来历经清末民初的社会动荡后,数次散佚,几流失殆尽,至1949年以后,由其后人保存下来的已是百存其一。20世纪50年代,北京师范大学图书馆购入黄彭年孙黄襄成保藏的一批黄氏藏书,其精华部分为黄氏及其亲友的著述稿本、抄本及批校、题跋本,共30余种。其中,涉及史地方面的有如:清冯苏[②]撰《滇考二卷》(存卷上),清抄本,黄彭年校注并跋;清李云麟[③]撰《西陲事略三卷》,抄本,为作者赠予彭年先生之书。单从这些幸存的史地书目中,我们也可以略窥其偏好,及世人对黄彭年在史地方面学识的认可。

(三)整理与刊印《朔方备乘》等史地要籍

黄彭年还通过整理、刊刻等方式,保存了一些颇有价值的史地书籍。其中,最有代表性的应是其在编修光绪《畿辅通志》期间,对何秋涛《朔方备乘》的整理与刊刻。

何秋涛(1824—1862),字愿船,福建光泽人,道光二十四年(1844)进士,官刑部主事,刑部所撰《律例根源》多由其手定。何秋涛自小聪颖,“披阅天下舆图,能历举府、厅、州、县名,默数四境”,并主张学以用为本,致力经世之学。他认为,俄国与我国相连边界甚长,从国家安全考虑,国人应该对俄国有所了解,但当时“诸家论述,未有专书”。在广泛阅读了官藏、私藏的大量文献、笔记的基础上,何秋涛纵横捭阖,著《北徼汇编》6卷,后又增补、考订并附以

---

① 郑伟章:《文献家通考》中册,中华书局,1999年,第955页。

② 冯苏(1628—1692),字再来,号蒿庵,浙江临海人,清顺治十五年(1658)进士。为吴三桂所拘后,以计至粤,与督抚合谋,以粤归朝,官至刑部左侍郎。

③ 著者李云麟,字雨苍,汉军旗人,师事曾文正公,治古文经世之学,历官至郎中,折四品京堂,督陕西汉南军务,寻罢,改授托伦海办事大臣,酌以事戍黑龙江,卒于戍所,此编当作于汉南戎幕。书中对左不免微词,却非尽由门户之见。

图说，最后成书 80 卷[①]。

《北徼汇编》成书后，何秋涛回家守丧。咸丰八年(1858)，兵部尚书陈孚恩以何秋涛“通达时务，晓畅戎机，足备谋士之选”向咸丰皇帝举荐。时值第二次鸦片战争爆发，英法联军已经攻陷广州，沙俄觊觎我国外兴安岭以南的大片领土，咸丰皇帝阅后称赞《北徼汇编》“于制度、沿革、山川、形势，考据详明，足证学有根柢”，赐名《朔方备乘》。咸丰十年(1860)，何秋涛回京，擢升为刑部员外郎、懋勤殿行走。是年九月，《朔方备乘》书稿在英法联军入侵北京的劫难中被毁[②]。侍郎黄宗汉从何秋涛处取得副本，“拟更善进”，准备缮写后呈皇帝阅览。但该副本又因黄家中突发火灾而化为灰烬。而何秋涛以外艰离任，租屋留居京师，书稿被毁痛心但无力再行组稿。同治元年(1862)，时任保定莲池书院院长的黄彭年应四川总督骆秉章之邀，要入川当幕僚，遂请求何秋涛代任莲池书院院长，何秋涛应允赴任。但是年，因保定府发生瘟疫，何秋涛感染腹疾，误服药物身亡，年仅 38 岁，葬于保定。

何氏过世后，其所著之作散落各处，两子年纪尚幼而无能力埋葬其父，后经门人集钱买地才将其葬于保定西郭外马池村，好友河东道杨宝臣哺育其二子。及黄彭年再至保定时，与布政使孙观及按察使范梁清、知州沈枚、乡人同知陈崇砥、邱铭动等人，慷慨解囊为其重修坟墓，雇了一家农户为何秋涛守墓，并为其撰写了墓表，竖起墓碑。

---

①《陶楼诗文辑校》，第 253—254 页的“刑部员外郎何君墓表”中说“为八十五卷”；第 307—308 页的“《朔方备乘》序”又称“凡八十卷”。现学界多以 80 卷为准。

②《朔方备乘》被毁的具体原因有“英法联军攻入北京，紫禁城被联军洗劫一空，是书也没能幸免”的说法，参见郑新芳：《何秋涛：远虑博学著备乘　精英大作动京城》，《保定晚报》2016 年 1 月 16 日第 07 版。但此说不确，因为英法联军虽有火烧圆明园之罪，但确实并未洗劫紫禁城。该书可能存于圆明园内，因而被毁。

光绪年间,黄彭年受命三修《畿辅通志》,何秋涛子何芳rn将存于祖居的残稿抱来拜见黄彭年,请求帮助整理成书。黄彭年仔细翻阅了草稿,发现前后讹误甚多,间有残缺,“朱墨参差,前后舛错,间有缺简”,但仍将其转呈直隶总督李鸿章。李鸿章对何秋涛十分敬重并看重这部《朔方备乘》,即吩咐黄彭年组织《畿辅通志》局人员帮助一起整理。所幸草稿原目具在,可以寻检补缀整齐,给原文修复工作提供了依据。只是何秋涛原先采集的资料多数为秘籍,有些内容需要黄彭年与通志局诸同仁辗转访求才得。黄彭年在《畿辅通志》局吴寿坤、丁绍基、劳乃宣等十数人的帮助下,历时十年,终于光绪七年(1881)将《朔方备乘》编补校刻完成,并在莲池书院铅印出版。其中的《朔方备乘图说》是研究自汉唐至清道光时期蒙古、新疆和东北地区的历史、地理以及中俄关系的重要资料,对元代北边诸王疆域、界碑考证尤详;同时,它考订了俞正燮《俄罗斯事辑》、魏源《海国图志》诸书讹误,辩证徐继畲《瀛环志略》疏失等亦用力甚勤。可以说,它是研究中国西北史地学的作品,也是中国近代第一部论述中俄关系的代表巨著,学术价值甚高。而黄彭年能够将这样一部史地典籍加以整理、刊刻,将之保存并重新推给世人,与其在史地领域的能力与卓见密不可分。是故,陈定祥有评说“何书之成,先生(黄彭年)之成也”[①]。

恢复后的《朔方备乘》比原书增加了两幅地图,即俄国地图和中俄边界图。在黄彭年看来,“俄罗斯雄长欧洲,侵陵回部,疆土日辟,事变日增。即我中华不失旧好,而分界亦少异前规。”所以,在主持整理、刊刻《朔方备乘》前,黄彭年原“拟为续编”,但“犹未遑及”,而特命其子黄国瑾“先绘成《俄国全图》及《中俄分界图》,与是书相

① 王树枬:《陶庐老人随年录》,中华书局,2007年,第25页。

辅而行，俾览者有所考焉”[①]。

同时，黄彭年又专作《〈俄罗斯全国图〉说》一文，对增加的《俄国全图》进行文字补充。该文最后，黄彭年又做了进一步的解说，在刊刻《朔方备乘》后，又“取《瀛寰志略》《海国图志》中诸图堪对”，发现“如也尼斯克科、慕斯克东西易位，在其看来，《瀛寰》图误，《朔方》图虽经纠正，而当时限于尺幅，未能详尽”，而“今昔情形亦异”。所以，其又接着寻人“取洋图翻译，详注地名、疆界，兼列华洋文字，用与《备乘》全书并行”。这其中，不仅有黄彭年做事之认真，亦因他对相关问题重要性有充足的认识而使然。

三、黄彭年的史地思想特点与影响

清代考证史学对“舆地”一直较为重视，钱大昕即认为史学家应当重视的是“舆地”“官制”和“氏族”，若是不通这三者，那所著之史“涉笔便误”[②]。他尤其强调“读史而不谙舆地，譬犹瞽史之无相也”[③]。在对舆地之学关注的二十余年中，他对历代正史中的《地理志》进行了大量的考证工作，为后辈史地研究者打下了良好基础。

嘉道以降，由于西方威胁、边患渐起的外部原因，和学术发展的内在理路，史学界掀起了边疆史地和域外史地研究的热潮，如魏源、姚莹沿用乾嘉学者研究史地的方法，但在地理范围上有了很大的扩展，不再局限于内地，而是将目光投向西北、西南、东北等广大的边疆地带以及域外他国史地的考察。如魏源的《海国图志》是一

① 《陶楼诗文辑校》，第374页。

② 钱大昕：《廿二史考异》，商务印书馆，1937年，第755页。

③ 钱大昕：《潜研堂诗文集》卷二十四，载王云五主编《万有书库》，商务印书馆，1935年，第358页。

部大部头著作,从鸦片战争爆发后其奋笔而作的五十卷,到后来不断增补至百卷本,其内容包含了世界各国的政治、经济、历史、地理、文化、技术、宗教等方面,是一部研究世界史地的著作。为了其所主张的"师夷长技以制夷",魏源在该著中还尝试了打破传统的夷夏之辨的文化价值观,摒弃"九州八荒""天圆地方""天朝中心"的史地观念,树立了"五大洲、四大洋"的新的世界史地知识。徐继畬的《瀛寰志略》更是进一步扩展视野,力争摆联"华夏中心观"的束缚,把中国放到世界范围内考察。姚莹于道光十七年(1837)年任台湾兵备道,正值英国蓄谋入侵台湾,姚率领台湾军民积极备战,但后来因受英人和权贵的构陷,被贬四川,途中著《康輶纪行》一书。该书介绍了康藏地区的风俗民情、山川形势、物资价格、边疆沿革、历代边疆政策等。

实际上,黄彭年及其史地思想也是诞生于这样的历史背景下;但同时,又因受其个人学识与学术交游的影响,而使其史地思想既有同与魏源等人,即开始放眼看世界,又具有其个性。

一方面,乾嘉以来,国家的多灾多难引起了士大夫们普遍的关注,若一味埋首于古书考证或道德性命的空谈,于国于家何补?尤其是在亲身目睹、经历了中国屈于英国等那些原来被自己视为"蛮夷"的国家之后,巨大的心理冲击促使他们开始关注彼时东西方的情势。同时,嘉道年间,统治者对文人的文化控制较前一时期的大兴"文字狱"状况有所松弛,加上内忧外患状况的不断加深,学者开始关心时事,许多史学作品也凸显其现实关怀。再者,中国传统士大夫以天下为己任的家国情怀,及其以经世致用为学术追求的宗旨,使他们力图通过对当代史的研究为政府改革提供依据。政治局势的刺激及史学研究发展走向等外部因素的推动下,黄彭年的史地认知范围逐渐扩展,从其较为熟稔的国内,延伸到域外。这些变化表现在其藏书、著述与整理、刊刻典籍的实际举动中。如其主动刻印发行《英吉利考略》并为之做序，文中给予汪文泰及其著述高度评价等，实际上投射出的是他对外事的关注和强烈的求知欲望，也是他坚持“学以致用”时的一种自然表现。

但同时，因其自幼多与清廷官员相交与其深厚的家学、国学，以及后来为官、治学，尤其是大量参与修志工作等经历，使得黄彭年在对域外史地的接受过程中，反应比较缓慢，个人也没有留下如魏源《海国图志》、徐继畬《瀛寰志略》、姚莹《康輶纪行》等影响较大的史地专著，而对国内众多地区的历史地理等有更为熟悉，相关“考略”著述更多一些。而且，在其主动关注的一些史地中，多系民生问题而引发的人文关怀，而在军事地理认知上略显薄弱。从其史地著述、藏书或刊刻典籍的成就来看，则多是因受其交游对象的刺激而作，进而影响到其涉猎范围与史地思想的宽度与深度。

总之，黄彭年的史地思想是其所生活时代和个人经历的折射。反过来，其史地思想也对那个时代和他个人的历史地位产生了影响。这是我们现在解读黄彭年及其所处时代时应该注意到的。

社会史与思想史互动研究的典范

——侯外庐《中国古代社会史论》研究特色简析

时　亮

侯外庐是我国当代著名的马克思主义历史学家，其《中国古代社会史论》一书，原名《中国古典社会史论》(1943)[①]，由 14 篇单独的论文汇编而成，编辑成册后却达成一个相当完善的中国古代社会史体系，该书以亚细亚生产方式为理论基础，并结合中国古代社会的实际情况，具体分析了中国文明起源的特殊路径，是侯先生在社会史研究方面的代表作。但该书并未拘泥于单纯社会史方面的研究，而是注重社会史与思想史的结合，这种治史方法和特色学者虽多有论及[②]，但学者们多是人云亦云，简单地提出，没有从侯外庐史学的具体研究中来梳理其从社会史来研究思想史的脉络，也极少有学者关注到侯外庐将社会史与思想史研究相结合的治史方法不仅包括从社会史来研究思想史，还包括从思想史来研究社会史。为此，本文将侯外庐社会史与思想史相结合的研究特色和方法表

① 该书 1947 年再版改名《中国古代社会史》，1955 年再版根据白寿彝建议更名为今名《中国古代社会史论》。

② 参见张岂之：《远见卓识的引路者——略论侯外庐先生对中国思想史、哲学史研究的卓越贡献》，《哲学研究》1987 年第 11 期；黄宣民：《侯外庐——马克思主义史学的开拓者》，《中国社会科学院研究生院学报》1988 年第 2 期；李学勤：《侯外庐先生对古代社会研究的贡献》，载张岂之主编《中国思想史论集·第二辑：纪念侯外庐先生百年诞辰专集》，广西师范大学出版社，2003 年，第 25—30 页。

述为“社会史与思想史互动研究”[①]，并在解读这种研究方法，阐述其内容、找寻其理据，及侯外庐具体研究中梳理这种研究方法方面做一番尝试。

一、侯外庐眼中的“社会史”和“思想史”

在阐述“社会史与思想史互动研究”之前，首先必须要指出的是，本文所谓的“社会史”和“思想史”仅是侯外庐眼中的概念和内涵，与今天意义上两者的概念和内涵是不同的。

（一）社会史

学界对社会史概念的界定不尽相同，可谓“仁者见仁，智者见智”。《中国百科大辞典》给社会史下的定义为：“狭义指研究政治、经济、军事之外的各种社会活动的历史。研究对象是社会结构、社会过程、社会行为的历史和阶级、阶层、集团的发展及其运动斗争和协调等。主要包括家庭史、老年史、青年史、儿童史、妇女史、劳动史、种族史、闲暇史、城市史、犯罪史等分支学科。广义指研究社会整体的历史。研究对象是广泛的和综合的，包括物质条件、人口结构、经济发展趋势和社会阶级、集团、阶层的变迁，社会化过程，行为方式，以及意识形成过程等。任务是把所有这些专门史纳入一个完整的体系，以研究整个社会的历史。主要采用跨学科的方法，利用经济学、文化人类学、特别是社会学理论和方法进行综合

---

① 武少民最先提出了与“社会史与思想史互动研究”类似的概念，他表述为“思想史和社会史的互动研究”，他将这一概念应用于侯外庐清代学术史的研究中，除此之外，未见有学者将“思想史和社会史的互动研究”或“社会史与思想史互动研究”应用于侯外庐史学研究的其他领域，也未在史学理论的相关著作中见到这样的提法。“思想史和社会史的互动研究”，见武少民：《侯外庐对清代学术史研究的贡献》，《百年清学研究九论》，吉林人民出版社，2008 年，第 84 页。

研究。"[①]冯尔康在《中国社会史概论》中从动态的角度提出了一个与此类似的概念。《中国社会历史评论》第一卷的卷首语写道:"我们理解的中国社会历史研究,是以社会为中心,包括社会结构、社会生活、社会经济以及与之密切相关的社会政治与社会文化在内的历史学研究。由于'社会'是一个内涵和外延都十分丰富的概念,关于社会史的研究内容也就不容易简单地确定,但可以肯定的是,在这样朦胧和模糊的背后,大家都有一个大体一致的努力方向。"[②]由上可知,在现代史学概念上,社会史是一个内涵十分宽泛的相对完整的体系。

侯外庐对史学的研究工作开始于社会史大论战之后,受时代的局限,那时候社会史在中国的研究才刚刚起步。刘志琴即说:"这场名为社会史的论战,实际上是中国社会发展史的论战,与今日所言之社会史不尽相同。"[③]冯尔康也说:"社会史大论战本身不是社会史研究。"[④]即是说当时的"社会史"概念与现在不同。事实上,侯外庐所进行的"社会史"研究在范围上要比现代意义上的概念小。其所研究的"社会史"诸问题超不出20世纪二三十年代社会史大论战的问题范围。这场社会史论战,据侯外庐总结,主要包括这样几个问题:一是亚细亚生产方式问题;二是中国历史是否经过奴隶制阶段问题;三是何谓"封建社会"以及中国封建社会的历史断限和特征问题;四是所谓"商业资本主义社会"问题;最后又从历史回到现实,认识近代中国是否半殖民地半封建社会问题[⑤]。通过对侯

① 中国百科大辞典编委会编:《中国百科大辞典》,华夏出版社,1990年,第627页。

② 张国刚:《中国社会历史评论(第一卷)》,天津古籍出版社,2000年,第2页。

③ 刘志琴:《社会史的复兴与史学变革》,《史学理论》1988年第3期。

④ 冯尔康:《中国社会史概论》,高等教育出版社,2006年,第32页。

⑤ 侯外庐:《韧的追求》,生活·读书·新知三联书店,1985年,第222页。

外庐著作目录的梳理，可以看出，侯外庐的“社会史”研究与以上的几个问题是比较契合的。据此可以看出，侯外庐眼中的“社会史”仅是中国古代和现代的社会性质问题。

综上，侯氏所谓的“社会史”与今日的社会史概念是不同的，具体而言，侯外庐的“社会史”范畴小，仅为社会史现代范畴中社会性质一部。因此，本文所探讨的有关侯外庐社会史的问题仅限于这个范围。

（二）思想史

以下我们来辨析侯外庐眼中的“思想史”概念。“思想史”这一名称确立较晚，在西方世界，到了 1939 年“思想史尚未成为一个普遍的用语，学术界是渐渐在不知不觉才采用了这个词语的”[①]。思想史的概念是极为含糊的。H.J.舍普斯在《思想史的现状和未来》(H.J Schoeps, *Was ist und Was will die Geistesgechichte*，哥廷根，1959 年版，第 11—12 页)一书中承认，知识史、文化史和思想史之间没有明确的界限。斯特龙贝格在《1789 年以来的欧洲思想史》(Stromberg, *European Intellectual History since* 1789)一书中开列的书目，就可以看到这个领域实际上是无所不包的[②]。在近代中国，“思想史”这一概念未能广泛应用。而在这一时期，“哲学史”这一概念比“思想史”这一概念更受青睐，此时的哲学史范畴被放大，涵盖中国历史上的各种学问，包括中国古代的知识和思想。冯友兰在《中国哲学史》中讲：“哲学本一西洋名词，今欲讲中国哲学史，其主

---

① [美]吉尔伯特(Felix Gilbert)：《思想史之目标与方法》，《当代史学研究》(*Historical Studies Today*, Edited by Felix Gilbert and S R Graubard)，李丰斌中译本，台湾明文书局，1982 年，第 111 页。转引自葛兆光《中国思想史·导论：思想史的写法》，复旦大学出版社，2005 年，第 3 页，页下注。

② [英]杰弗里·巴勒克拉夫著：《当代史学主要趋势》，杨豫译，北京大学出版社，2006 年，第 265 页。

要工作之一，即就中国历史上各种学问中，将其可以西洋所谓哲学名之者，选出而叙述之。”[①]同期，思想史也面临着这样的境况，源于“思想”的包孕性，“‘思想史’也因此承担了过分的沉重和庞大的责任，以至于连自己的范围和内容也搅的不清不楚。”[②]即当时学者对“思想史”这一概念的认识还比较混乱和模糊。侯外庐曾主编过一部五卷六册的《中国思想通史》，他说：“这部《中国思想通史》是综合了哲学思想、逻辑思想和社会思想在一起编著的，所涉及的范围比较广泛；它论述的内容，由于着重于基础、上层建筑和意识形态的说明，又比较复杂。”[③]他还说：“应该指出，哲学史不能代替思想史，但是思想史也并非是政治思想、经济思想、哲学思想的简单总和，而是要研究整个社会意识的历史特点及其变化的规律，所以我的研究既注意每种学说的‘横通’（即它与社会历史时代的联系），又注意它的‘纵通’（思想源流的演变）；即注意思潮，也注意代表人物。”[④]即侯外庐所认定的思想史是包容哲学、思想意识、逻辑学说乃至政治、法律和科学的，并与其他历史分支学科紧密联系、注重其历史性的“大历史”。因此来看，侯氏的“思想史”概念要比现在的“思想史”意义内涵广泛得多。

二、社会史和思想史互动研究的内容及理论依据

社会史与思想史互动研究，是侯外庐《中国古代社会史论》一以贯之的基本治学方法论。同时，这种方法为侯氏较早掌握和运

---

① 冯友兰：《中国哲学史》上册，华东师范大学出版社，2000年，第1页。

② 葛兆光：《中国思想史·导论：思想史的写法》，复旦大学出版社，2005年，第6页。

③ 侯外庐：《中国思想通史》第一卷，人民出版社，1957年，第1页。

④ 中国社会科学院历史研究所、中国思想史研究室编：《侯外庐史学论文选集》，人民出版社，1987年，第6页。

用，在当时学界，甚至是现在都很具特色，张岂之说：“将社会史的研究和思想史、哲学史的研究结合起来，我认为这是侯外庐学派的一个显著的特点，也是侯外庐先生和他的合作者在史学和哲学方面的重要贡献。”①

社会史与思想史互动研究是唯物史观的重要内容，虽历来为马克思主义史家所标榜与推崇，但多数人仍停留在理论层面，唯侯外庐将之付于实践并贯穿其历史研究的始终。他曾说：“把社会史与思想史如此紧密地结合起来进行论述，在我是第一次，在并时学者的同类著作中或者也是较早的实践。”②“把社会史和思想史有机的结合成一个系统进行研究，我认为是一个合理的途径。”③社会史与思想史互动研究，包含两个方面的内容，一是以社会史研究为前提和基础来研究思想史，侯氏将之表述为“对中国思想史的研究，我以社会史研究为前提，着重于综合哲学思想、逻辑思想和社会思想（包括政治、经济、思想、法律等方面的思想）”④；二是把握思想史发展脉络，以此来反映社会史的发展变化。这一方面则历来为侯外庐的研究者所忽略。

要深刻揭示侯外庐社会史与思想史互动研究的治史特点，我们有必要弄清楚社会史与思想史、社会与思想的关系。这也是同侯外庐的思路相一致的。在《中国古代思想学说史》的序言中侯氏就提出了这方面的问题：“社会历史的演进与社会思想的发展，关系何在？人类的新旧范畴与思想的具体变革，结合何存？人类思想自

① 张岂之：《儒学·理学·实学·新学》，陕西人民出版社，1991年，第405页。

② 侯外庐：《韧的追求》，第268页。

③ 侯外庐：《韧的追求》，第118页。

④ 中国社会科学院历史研究所、中国思想史研究室编：《侯外庐史学论文选集》，第6页。

身的过程与一时代的个别形成,环链何系?"[1]

我们知道,社会史与思想史互动研究是唯物史观的内在要求和重要内容。它的理论依据即是社会存在与社会意识的关系问题,张岂之曾说:"马克思主义历史唯物论的基本原理之一即社会存在决定社会意识。任何时代任何一种社会思潮的产生都有它的深厚的物质基础,正如恩格斯在《费尔巴哈与德国古典哲学的终结》中所指出的,马克思主义历史唯物论不是从抽象的思想中去寻求思想产生的最后动因,而是要从'社会存在'中去准确地找到物质的动因与思潮产生的必然的(不是偶然的,不是公式化的)根源。这正是马克思主义历史唯物论对于思想史、哲学史研究的重要指导原则之一。"[2]社会存在与社会意识的关系可表述为社会存在决定社会意识,社会意识是社会存在的反映,社会存在的性质和变化决定社会意识的性质和变化;社会意识对社会存在具有能动作用,且具有一定的独立性。基于以上的理据,侯氏对上文的问题提出了自己的见解,他认为,从历史唯物主义观点来看,思想是存在的反映,历史从哪里开始,思想进程也应从哪里开始。因此,社会历史的演进与社会思潮的发展是相一致的;另一方面,经济发展虽然对思想史的各个领域起着最终的支配作用,但由于思想意识的生产又属于社会分工的特殊部门,故思想史本身有其相对的独立性[3]。

在具体的历史研究实践中,侯氏确实是将社会史与思想史互动研究作为其史学研究的指导思想的,他说:"我治古史,重在思想史。在工作序列上则是先从社会史入手做起。一方面是由于史学论战以来,几个重大的理论问题,在人们的心目中还没有解决,需要

---

① 侯外庐:《中国古代思想学说史》,辽宁教育出版社,1998 年。

② 张岂之:《儒学·理学·实学·新学》,第 405 页。

③ 侯外庐:《史林述学——〈侯外庐史学论文选集〉自序》,《文史哲》1982 年第 5 期。

做进一步的研究。另一方面是我认为研究中国古代思想史，应以中国古代社会史为基础。没有对古代社会的研究，就不可能说明古代思想存在的理由，也不可能说明它对社会存在的意义和作用。把社会史同思想史有机地结合起来，成为自然体系，可以说是我研究思想史的基本指导思想。”①

三、以社会史来研究思想史

以社会史来研究思想史的方法，侯外庐专门指出：“如大家所周知的，思想史系以社会史为基础而递变其形态。因此，思想史上的疑难，就不能由思想的本身运动里求的解决，而只有从社会的历史发展里来抉别其秘密。”②白寿彝也说：“他(侯外庐)的贡献主要在社会史方面而不是思想史方面，他的代表作应该是《中国古代社会史论》。后来，《中国思想通史》写的那么大，量那么多，但写这书的史学思想是受《中国古代社会史论》指导的。”③

以下我们就以侯外庐整个中国古代社会与思想演进的历程来把握他这种研究方法和思路。侯外庐认为中国古代社会所经历的西周、春秋、战国三个阶段是与中国古代思想发展的三个阶段相对应的，第一阶段为学在官府的畴官贵族之学，第二阶段为邹鲁缙绅史书传授之学，而后发展到春秋战国之际的孔墨显学，第三个阶段为战国百家争鸣之学。论述古代思想的发展，始终紧扣古代社会的发展。例如西周官学之与氏族贵族的统治；春秋邹鲁缙绅史学传授之学及由此批判地发展而成的孔墨显学之与春秋氏族贵族的凌

① 侯外庐：《侯外庐自传》，《晋阳学刊》1981年第5期。

② 侯外庐：《中国思想通史》第一卷，第28页。

③ 白寿彝：《外庐同志的学术成就》，《史学史研究》1989年第3期。

替、国民阶级的初起；战国百家并鸣之学之与国民显族社会的横议，是相为关联地论述的[①]。

下面我们则按时间顺序具体来说。在侯外庐看来，西周是氏族贵族专制下的古代奴隶制，氏族贵族掌握政权和生产资料，居于国（城市），而小人则狎野（农村），城市支配着农村，这时的"作邑""作邦""营国"均要求城市和农村的分割，然而在古代氏族纽带不能被突破，城市和农村又是相统一的，这样就产生了矛盾，所以侯氏有"天命不易"的慨叹，这也反映出周代建国的艰难，一方面要维持旧的，一方面要创造新的，故而不易。正是在这样的状况下产生了周人的天人合一思想，商人的宗教是一元的，上帝神和祖先神尚未分离，到了周代，"由殷人一元先祖神之合而分之，毕竟是因了历史的合而分之"[②]，因为氏族制的存在，所以须尊法祖先神，因为要创造新的，建立城市国家，为新生政权寻找合法依据，又须敬畏上帝神，由此而产生周人先王配上帝的二元宗教思想，即先祖受命于天的天人合一思想，故侯氏说："周人的社会是合而分之，复分而合之的，其思想亦是合而分之，复分而合之的。"[③]周人的这种天人合一思想在伦理上产生了"德""孝"并重的观念，德与天合，孝与祖合，这同样是因了周人在宗教和国家结合方面的合而分之。

春秋时代，生产资料所有制发生变化，诸如"初税亩""相地而衰征"便是明证，然而这种变化是极有限的，这样有限的变化只是财产和土地逐渐下移分散到小宗族手中，当然，这种状况并未达到支配地位，而只是一国或几国的现象，没有形成土地私有的显族贵族。这是由诸侯而大夫的时代，公子与富子争夺，富子大夫取得政

① 侯外庐：《韧的追求》，第268页。

② 侯外庐：《中国古代思想学说史》，第40页。

③ 侯外庐：《中国古代思想学说史》，第37—38页。

权，礼就是去了它的基础，于是，西周文化典章在春秋不再是有血有肉的思想文物，而成为仅仅作为形式的具文，“这样地，把西周的活文化，变做了死规矩。”[①]这样能道诗书礼乐者的邹鲁缙绅先生便专任此事，并将西周的思想作为“儒术”而职业化，形成邹鲁缙绅史学传授之学。这一时期思想的变化同样是以社会背景条件的变化为基础的，正如侯氏所说：“儒者将西周的思想文化形式化，亦正是春秋制度将西周王道形式化的照映。同样的，诸侯而大夫的过渡阶段成为战国不完全典型的显族时代之桥梁，因而，春秋的缙绅儒术亦成为战国显学之过渡桥梁。学术下私人的运动乃适应于经济相对的国民化。”[②]

至于春秋战国之际，中国历史迎来了一个变革的黎明期，这一时期包含了孔墨两位哲人大师思想活动的全过程。基于思想自身的继承性，孔墨学说的建立由春秋具文形式化的儒术继承和批判嬗变而来当无疑问，然而这仅是以思想史的单一方面而言，当然，我们也要以决定思想史的社会史的运动变化来看，在这一时期，战国“尽地力”的显族社会渐进代替了“存小国”的形式王权，氏族单位亦在渐进地向地域单位转变，正是为了适应这样的变化，哲人的思想便以私事（国民资格）出现，并各自以其师学代替了官学。

战国时代“慢其经界”已成事实，国野制度打破，氏族单位被消灭，而代以地域单位，这其中，郡县制的建立是极具意义的事件，“战国灭国设置郡县的变法一方面产生了变种的显族贵族，他方面酝酿出土地小私有的形态。”[③]也正是因为有了战国的郡县制，才有了显族贵族和土地私有，才有了财产积蓄和货殖，生产力政权转移到氏族下层的陪臣，使氏族贵族的专政体系破坏，才有了养士和礼

①② 侯外庐：《中国古代思想学说史》，第69页。

③ 侯外庐：《中国古代社会史论》，河北教育出版社，2002年，第91页。

贤的风气,氏族专政才逐渐向相对的共和方面发展,才有了职业的平民文学,为百家争鸣提供了可能性。但是,应该看到,中国古代社会并没有产生典型的"显族",所以直到陪臣执政,氏族礼制大破坏的时候,也只是产生了相对的共和,基于这样的社会条件,这时的思想出现了诸多这样那样的问题,"儒学放大了孔学,走向宗教性的形而上学,老庄对于孔墨的乐观世界,在现实中碰壁,走向否定历史的'冥冥'观,诡辩者超'存在'而逃避到概念的抽象里,离开人类社会走向石头和马儿的同异说,墨子学派则把墨子的社会易变理论,通约于人类思维的世界。"[①]其间的原因侯氏解释为"是物质危机,时代是新来的显族社会没有前途"[②]。侯氏正是以社会史为基础来评价思想观念的,他的思路和结论无疑都是正确的。

四、以思想史来研究社会史

以思想史来研究社会史是侯外庐社会史与思想史互动研究的重要内容,侯氏曾说:"我不是不研究社会史,我就是要通过思想史的研究来看社会,研究社会史。"[③]但这一点历来为研究者所忽视,然而,社会史与思想史的关系不是单方面的,而是彼此间的相互依赖,因此来说,以思想史来研究社会史这一点也是应该引起我们重视的。

李学勤先生最先看到了侯氏以思想史来研究社会史的研究思路。他在《侯外庐先生对古代社会研究的贡献》一文中认为侯氏从思想史来研究社会史"这个提法很深刻地体现了马克思主义的历史唯物主义关于上层建筑和社会基础的辩证关系","通过思想史

①② 侯外庐:《中国古代思想学说史》,第188页。

③ 张岂之主编:《中国思想史论集·第二辑:纪念侯外庐先生百年诞辰专集》,第28页。

的研究来深入地研究社会史，是体现马克思主义基本原理的一个重要切入点”[1]。李学勤先生还举中国古代社会和封建社会的分期问题为例加以说明，侯氏将“法典化”作为中国古代社会向封建社会转化的重要标准，又将《白虎通义》作为封建法典化的标志，即是说，《白虎通义》是中国封建社会成熟的标志。这正是侯氏从思想史的角度研究社会史的典型。具体到中国古代社会我们还可以举出一些例子。

西周伦理思想与西周政权建立、巩固的关系问题。西周的伦理思想以“德”“孝”并重，德对天，孝对祖。侯氏曾说：“周代氏族国家，在理想上本是基于上帝神与先祖的授受，故周人维持土地为氏族所有的国家政权，亦必须在‘大艰’的人事中寻求真理。”[2]这句话的意思十分明了，即周之贵族在维护自身统治时是有利用“德”“孝”的，这实际上就是“德”“孝”的起源问题。据巴新生先生研究表明，“德”是个历史的概念，在先秦大体经历了原始社会的图腾概念，殷商时的上帝崇拜，西周的周王政行懿德，春秋时的伦理道德这样几个阶段[3]。殷商时代，上帝神与祖先神尚未分离，“德”仅就上帝而言，“孝”虽被殷人提出，但未被赋予内涵。到了西周，周人将“孝”放到一个至高无上的地位，与“德”同列，是有其必然性的，一则周人为了使自己的新政权取得合法地位，故而在理论上就要割断殷人与至上神上帝的血缘关系，使至上神与祖先神二元化，他则也有巩固政权的现实意义，西周的孝最初与禋祀祖先神的宗教仪式联系，但并非是为了将现实政权导向神权，而是要在宗教祭祀仪式中注

① 张岂之主编：《中国思想史论集·第二辑：纪念侯外庐先生百年诞辰专集》，第28页。

② 侯外庐：《中国古代思想学说史》，第44页。

③ 巴新生：《西周伦理形态研究》，天津古籍出版社，1997年，第35页。

入“孝”这一伦理规范，以明确大小宗的权利与义务，以巩固现实宗法伦理政治[①]。由此可见，西周伦理思想与政权建立、巩固是有深刻的内在联系的。

我们再以西周伦理思想与中国古代社会特殊发展路径的关系为例来说明。侯氏将“孝”与氏族制联系起来，借以说明中国古代社会的特殊性，“如果说‘德’以配命是城市国家的东方形态，则‘孝思惟则’更是氏族制的维持在东方所见的特别形态。”[②]“孝”与祖对称，“是基于血缘而产生的‘亲亲’关系，这是人类一种古老的感情，氏族社会就是依靠它来联系的。”[③]由上文可知，氏族制残余是中国古代社会区别世界其他国家地区发展的不同路径的具体表现形式，而“孝”又能维系氏族社会存在与延续，周人甚至利用宗法关系作为分封制的基础。不夸张地说，西周伦理思想（孝）在一定程度上规定了中国古代社会的特殊性。

五、余论

综上来看，侯外庐运用社会史与思想史互动研究这一方法已经十分成熟。当然，要对古代社会抑或是任一个社会形态进行研究都离不开对社会、思想两方面的认识，而要想真正揭示一个社会的本质，更需要弄清楚社会与思想的内在联系，以及两者间决定与反映的既对立又统一的关系。时至今日，“社会史”“思想史”的概念比之侯外庐所处的时代虽然有了显著的变化，但社会史与思想史互动研究方法的本质未发生变化，仍不失为一种有强大生命力的史

① 巴新生：《西周伦理形态研究》，第44—45页。

② 侯外庐：《中国古代思想学说史》，第46页。

③ 沈善洪、王凤贤：《中国伦理学说史》上卷，浙江人民出版社1985年，第56页。

学研究方法。然而,学者们对这种研究方法本身的探讨以及应用不够,亦为一件憾事,这也应该成为晚辈学者在史学方法论建设和具体研究方面努力的方向。

（原载《唐都学刊》2013 年第 4 期）

构筑中国史学史的学术高地

——乔治忠教授访谈录

乔治忠　金久红

2013年2月，廊坊师范学院金久红教授访问南开大学乔治忠教授，谈论中国史学史的治学与学科发展问题。乔治忠认为研究中国史学史，应当追求独得的思考、独到的考订，做出深层次的探索，这就必须培养理论思维能力和具备系统、优长的知识结构。中国史学自古兴盛发达，令史学史学科资源富饶，理应成为具有中国学术特色的显学。将中国史学史筑成一个学术高地，以高屋建瓴的气势梳理和总结历史学的来龙去脉，有利于整个历史学的健康发展。中国传统史学存在官方史学与私家史学两条相互联系、互动、互补又互有排抑的发展轨道，历史学内在的基本矛盾即求真与致用的矛盾，就交织于官方史学与私家史学的互动之中。从这种思路深入探讨，有助于揭示历史学产生和发展的规律性。

乔治忠，男，天津市人，历史学博士，毕业于南开大学，为南开大学历史学院教授、博士生导师，现为廊坊师范学院特聘教授。乔治忠多年从事史学理论及史学史专业的教学和研究工作。1993年、1999年、2004年曾三次到早稻田大学、日本立教大学做客座研究员，进行专题研究。撰有《众家编年体晋史校注》《清朝官方史学研究》《中国史学史研究述要》(合作)、《清文前编》《中国官方史学与私家史学》《中国史学史》等著述，发表学术论文170多篇。先后承担国家和省部级多种社会科学(历史学)基金项目,目前主要从事中国史学史研究和中日史学比较研究的学术探讨。文内以姓氏简称。

金久红,女,河北省廊坊市人,历史学硕士,毕业于北京师范大学。廊坊师范学院教授、《廊坊师范学院学报》执行编辑,同时从事史学理论及史学史专业研究。文内以姓氏简称。

金久红(下文以姓氏简称):乔老师您好!在多次学术会议上听到您的学术报告,也读过您的著作和多篇论文,感觉您研讨中国史学史有很多新颖的思路,颇受启发。今天能否请您谈谈自己的治学体会,以及对史学史学科的综合性看法?您是怎么选择要研究中国史学史这门专业的呢?

乔治忠(下文以姓氏简称):我能够进入中国史学史的研究领域,可以说是经历了几次个人选择以及与所处环境调整的结果,并非很早就选定这门专业。我在中学时期,偏爱物理和数学,立志要成为一位科学家,所以初中时是将高中的数、理、化课本一起自学,阅读了大量科普读物,甚至订阅了《科学大众》期刊。但当时各种媒体和舆论都在强调以哲学指导科学研究,有的还引述爱因斯坦"哲学可以认为是全部科学研究之母"一类的言论,因而在痴迷自然科学知识的同时,又花了很大精力研读哲学书籍,找到作为大学课本的艾思奇《辩证唯物主义历史唯物主义》一书精读。所谓精读,那是要对照相关著述,做比较、思考,作笔记和写心得的。这样,语文课以及历史课、地理课等"副科"自然被排挤掉了,上课时也不听讲,而阅读另外的书籍。后来遇上史无前例的政治运动,无缘升学,在农村劳动的十余年间才阅览了一些文史书籍。恢复高考后,深知年岁已经较大,当初做科学家的志愿已很难实现,于是1978年报考了文科。结果历史一门考分最高,考了百分制的95分,遂进入南开大学历史系。我曾在《一百个博士的少年情》[①] 所征文稿中坦言：自己进入历史系读书，可谓是历史的"惩罚"，因为中学时期我最不重视的课程就是历史。

高考得分虽高，但实际上整体知识还是薄弱的，必须加紧补习。如果立志做学术研究，年龄和其他条件都容不得再三心二意，同班年轻的同学中也有人把精力用在文学或别的事情上，但我不敢折腾。经过两年学习，我打算报考杨志玖先生的隋唐史研究生。可到了 1981 年，我被允许与上一届 77 级毕业生一同报考研究生，但只能补报本校导师，而杨志玖先生当年又决定只招元史研究生，于是我临时改报了史学史专业，提前本科毕业，进入了研究生阶段的学习。

对于史学史，大学二年级时还没有什么了解，至三年级时听杨翼骧先生讲课，许多同学都被杨先生精彩的讲授所征服，因此改报史学史专业也不是纯属偶然，应当属于面对治学环境的又一次选择和调整。

金：听您刚才所言，可以想见您在大学本科阶段一定是非常用功的，成绩自然是优秀，而除此之外，您在这一阶段有没有撰写过学术论文？

乔：因为中学偏科的影响，历史知识比较薄弱，直到 1980 年才写出一篇学术性的历史论文，题目为《唐代士族、庶族的合流及科举制在其中的作用》，此文刊载于《南开史学》1981 年第 1 期，流播不广，但含有不少研究特见。此前史学界认为士族与庶族地主处于不断斗争状态，本文则提异议，认为二者在唐代趋于合流，而科举制度就是士族与庶族合流的枢机。文中所列举的相关史实相当丰富，论据还是满充足的。更重要的是，文中隐含反对将"斗争哲学"

---

① 中国少年儿童出版社 1996 年出版。

推衍到同一阶级的不同阶层,即反对阶级斗争的扩大化,只是没有明确申明这一思想,是当时思想不大解放,过于谨慎了,否则,学术影响会增进许多。这是曾经选定专攻隋唐史时的学习心得。

1981 年研究生考试结束,还要赶写学士学位论文,与 77 级本科生同时毕业。这时已经考入史学史专业,毕业论文自然应当是中国史学史内容,题目是《〈史记〉"太史公曰"浅析》,综合研讨了《史记》全书中"太史公曰"的内容、特点、思想及价值,约 11 000 字,由杨翼骧先生评阅。杨先生对拙文很是赞许,将之推荐待发。然而《浙江师范学院学报》1982 年第 2 期刊出俞樟华先生《试论〈史记〉中的"太史公曰"》,与我待发之文之间绝无信息参照的可能性,却又是高度的"所见略同",连论述"太史公曰"与《史记》正文具有"浑然一体,不相分离"的特点,使用词语也都相同。这样,我的文章只好主动地撤回封存了。本科学习阶段的两篇论文,从发表和影响上看都不大成功,但从内容实质上看却是学术研究已经初步入门的标志。通过本科阶段的学习经历,可以总结出这样一些经验、教训和体会:

第一,学习和研究方向既需要审时度势地调整,也需要有坚守学术目标的意识,过多地改变研究方向,是时间和精力的浪费。我从攻读史学史硕士学位始,就坚持研习中国史学史,矢志不移,不管其他专业有多么"热门",也不见异思迁。

第二,专业性的学习和研究,有两个环节缺一不可。首先,要不断提高和改进思考分析问题的能力和方法,这需要重视理论的学习,尤其是掌握和运用辩证法。我在中学时期认真学习马克思主义哲学,辩证思维方法始终是我研究史学问题的利器。其次,应当掌握系统的本专业知识,知识结构不能是东一点、西一点的断片式样。

第三,对《史记》"太史公曰"归纳和概括这样的研究,一般学者都能够做到,故难免雷同,应当追求独得的思考、独到的考订,做出比史学现象总结、归纳更为深层次的探索。理论思维能力和系统的知识结构,仍是发现和解决问题的最基本的条件。

金:您刚刚说到的第三条治学体会,包含着很高的学术标准,做起来似乎不太容易,您在中国史学史的研究中是怎样具体践行的?我也常常听到这样的主张,即历史研究应当以唯物史观为指导,但实例多为宏观性的历史论述,中国史学史中一些具体史实的清理怎样来运用理论思维方法呢?

乔:我所说的理论思维、理论分析是要体现在研究思路、研究方法上,而不是套用历史理论的现成结论。当然,这里说的研究方法不是指搜集资料、归纳资料等技能,而是具备理论色彩的方法论。从史学方法论层面看,研究方法只有三种。一是逻辑的方法,包括形式逻辑和辩证逻辑。逻辑方法的特点是暂且摆脱事物自然的发展历程,对经过鉴定和选择的资料进行归类、分析、综合、概括、推理、判断,运用形式逻辑(如归纳法、演绎法)和辩证逻辑(如探寻事物内部的对立统一要素)探讨其内在性质。二是历史的方法,是按照事物本身的发生、发展进程展开我们的研究程序,其重要的特征乃是注重事物发展的时序性,从而描述与概括事务的发展状况。三是系统与层次的考察方法,即将研究对象置于相关事物的整体联系中认识,事物整体的有机联系就是系统,这种考察不能笼统,需要分层次地探研、扩展、深入,使整体和局部都得以清晰化,类若医学体检的CT。这样既能够形成系统的宏观认识,也能够将具体研究对象在整个系统中做出定性和定位的分析,避免研究结论的孤立和片面。

我的硕士毕业论文是研究章学诚的史学思想,这是早有很多研究成果的热门话题。流行的学术观点认为:章学诚将自己的史学理论应用于纂修方志,从而创立了方志学。而我的新见解是章学诚的史学创见,主要来自于他纂修方志的实践,即章氏的史学理论和方志学理论,都是得益于实际的修志活动。这个论点在学位论文答辩中,被赞许为符合辩证唯物主义的认识论。但得出这个论点的途径并非套用“实践——认识——实践”的认识论公式,而是将章学诚历次纂修方志得出的见解,以及随后的论文如何发展这种见解,按时间顺序清理出来,构成各项史学创见来源于修志实践的清晰线索。这种方法就是“历史的方法”,论据立足于确凿的史实。一般研究章学诚的学术思想,惯于采取“逻辑的方法”,即分类论述他的史学理论、方志学见解、校雠学观点等等,掩盖了章氏成学的历程,于是得出他将史学理论应用于纂修方志的讹误说法。只要以“历史的方法”检验一下,就可以发现章氏很早就纂修方志,而史学理论成熟甚晚,有胡适、姚名达之《章实斋先生年谱》做参考,这并不困难,关键在于产生这个思路。宏观理论不应作为考订历史的证据,但可能有助于提出新的问题,并且引出一条思路。

我的博士学位论文题目是《清朝官方史学研究》,后于1994年在台湾出版。这是具有开拓性的题目,其中考订和清理了许多史实。例如关于努尔哈赤政权何时开始记录满文的“档子”(姑依台湾影印本书名,称之《旧满洲档》)。台湾著名满学家广禄、李学智等学者论定为天命六年(1621),此前的内容都是后来追记的。这个结论多年无人质疑,却是错误的,因为天命四年(1619)明确记载着努尔哈赤令部下发誓效忠,把誓言记在“档子”上,但哪一年开始记档,史无明文。记录《旧满洲档》是官方的政治文化体制,努尔哈赤政权这一阶段体制的较大变动当然是在立国号的天命元年(1616),我有了这个判断,经细致梳理史料,终于从《旧满洲档》1615年内容的综合解析中,理出次年即天命元年(1616)开始记录档子的确切证据[①]。

又如这种《旧满洲档》到清太宗崇德元年(1636)戛然而止,原因何在?相关的史实和史料有:1.天聪九年(1635)设立“内三院”,其中内国史院的职掌规定要编录文献、史料,为纂修实录做准备;2.现存文献有内国史院满文档案,为编年体史事记述,从清太宗朝延续至顺治时期。3.天聪九年(1635)和次年进行了许多重大的政治变革,特别是天聪十年(1636)四月改元“崇德”、改国号为“清”,清太宗称皇帝,随之进行一系列改变官制、举行典礼的活动。在这样的整体背景下,《旧满洲档》的停止,很可能是由内国史院的满文档案承续了其职能。但内国史院满文档案起始时间,却不是从崇德二年(1637)开始,它与《旧满洲档》有从天聪元年(1627)到崇德元年(1636)十年的重叠。如果内国史院满文档案确是接续了《旧满洲档》的编录,那么这十年时段的重迭应当是内国史院档案乃抄录《旧满洲档》而成,对此予以考证实为关键。我在《〈旧满洲档〉与内国史院档关系考析》[②]一文中,以确凿证据作出了考订和论证。于是,清太宗时期官方史学的整体状况也得以清晰地展现:从清太宗崇德二年(1637)起,由内国史院编录经过改进的记事性满文档册,取代了原先的“汗的档子”记事体制,所以《旧满洲档》只记载到崇德元年(1636)而止。内国史院编录满文记事性档册的同时,也追补了清太宗天聪年间的史事内容,其目的是为了将来纂修《清太宗实录》而准备一套完整的史事长编。而追补天聪年间史事的方法,是筛选《旧满洲档》的记事予以抄录,也添加一些其他案牍的少量内容。待这种选录工作完成、待崇德元年的各种典礼告竣,内国史院

① 详见乔志忠:《后金满文档册的产生及其史学意义》,《社会科学阵线》1994年第3期。

② 乔治忠:《〈旧满洲档〉与内国史院档关系考析》,《历史档案》1994年第1期。

自己编录满文档案的工作才正式取代《旧满洲档》系列，故《旧满洲档》至崇德元年(1636)终止，次年改弦更张，由内国史院按照将来纂修实录的预想编辑满文档案，其行政作用大为减退，而官方的史学功能增强。

上述史事考订和史事清理的事例，都是依据史学方法论的思维方式发现问题、导出思路和解决问题，具体考证过程有许多逻辑方法和历史方法的运用，而且不难看出论证中联结了整体的政治文化背景，对史料和史实具有系统性和层次性的解析。如果没有理论思维方法的运用，很难发现问题，更不容易找到解决问题的路径。

金：以史学方法论的理论思维方式开辟史事清理和历史考订的思路，从而发现问题和解决问题，这个理念十分新颖，对中国史学史的深入研究很有意义。许多著述谈论历史考据方法，多强调搜集史料、鉴别史料的功力问题，不言史学方法论的运用。而随着史学的发展，从史料找到考证史实的直接记载的机会正在减少，您的研究方法对于清理那些缺少直接记载的重要史事，会有别开生面的效果，以后有机会还想聆听您的详细讲解。现在，我想知道您对中国史学史这个专业的发展，有什么愿景与设想？我们怎样才能进一步做好这一学科的建设工作？

乔：史学理论及史学史虽早已定为二级学科，但在国内的发展还不尽人意，历史学界对史学史学科的重视还严重不足。这就需要更多的有识之士做舆论、学理和学术实践上的工作，树立起将中国史学史专业构筑为学术高地的目标，将这个学术目标化作史学界多数人的共识，并且付诸行动，就是我的最大愿望。

史学史的研讨对象是以往历史学的实践活动及其成果，史学史是系统清理、总结和反思历史学发展历程，并且述评史学发展中重要事态的学科。一个地域、国家或民族能否实现自身范围内史学史学科的兴盛,要视其自古以来是否具备广阔、连续的史学活动,是否具有丰富的史学遗产,这些前提条件是十分重要的。中国自古以来史学异常发达,人所共知,梁启超说:"中国于各种学问中,惟史学为最发达;史学在世界各国中,惟中国为最发达。"[①]中国史学史的学科建设,有如此取之不尽的资源,这是任何国家和地区都不可比拟的,史学史学科理应在中国蓬勃发展,成为具有中国学术特色的显学。

金:将中国史学史专业构筑为一块学术高地,您所说的"学术高地"的内涵是什么?难道史学史学科比历史学的其他专业例如古代史、断代史更高级、更重要吗?

乔:不是的,不能这样理解"学术高地"的概念。学科、专业之间没有等级高下之分,不仅历史学内部各个专业不能分判带有优劣意味的等级,即使历史学与经济学、政治学、物理学、数学之间,也不能规定孰为上等。这里说中国史学史可以构筑为学术高地,乃是基于史学史在认识论上的位置与研讨范围、研究宗旨的一些特点,比如历史哲学上讲经济基础和上层建筑,并不是上层建筑优于经济基础,而是依据其形成机制、性质和功能而言。史学史的学科特点,暂且可以从三个方面加以说明:

首先,如果说历史学是对人类社会以往进程的反思,那么史学史就是对于历史学的一种总结性、描述性的反思,是人类社会"反思的反思",过去说史学史是"史之史"也是这个意思。从认识论上看,史学史是反思的又一层次,不能仅看作是历史学的分支,它还担负着总结、描述整个历史学历程的功能,可以说是从历史学中产

---

① 梁启超:《中国历史研究法》,上海古籍出版社,1987年,第10页。

生出来又凌驾其上的那个层次。

其次，史学理论也是对以往历史学的反思，是以概括、抽象的方式予以反思和总结，这与史学史既有明确的区别又有密切的联系。简言之，史学理论应当以史学史研究为基础，发展、充实的史学理论又促进史学史的研讨，正如历史理论与历史学的关系一样。现在学界往往从历史理论、历史哲学中推衍出史学理论的阐述，对史学史的知识却不甚了了，故不免存在诸多扞格不通、承讹袭误之处。因中国史学遗产无比丰厚，中国史学史的研究也有条件跃居最成熟、最深入的一流水平，这可能会促使中国史学理论的蓬勃发展。我提出中国史学史的研究，包含揭示史学发展规律的任务与探讨史学运行机制的内容[①]，就是要将史学史研究提升到理论的层次。

第三，史学史的研究内容之一是史学评论，或称之为史学批评。史学史研究以往的史家、史书、史学状况，离不开史学评论的手段。而当代人的史学活动和历史著述，在其完成之时就将要进入史学史的视野，因此当代史学评论实际仍是史学史研讨的延续。进行史学评论者并非都是史学史学科的从业人士，史学评论的文本也并非都具有史学史研究的性质，但史学史角度的史学评论，是将评论对象置于史学发展的整体线索中进行定性和定位分析，评论的眼光是长时段的、广视野的，这明显地具有学术优长之处。当前历史学的各种评价机制，大多是短期的、狭窄的，一部史书被部分人赞扬，或获得较高奖项，但一旦放到史学发展史内评议，其论点是否禁得起检验？究竟有何超越前人的创新？是否值得今后的史学史著述写上一笔？这才是最终的审判。此乃史学史学科在历史学内的

---

① 乔治忠：《中国史学史》，中国人民大学出版社，2011年，第5—8页。

可敬可畏之处,也是史学史学术体系的价值取向。

历史学必须通过反思,清理自身的演进历程,才能更为成熟,诚如梁启超所言,“凡一种学问经过历史的研究,自然一不会笼统,二不会偏执。”[①]在中国历史学内部,史学史的研究属于后发性,是对既往史学活动及其成果的审视,居于认识论的高一层次,因此,将中国史学史筑成一个学术高地,以高屋建瓴的气势梳理和总结历史学的来龙去脉,评析已有的历史学著述,极其有利于史学理论的建设与历史学的健康发展,是完全必要的。

金:照您所讲,史学史学科的学术品位如此之高,中国史学史研究的任务和职责如此之重,真可谓是任重道远。对于从事这门专业的研究者,似乎应有更高的要求。您认为研究中国史学史的学者,除了一般史学工作者应该具有的治学素养之外,还需要在哪些方面引为注意、做出努力?

乔:研究史学史与研究其他历史学专业,所需要的学术素养是一致的,原则上没有什么特殊化要求,如坚持实事求是的原则,以求真、求是为根本宗旨,打好专业基础,完善知识结构,掌握基本的治学技能等等,适合各个专业的研习、探讨。而研究中国史学史,我有几条体会,这里提出来请同行时贤特别是年轻学者引为注意,在学术活动中予以参酌:

一是,必当加强史学理论的学习与思考,否则,史学史的研究就难以深入。因为史学史与史学理论有着密切的联系,已如上述,其理甚明,不必多赘。

二是,中国史学史的研究,不能现成地接受其他专业提供的具体结论,而必须重新加以审视。因为史学史本来就是要审视以往史

---

① 梁启超:《中国近三百年学术史》,东方出版社,2004年,第166页。

学成果及发展状况，如果糊里糊涂接受其他专业对史学问题的议论，岂不是学术失职？例如中国古代有《世本》一书，先秦史学家根据其记述内容，认为成书于战国后期的赵国，有的中国史学史著述将之称为古代中国的第一部通史，误上加误。通过史学史研究对史料的细致疏理，可发现《世本》乃是西汉时刘向在整理图书工作中，将先秦零散文献分类汇编而成书，内中史料都形成于先秦，而成书则在西汉，正如《全唐文》内的文章都写于唐朝，编辑成书却在清朝，不可依据书中内容判断成书时间，其理甚明[①]。二十四史中的《明史》，为清朝官修，然而流行说法却多将纂修之功归属于以明遗民自居的万斯同。查其说源流，初起于清初遗民学者的渲染，后继于民国时期排满情绪笼罩下的学界，清理《明史》编纂进程，即可知其与史实不符。万斯同固然有较大贡献，但距离成书的水平相差甚远。此类事例很多，必须重新审视与考核。

三是，中国史学史乃属于历史学的学术史研究，学术史必须全面、如实地总结以往的学术历程，这是基本准则，应当彻底地坚守。史学史的研究者，要坚决反对片面颂扬一说而隐瞒学术真相的不良倾向。例如王国维《鬼方昆夷玁狁考》一文，通过一系列的字音、字形的转变，认为上古时期的鬼方、昆夷、玁狁“亦即一族之称，自音韵学上证之有余矣”[②]。而王玉哲教授早在 1945 年发表的《鬼方考》中，便从音韵学运用的规则、上古鬼方等部族的地理分布、各部族文化水平的差距等方面，彻底批驳了王国维的错误。[③]自此，王国

---

① 乔治忠：《中国史学史》，第 53 页。

② 王国维：《观堂集林》卷十三，《鬼方昆夷玁狁考》，中华书局，1959 年，第 593 页。

③ 原载《华中大学国学研究论文专刊》1944 年第一辑，收入氏著《中华民族早期源流》，天津古籍出版社，2010 年，第 128—144 页。

维《鬼方昆夷玁狁考》一文已然没有学术价值，王玉哲之文也因此获得了当时教育部的学术发明奖金。但匪夷所思的是，直至1983年仍有著名学者声称“王国维的《鬼方昆夷玁狁考》一文，可谓独步于近代史坛”[①]。王国维《殷卜辞中所见先公先王考》及其续篇对殷商君主世系予以考订，也被著名学者丁山、陈梦家指出了其中的严重错误，即所谓殷商“先公”，其实“那群祖宗都是神祇”，殷人也是将之作为神来祭祀的[②]。先秦史界的“主流”有意无意地忽略或隐瞒这些学术实况，造成不良影响，史学史研究不能再随波逐流，必须要全面疏理历史学的学术史，诸如鲁实先教授的甲骨学解读体系、石泉先生的荆楚历史地理学考证等，无论是否同意其观点，都必须纳入中国史学史研究的视野，因为那曾经在学术史上切实存在，还没有人证明他们的观点在整体上是错误的。

金：我觉得以上三条对史学史的研究确实十分切要，对其他专业的研究也能够适用。您的观点已经深入到学科理论层面，值得史学界注意和讨论，很希望您的主张能被学者群体广泛接受。具体到您自身，在中国史学史研究中，主要作了哪些工作呢？

乔：如你刚才所说，中国史学史的学科建设任重道远，不是几个人就能够担当起来的，需要本专业所有同仁共同努力，还需史学界以及社会文化环境的配合与扶助。但具体到每位同仁，都应该各尽所能。我从事中国史学史的教学与研究已经30多年，前年出版了一本《中国史学史》，融入了我多年以来的大部分研究心得，在个案的研讨上，每一章都有重要的独得发现或独特见解，这里不能一一列举。现结合我的其他论著，谨就一些关乎史学理念与知识体系

① 林幹：《王国维对匈奴史的研究》，《王国维学术研究论集》第一辑，华东师范大学出版社，1983年。

② 丁山：《中国古代宗教与神话考》，龙门联合书局，1961年，第547—549页。

的成果,略述梗概,以求正于时贤,殷切希望引起讨论和批评。

其一, 提出中国传统史学存在官方史学与私家史学两条相互联系、互动、互补又互有排抑的发展轨道,这是中国古代史学繁荣兴盛而超越其他各国的主要原因。描述了官方史学与私家史学产生和发展的主要线索,例如:西周"殷鉴"观念对史学产生的重大影响,战国时期私家史学迅速兴起,有超过官方的趋向,东汉官修《东观汉记》,开启了朝廷不仅记史而且纂修正式史书,是官、私史学两条发展轨道形成的标志等等。中国传统史学一直在两汉奠定的史学基础上运行和发展。

前面说过,我的博士学位论文是《清朝官方史学研究》,研究成果除了以上提到的之外,还首次考察了清朝官方的修史制度,根据历史档案细致疏理了清代国史馆的组织结构、考核制度和修史项目,评析了清朝皇帝特别是清高宗的史学思想等等。在个案性研究中,订正了许多学界先前流行的讹误观点。在整体的问题上,提出由于清朝是从少数民族政权兴起、壮大,其官方史学独立经历了萌芽、发展、繁荣和衰落的完整过程,而业绩显著。清朝官方史学兴盛的程度,足以与私家史学并立、匹对,甚至处于强势,影响对整个清代史学的总体评价。此后,我对清朝官方史学陆续做出一些新的研究,如考析清太宗时期汉文档案文献的保存和利用、探讨乾嘉时期的官方史学与私家史学的关系、比较清高宗与章学诚的史学思想等等。随之将研究清朝官方史学的视角和方法延伸到对整个中国古代史学史的考察,得出了新的系统性认识,即要从官方史学与私家史学之互动关系上,研究中国史学的发展脉络,形成新的中国史学史知识体系。

其二,提出在中外史学比较中深化中国史学史研究,中外史学比较包括中西史学比较与东亚内中日、中韩史学的比较, 二者并重,不可偏废。通过中外史学比较,得出一个认识,即治史求真与撰史致用之间的矛盾,是史学内在的发展动力。这对矛盾在中国,交织于官方史学与私家史学的互动之中, 故中国古代史学发展有随着改朝换代而脉动的现象。因此,划分中国古代史学的发展阶段,必须关照官方史学的发展状况, 不应以某种史学名著或史学事件为标志而割断朝代。只有近代史学的建立以梁启超疾呼“新史学”做起点, 因为其中有西方史学影响的因素以及国外力量提供的条件,况且已值清末,清廷已经尽失控制社会文化的能力。

其三,通过中外史学比较,提出并非所有民族、国家都会原发性地产生史学,除了别的条件之外,一个民族必须在追忆往事而渐次形成文字撰述的早期阶段,就形成记事求真的强劲理念,才可能原发地产生史学。上古中国和古希腊恰好具备相应的条件,但史学产生的途径不同,中国是从官方产生,古希腊是从私家产生,于是出现世界上两大不同的史学体系。具有连续不断的官方史学活动,是中国传统史学区别于西方史学的显著特色。官方史学虽然不是史学发展的必备方式,但在古代颇有文化魅力,容易令周边相对落后的民族政权竞相仿效, 朝鲜和日本都引进和仿效了中国的官方史学,但没有发展到可与中国比拟的程度。

就整个人类社会而言,历史学终究会产生和发展,但具体某个民族和地区则不一定自行产生历史学, 但会逐渐用引进和仿效的方式建立史学。明晰于此,有助于对于历史和历史规律的认识,其中包含着事物普遍性与特殊性的辩证关系。

其四,提出中国近代史学的转型,既迟缓且不彻底,传统旧史学与各个流派的西方史学交织共存,形成多样化、多途径的发展,因而显得十分兴盛和丰富多彩。但旧的史学理念和旧的历史系统没有经过充分的清理和扬弃,遗留下很多问题,拖累新史学也拖累社会文化的进步。近代史学的学术旨趣, 则是逐渐向两个端点凝结:一端是历史考据的研究成果备受推重;另一端是试图对中国历史做出系统性认识,重视历史理论。第二项趋势很有利于马克思主义史学发挥影响,扩大传播。

其五,提出要以史学史的角度审视一般历史的探索,促进整个历史研究的去伪存真、求是黜非。这一点我尚刚刚开始尝试,如对于两晋南北朝时期民族大融合原因的考察,揭示了传统史学极其重要的作用。十六国、北朝的各个少数民族政权,都致力于仿效传统史学的记史和修史行为,从而导致历史观、史学意识的文化认同,甚至形成祖先血脉的认同,构成持久的民族凝聚力。这在某种意义上可以说:这一时期传统史学引导了历史、改变了历史。

以上都是我在论文中发表过的观点,其中关于史学内在矛盾的论述、中国传统史学贯穿着官方史学与私家史学互动关系的见解等,乃是为了揭示史学发展规律做出的探讨。我把揭示史学发展规律作为史学史研究的任务之一,树立探求规律的学术目标,可以起到促进缜密思考、推动深入研究的效力。

金:您的谈话富于治学的启发性,听了之后,感到中国史学史的研究有广阔空间以供开发,学术队伍应当有所扩大才好。学术探索的广度和深度都没有止境,您今后的研究工作准备做哪些安排?

乔:中国史学史的许多具体问题还需要探讨,以上提出的一些观点仍须验证和深化,承担的研究项目也要完成。此外,最想做一项纯属史学理论的研究,对此已经有些思考、有所准备,我的理念是:应当先掌握比较充实的史学史知识,再作史学理论方面的研究。

金:您今天的一番话真是令人眼界大开,受益良多,我想如果能认真地吸收、消化,就是对整个中国史学史的学术发展也是多有裨益。真希望以后能有更多机会再与您交谈,祝您今后在史学研究中取得更大的学术成就!

（原载《史学月刊》2013年第8期,此次收录略有修订。）

教学篇

扫码获取“教学篇”电子资源

论中国史学史知识体系的更新

——课程教学与学术研究的体验

乔治忠

中国史学史作为一个系统的学科，在历史研究和历史教学的整体结构中都占有极其重要的学术地位，梁启超说："治一学而不深观其历史演进之迹，是全然蔑视时间关系，而兹学系统终未由明了。"[①]因此，加强中国史学史学科建设，是深化中国历史研究的必要条件。但由于学制与考史制度设置等原因，目前各个大学的中国史学史教学甚有缺陷，课时也严重不足，只要与哲学学科的中国哲学史教学、文学学科的中国文学史教学做一对比，问题立即豁然显现。在这种条件下，通过深入学术研究不断更新中国史学史的知识体系，使研究成果和教学内容更加系统和精到，尤为学者和专业教师应奋勉力求的要务。

一、中国史学史的知识体系及其更新趋向

自古以来，中国史学的发展就是连续不断的，这决定了中国史学史的知识必然具备内在的体系，而不可能是散碎、支离的知识拼合。梁启超是最早提倡并且思考中国史学史学科建设的学者之一，他给中国史学史设定了四项研究内容，即"一、史官，二、史家，三，

① 梁启超:《中国历史研究法》，上海古籍出版社，1987 年，第 38 页。

史学的成立及发展，四、最近史学的趋势”[①]。这点明了中国史学史研究与撰述的入手之处，起到了推动学科发展的作用。此后，研究者对中国史学史的任务和内容不断予以探讨，认识日益清晰和全面。笔者曾经论述中国史学史学科具有三大学术任务，即清理史学遗产、阐明史学演进过程、揭示史学发展规律。中国史学史研究应当关注的内容，以分类分析的方式可以归结为历史观、史学思想、历史编纂学、官方史学及其相关的制度与举措、史家的史学活动、史学评论、史学与其他社会因素的联系和相互影响、史学发展的社会运行机制等八个方面。这些都涉及了对史学史学科性质和研究要点的提示。而在历年的课程教学实践中有一个很深刻的感受：将中国史学史内容予以板块式地分类，固然有助于学术研究的开展，但也存在更深层次的问题，即大学历史学科中的中国史学史课程教学，以及系统性的专著，都必须具备一个知识体系，这种知识体系不仅仅是板块式的内容组合，更表现为贯穿前后的认知理路，并且处于不断优化与更新的进程之中。

中国史学史的研究自近代以来，已经取得了长足的发展，对于史家、史书以及各个时代史学的状况，不仅对许多个案问题作出了清理和探讨，而且对中国历代的历史编纂学的发展、史学思想的承前启后、因袭变革，也达到了相当程度的认识。可见中国史学史的知识体系正在渐次形成和完善之中。诸多学者在对中国史学史基本理念、基本理论的表述，以及中国史学史教科书和专著的撰写中，都不同程度涉及了中国史学史知识体系的问题。20世纪60年代之初，大陆学术界和高校掀起了建设中国史学史学科的热潮，那时出现了对中国史学史之主线以及如何认识史学发展规律的研

---

① 梁启超：《中国历史研究法补编》，上海古籍出版社，1987年，第297页。

讨,直接触及到了这一专业学科体系的建设问题。但在当时的社会条件下,大多发表见解者都强调以阶级斗争、思想斗争为主线来研讨史学史问题,如汪伯岩认为:中国史学史应当以时代为纲,以史家、史籍、史体和历史编纂组织为纬,而以阶级斗争作为贯穿史学发展整个过程的一条红线[①]。类似的见解还有一些,例如主张以史学思想的斗争为主线、以唯心史观与朴素唯物史观的矛盾为主线、以封建主义"正宗史学"与非正宗史学的矛盾为主线等,这些设想实际是一种探寻中国史学深层认知理路的尝试。这些探讨乃是从历史理论延伸到史学史领域所形成的观念,并非出于对中国史学史深入研究之后的概括,因此难以在中国古代史学史研究中得到贯彻。而在中国近代史学的发展中,确实存在不同思潮的碰撞、不同历史观之间的斗争,但这不是史学史的全部内容,对于史学遗产的定性分析,过分强调阶级对立和思想斗争,也会造成许多议论的偏颇。

1978 年之后,中国史学史的研究热潮再次兴起,成果层出不穷,但追求一个思想范式为主导线索的史学史体系的探讨则相对淡化,有些史学史专业的研究者转而进行了较低层次知识体系的构筑,例如尽力探索不同时代史籍、史家、史学思想、史学方法之间的前后联系,给史学史的发展划分阶段、并且对每一阶段做出概括等等。这样的工作,也使中国史学史研究的成果呈现为连续一贯的进程,集结为一种知识体系的特征。因此,作为学术史的中国史学史,其知识系统可以有不同的层次与组合结构,关键是其内容连结为有机的整体,而不是零散知识的堆积。成熟的学科,必然是其知识已经构成体系的学科,建设系统化的知识体系,并且持续不断地

① 汪伯岩:《中国史学史的研究对象问题》,《文史哲》1963 年第 4 期。

有所更新，也是学科发展的主导趋势。

中国史学史的知识体系，具有不同的层次构成，在此认识的前提之下予以分析，可以层层剥笋式地解析这种知识体系的建构与更新。

首先，通过对中国史学史各个知识点前后联系起来考察与评论，展示史学发展因革承接的整体演进过程。例如对司马迁《史记》的研究，既探讨《史记》如何对先秦的史学传统做出变革，也论述其史学成就对此后史学的各种影响；对《汉书》的论述，既考察其如何承袭《史记》的体例、内容，也揭示其著述宗旨和撰写方式的变动，更分析这种断代史样本对史学发展的重大影响。将重要的史学现象、史学遗产都以这种研讨方式予以学术史的定位分析，厘清其来龙去脉，令史学史的内容形成一个环环相扣的知识链条，这就组成了浑然一体的知识系统。而其中某个重要环节研究结论的改变，都会涉及前后内容的更新，中国史学史知识体系的更新过程，也就随着个案问题的重新研讨而逐步展开。例如东晋史家孙盛，在纂修《魏氏春秋》中就另成《魏阳秋异同》即《异同评》八卷①，从现存资料考察，可以发现《异同评》实际就是史料考异之书，早于司马光700多年。且司马光《资治通鉴考异》引用过《异同评》，故史料考异方法乃孙盛所创。这一结论不但导致对司马光的史学贡献要重新评论，而且对中国史古代历史编纂学的发展，也要做出新的论述。

这种由具体个案的重新考察，突破一点而牵动一片，逐渐导致知识体系的更新，是渐进式、积累性的，需要经过一定的时段才会明晰地显现，但其知识更新的基础却十分坚实，在学科发展中是稳

① 《旧唐书·经籍志》著录“孙寿《魏阳秋异同》八卷”，“孙寿”乃孙盛之讹，因仅有孙盛才撰有《魏阳秋》即《魏氏春秋》一书。对此，清代文献学家姚振宗《隋书经籍志考证》已然作出定论。

步前进的,具有深刻的学术意义。

其次,中国史学史的研究者将中国史学划分为不同的发展阶段,概括各个阶段的主要特点,显示了对史学史进程的整体把握,这是通过对史学发展状况前后对比得出的结论,包含了许多个案的探讨以及全面进行归纳、综合的研究,成为对中国史学史知识体系的一种动态的认识。因此,给史学发展历程划分阶段,看起来简单,而实际上是一种自觉性的深层探讨。较早做出这种探讨的是仓修良《中国古代史学史简编》[①],其第二编题目为"以人物传记为中心的汉魏六朝史学",第三编为"主通明变的唐宋元史学",第四编为"具有启蒙色彩的明清史学"。这里体现了史学发展阶段的划分和对各阶段史学突出特点的概括。瞿林东《中国史学史纲》[②]在阶段划分上与仓修良区别甚大,如第三章为"史学的多途发展——魏晋南北朝史学"、第四章为"史学在发展中的转折与创新——隋唐五代史学"、第七章为"史学走向社会深层——明代史学"、第八章为"史学的总结与嬗变——清代前期史学"等等,分期不同、概括更异。这里我们不必比较哪一种分期和概括更为允当,但问题很明显:中国古代史学的发展是客观的历史进程,分期和概括不能随意进行,异同之处必有讹误,这是需要众多研究者共同探讨和论辩的问题。不过,应当反对划分阶段的随意性,避免按照一般历史或其他学科分阶段的模式机械套用。

再次,寻求贯穿于史学发展进程的主导线索的努力,仍然不可放弃,这是一项探索史学发展机制及其知识体系的深层次研究,有助于推进学科品位和学术水平。缺少这种理论思维层次的探讨,就不能在划分中国史学史发展阶段上做到精准确当。在近年的中国

① 黑龙江人民出版社,1983年。

② 北京出版社,1999年。

古代史学史研究中，很是欠缺这种研讨，中国近现代史学史著述，有的还是按照原先革命史的线索分阶段叙述。也有部分学者做出新的探讨，例如王学典教授先是将20世纪下半期中国史学的主潮归纳为指导历史研究的“阶级观点”与“历史主义”之间的矛盾[①]，随后又将20世纪中国的史学描述为“新史学”与“新汉学”相互矛盾和此消彼长的系统过程[②]。这种探索已经试图从根本上研究中国史学史学术体系，并将之上升到理论思维层面，但其论点尚多需要商榷之处。

从上述中国史学史知识体系所具备的层次来看，以各个具体个案研究相互联系起来的体系是基础性的结构，但理论层次较低，其知识体系的更新是以学术积累、逐步推进的方式进行。划分和概括中国史学发展阶段性，可以做到直观显现史学发展的整体线索，但必须倚赖于精深、透彻的从微观到宏观的史学史研究，逐步提高水平、渐趋完善。考察中国史学的发展机制、探寻其主导线索，正是更新和完善知识体系的关键环节，是建设中国史学史研究的理论化体系的必定目标。虽然当前这种研究工作的力度尚属薄弱，但中国史学史的研究像其他学术工作一样，不会永远徘徊于个案的积累，不会满足于对现象、过程的描述，所谓“叙述史学”，决不是历史研究的终极方式，学术研讨不可避免地要向理论化的层次迈进，知识体系的更新、学术理念的深化，乃是必然的趋势。在大学历史学科的史学史教学中，课程的任务并不是如数家珍式地叙述史学遗产，而应当展开对历史学发展主导线索的理论化探讨，促进学生对史学现象和历程之反思的理论思维能力。

---

① 王学典：《二十世纪后半期中国史学的主潮》，山东大学出版社，1998年，第38页。

② 王学典：《新史学与新汉学：中国现代史学的两种形态及其起伏》，《史学月刊》2008年第6期。

二、中国史学史知识体系更新的设想

关于中国史学史知识体系的更新，应当以积极、主动的态度予以研究和讨论，无论在理论层次还是在具体史学个案问题上，皆须投入思考与关注，从而促进学术探研的深化。

在中国史学史发展的主导线索上，套入一般社会历史研究的范式是不切实际的，因为史学属于学术文化领域，古代从事修史事业的主体无论官方还是私家，基本上都属于剥削阶级的范围，很难以阶级斗争的模式来分析。历史学的成品——史籍往往以叙事为基础，思想倾向不大典型的实例甚多，所以也难以用思想斗争的范式概括历代史学的状况。至于用“新史学”与“新汉学”的彼此消长来概括近现代史学，亦有明显的疑点，例如“新汉学”的概念是否准确？“新史学”与“新汉学”能否成为一对矛盾？如果真的存在“新汉学”，那岂不应当是“新史学”的一个组成部分？“新史学”与“新汉学”这两个概念是否能够反映近现代史学的整体状况？这些问题皆值得质疑和讨论。

要深入认识一个事物，必须与其他相关的事物进行比较，所以要想更深入地研究中国历史，就有必要进行中外历史的比较，这是史学界早已形成的共识，中国史学史的研究，也不例外，只有将中国传统史学与外国史学发展的异同点予以比较，才能认清中国史学的特点，才能领会各国史学的共性，才能真正找到史学产生和发展的关键因素。从整个世界文化史来看，自上古形成了两大最具活力的历史学发展体系：一是以中国传统史学为核心的东亚史学，一是以古希腊、罗马史学为起源的西方史学。由于地区相隔遥远，在古代长时期内，中西两种史学传统各自独立发展。如果认真进行中国史学与西方史学的比较研究，分析其中相同及歧异的特点，必然有助于将史学现象的考察提高到社会文化本质性的探讨。

如果我们认真地比较中国与西方古代的史学,可以发现,中西史学具有基本理念的相通之处, 其一是都具有记史求真的史学价值观,其二是都具有对于史学社会功能的重视。

关于记史求真的价值观,中国古代很早就具备了这种意识。春秋时期,“君举必书”发展为普遍的共识,其中就蕴含着无论善事、恶事都要如实记载的理念。据称孔子曾赞扬晋国史官董狐说:“董狐,古之良史也,书法不隐。”[①]随着孔子的圣化,“书法不隐”成为“良史”的主要标准,记史求真成为不可动摇的准则,无论是官方修史还是私家撰史,都以此相标榜,史书如果被议论为失实,就是最大的贬斥。

在西方,史学的产生是从古希腊肇始。希腊史学具有显著创始意义的著述是希罗多德(约公元前 484—前 425)的《历史》(又称《希腊波斯战争史》)。希罗多德为了不使许多故事传说泯灭,采取了有闻则录的撰述态度,他对史事往往“亲自观察、判断和探索”,常常在叙述传说之后申明“我是不能相信这个说法的”[②]。因此,希罗多德具备了一定的记史求真意识。此后,修昔底德(约公元前 460—前 396)撰写《伯罗奔尼撒战争史》,声明“这些事实是经过我尽可能严格而仔细地考证核实了的”。美国史学家汤普森指出:修昔底德“相信历史家的首要责任就是消灭那些假的事实”[③],他的著述中没有任何神话的成分,从而真正建立起西方史学的著述规范,就是严格的求真态度。可见西方史学自产生之际,就已经建立并且随即强化了记史求真的意识。公元 2 世纪古罗马著名学者卢奇安

① 杜预:《春秋左传集解》宣公二年,上海人民出版社,1977 年,第 541 页。

② [古希腊]希罗多德著:《历史》,王以铸译,商务印书馆,1985 年,第 151、306 页。

③ [美]J.W.汤普森:《历史著作史》上卷第一分册,商务印书馆,1996 年,第 40 页。

(约公元125—192年)在《论撰史》[①]一文中,批判与挖苦了撰述历史中诸多不顾史实、夸夸其谈等偏向,指出"历史必须努力尽它的本分——那就是写出真实","历史家的首要任务是如实叙述"。这种记史求真的西方传统思想, 至近代德国的兰克(1795—1885)学派被大力发挥,可见,记史求真作为西方史学的基本价值观念,与中国传统史学是一致的。

中国和西方古代的史学,都具有为世所用、发挥社会功能的意识。孟子称"孔子成《春秋》而乱臣贼子惧"[②],随着孔子的圣化与《春秋》被奉为经典,史学"惩恶劝善"的观念也深入人心。在中国古代,关于史学惩劝、垂训、鉴戒、资治、教化、明道等社会功能的论述,历代不绝,极其丰富,可总括为史学的"经世致用"宗旨,成为中国传统史学理念的核心内容。西方古代史学自产生以来,同样重视史学的社会功能问题。希罗多德自称其著述目的即是保存"那些值得赞叹的丰功伟绩不致失去它们固有的光辉",实际上就是要凸显历史人物做出的创树,通过对比与评议,讴歌雅典的民主政体,提倡先进的制度和文明。波里比阿(约公元前201—前120)一方面强调"在历史作品中,真实应当是凌驾一切的"[③],同时又指出:"只有以类似的历史情况和我们自己的处境对比, 才能从中取得推断未来的方法和基础。因为只有学习过去,才能学会在现在的情况下,什么时候行动应当更谨慎些,什么时候行动应当更勇敢些。"[④]古罗马

---

① 见于章安祺编订:《缪灵珠美学译文集》第一卷,中国人民大学出版社,1987年,第191、203页。按:卢奇安(Loucianos)及《论撰史》一文,不同著述译文用字不同,谢德风译《历史著作史》中作"琉细安""《应怎样写历史》"。

② 朱熹:《四书章句集注·孟子·滕文公下》,上海古籍出版社,2001年,第320页。

③ [古希腊]波里比阿:《通史》,转引自郭小凌《西方史学史》,北京师范大学出版社,1995年,第73页。

④ 转自[美]J.W.汤普森:《历史著作史》上卷第一分册,第80页。

时期史学家塔西陀(约公元55—120年)则提出格言化的论断:“历史的任务是赞美正义、揭露邪恶,以为后世殷鉴。”[①]在西方古代,史家讲求史学的社会功能,是一种普遍的共识。

如实述史、记事求真,对于明知不实的故事与传闻,不能当作史实而载入史书,是为史学的底线,古代、当代,概莫能外。有意违反,其作品就不应属于史学的范围。[②]一个民族和地区,如果在其追忆往事而渐次形成文字撰述的早期阶段,未能形成强劲的记史求真理念,其社会的记忆就会过度呈现为神话想象和文学渲染,从而不能发展出自己的真正意义的史学,古埃及没有产生本民族原生的历史学,就是显明的例证。历史撰述产生后的早期阶段,由于史学尚未形成一个相对独立的社会系统,所以史学发展的重要条件之一是要具备一定的社会功能。舍此便不能得到当时所处社会的广泛关注、认可与支持,不能参与到整个社会政治、文化环境的运行之中。史家相信史学具有某种社会功能,也才会具备撰史的信心、热情与责任感。史学在产生之后的早期阶段,记史求真与撰史致用,都是推动史学发展的重要条件,然而记事求真的准则与社会功用的诉求又存在着矛盾,而矛盾的焦点就在于撰史之际二者孰为第一,孰为主导。但这种对立,无论在中国和西方,大多数情况下都不是对抗性矛盾,总体上都促进着史学的前进。当然,有时也会出现对抗性表现,如三国时期吴国韦昭的史狱、北魏崔浩的史狱等等,就破坏或扭曲了史学的社会运行。中国传统史学的发展,除了撰史求真准则与史学致用观念之间的矛盾之外,更为明显地表现为官方史学与私家史学的互动、互补和互有排抑的矛盾运动,二者

---

① 转自[美]J.W.汤普森:《历史著作史》上卷第一分册,第128页。

② 这里要注意将“史学”与“史料”两个概念严格区分,神话、传说、文艺作品等等,都可以用作史料,但其本身不是史学。

交织一起，构成了中国古代史学纷繁多彩的景象。中国古代史学史的研究，应当以官方史学与私家史学互动关系为主导线索，从中发掘记史求真理念与撰史致用观念的矛盾运动，藉以深入评析史学活动和史学现象，形成严密的史学史知识体系。

笔者认为：纵观中国史学截止到1949年的发展历程，可划分为这样几个阶段：

1.先秦时期是史学的产生与初步发展阶段，史学从官方产生，虽然战国时期私修史籍呈现出后来居上的趋势，但未能动摇出自官方的史学理念。

2.秦汉时期至东汉末年是中国传统走向独立并快速成长的阶段。司马迁的《史记》不仅将私家修史水平推至前所未有的高峰，而且贯彻了“成一家之言”的个性宗旨，摈弃了先秦以来以史鉴戒、以史资治、以史教化的宗旨，走上了突出个性精神、实现自我人生价值的道路。但班彪、班固等私家修史者和东汉官方，都攻诋司马迁的思想，同时又汲取《史记》的历史编纂学成就，将史学理念拖回了先秦以来的发展方向。东汉官方纂修《东观汉记》，标志官方史学与私家史学两条相互联系的发展轨道的形成，荀悦的史学实践和史论，将符合官方利益的史学思想进一步系统化、理论化。所有这些，都奠定了中国传统史学的基础，此后中国古代的史学发展，大体是建立在两汉形成的史学基础之上的。

3.魏晋南北朝时期，是中国官方史学、私家史学都进行多方向探索、并且获得很大进展的阶段。少数民族政权的记史、修史活动对促成战乱时期的民族大融合，具有重要的历史意义。

4.隋唐五代以及两宋时期，中国传统史学达到成熟阶段，官方修史制度的组织化、制度化和修史活动的繁荣，私家史学名著的涌现，均属空前。但官方史学规范的扭曲和私家史学思想的僵化，在宋代也同时呈现，这是传统史学内在基本矛盾的体现。

5.元明两代,史学的发展得到调整和新的推进,官方修史在调整中优势低落,史学的普及性潮流逐渐发展,至明代中期之后形成兴盛局面。

6.清代史学表现为大清理、大总结的特色,这是传统文化整体性总结的组成部分。1840年的鸦片战争,造成巨大的社会动荡,传统史学虽然也产生一些新的变化,但整体上和实质上并未解构,仍然保持着旧有的基本格局。

7.20世纪初,中国史学开始了向近代转型的进程,西方史学理念的影响稳步加强,并且与传统史学观念冲突、磨合与互相渗透,史学发展呈现思想、理念、治史取向的多元化状态。

8.马克思主义史学的产生,乃是近代史学发展的新生面。马克思主义史学除了具备新颖、先进的历史观之外,又是在共产党领导下的革命运动中产生和发展的,具有高度组织化的运行特征。

这种分期方法,不仅考虑到各个时代史学发展的繁荣程度,而且融入了官方史学与私家史学互动、互补、此消彼长的状态,尽力表达了史学存在和发展的社会运行机制。撰史求真准则与史学致用观念的矛盾,主要在官方与私家史学之间以及官方史学之内频频显现。笔者所撰《中国史学史》[①]即尝试性地以这种结构作出论述。在大学教学中,给学术一个系统、深入的知识体系,比一般化地传布具体史实知识更为重要,因为知识体系不仅包含了具体的史实,还将其主干贯穿、总括,提供了一种驾驭和透析具体知识的思想方法。

① 中国人民大学出版社2011年出版。

三、中国史学史的个案研究与整体知识体系的建设

强调中国史学史知识体系的建树，决非轻视个案问题的研究，相反，对个案问题深入的、突破性的研究与知识体系的更新是密切相关的。知识体系的建立和更新，本来就是在个案研究积累的基础上实现的，这在上文已经论述，而新的认知系统也必然带动具体问题的重新研讨，二者在互动中向前发展。在中国史学史的研究和教学中，应当树立两个重要的学术理念：第一，史学史的学科性质是对以往历史学研究过程及其结论的重新审视，因此不能现成地、不加考核地沿袭、运用其他历史学专业得出的结论，必须以史学史学科的视野与方法重新考察；第二，在认识论上，史学史是对历史反思的反思，是认识层次高于一般历史研究的学科，所以，史学史研究不能不加评判地在不同论点中择取一种观点引伸、发挥，而要全面考析，作出高一层次的处理。甚至从史学史研究的高度反观前人的历史研究，得出更深入、更妥善的论断，以下通过几个具体实例予以解析。

1.《世本》《战国策》这两部史籍，无疑是研究中国先秦历史的重要史料，它们在先秦史学界研究历史的长期运用中，不假思索、习惯性地被认为是先秦史籍，而多数中国史学史的著述也就将之作为先秦史学的一项内容来叙述和分析，甚至称《世本》为中国先秦时期的一部通史。

其实，在《世本》的作者和成书年代问题上，不仅历代史家、文献学家记述歧异，而且近现代以来的学者也众说纷纭，有“左丘明

所书”[①]、“楚汉之际有好事者作”[②]、古史官记述[③]、刘向所撰[④]、战国末年赵人所作等多种说法。自清人张澍《辑〈世本〉序》提出“《王侯大夫谱》云：‘孝成王丹生悼襄王偃，偃生今王迁’，是作者犹值赵王迁时。”[⑤]近代学者陈梦家《〈世本〉考略》[⑥]一文亦有相同见解，于是《世本》成书于战国时期的说法占据了主导地位。

现存的先秦历史文献，无论是经传、诸子还是其他杂书，均不见有“世本”之称，作为书名，今所见最早的出处是《汉书》，《汉书·司马迁传》说：“司马迁据《左氏》《国语》，采《世本》《战国策》，述《楚汉春秋》，接其后事，讫于天汉。其言秦汉，详矣。”[⑦]关键的问题是：司马迁是否真的见到过《世本》其书，前辈学者对此早有考订，即司马迁对自己所知、所读、所用典籍皆有记述，而整部《史记》中决无提到《世本》之处，这已经为学界公认。司马迁自称曾阅读过“五帝德”帝系姓”“牒记”“历谱牒”“五帝系牒”“春秋历谱牒”等历史文献[⑧]，这些文献大多未见于班固《汉书·艺文志》的著录，但《汉书》却著录了司马迁从未提到的《世本》。这样就形成一个反差：班固说《史记》采用了《世本》，司马迁竟未曾提到，司马迁自称参阅的许多谱牒类文献，班固《汉书·艺文志》却没有著录，最可能的原因就是

① 颜之推：《颜氏家训》卷六《书证第十七》，载王利器《颜氏家训集解》，中华书局，1993 年，484 页。

② 马总：《意林》，文渊阁四库全书本，卷五，引南朝梁国杨泉（字德渊）撰《物理论》十六卷。

③ 司马贞《史记索隐》引西汉刘向之言称：“《世本》，古史官明于古事者之所记也，录黄帝已来帝王诸侯及卿大夫系、谥、名号，凡十五篇也。”

④《隋书》卷三三《经籍二·史部》，中华书局，1959 年，第 988 页。

⑤《世本八种》第五种，张澍稡集补注本卷首，上海商务印书馆，1957 年，第 1 页。

⑥ 陈梦家：《西周年代考》与《六国纪年》合印本，中华书局，2005 年，第 135—141 页。

⑦《汉书》卷六二《司马迁传·赞》，中华书局，1959 年，第 2737—2738 页。

⑧ 参见《史记》之《五帝本纪·太史公曰》《三代世表序》《十二诸侯表序》。

司马迁所见“谍记”之类的资料,已被人整理、编入《世本》一书,而进行过这项工作的只能是刘向。

西汉成帝河平二年(前26),刘向主持下的“校中秘书”,即校订宫廷内藏书的活动,是中国古代文化史上的大事。这次图书整理,不仅仅是文字上的校对与订正,而且包含着大量图书汇编、排纂命名及其中各篇命名的工作,即利用已有资料,纂辑了大量过去并不存在的书籍,《世本》乃其中的一种。这次整理图书,着眼点是便于保存,因而大加纂辑、编订,致使很多文献改变了原貌,这是文献学者需要注意的问题。

班固称“司马迁据《左传》《国语》,采《世本》《战国策》,述《楚汉春秋》”,这里对《左传》《国语》用“据”字,而《世本》与《战国策》同列于“采”的范围,则班固可能熟知《世本》与《战国策》具有多方面的相同性质。而《战国策》同样未见于司马迁《史记》,乃刘向等人将当时朝廷所存“或曰《国策》、或曰《国事》、或曰《短长》、或曰《事语》、或曰《长书》、或曰《修书》”[①]等众多零星文献修补校订,编辑一书,得33篇,命名为《战国策》。1973年长沙马王堆3号汉墓出土类似《战国策》内容的27篇文献,其中16篇不见于今《战国策》书内。此墓下葬时间早于刘向整理图书100多年,更证明了刘向之前没有《战国策》其书,而只有散存的游士说词、谋略等多种独立文献。《世本》的15篇,在先秦时期也应当是些散见的零星文献,不具备一书的性质。故刘向之前,司马迁只见到“牒记”“历谱牒”“五帝系牒”之类散存文献。因此,《世本》与《战国策》一样,都是西汉末年刘向编辑而成。

2.一般近现代历史著述认为:李大钊的《史学要论》奠定了中国马克思主义史学的理论基础,在中国近现代史学史的著述、论文

---

① 刘向:《战国策书录》,载缪文远《战国策新校注》卷首,巴蜀书社,1987年,第1页。

中皆如是解说。而一部史学理论著述是否能成为奠定一派新史学的理论基础之作,从史学史的角度考察,主要就看其是否得到了史界的广泛响应,其理论主张、治史思路是否被许多历史撰述所采纳。《史学要论》1924 年 5 月由商务印书馆出版之后,几年间响应者寥寥无几,特别是在共产党组织之内和倾向于马克思主义史学的著述中,并未引起注意。《史学要论》虽然推重马克思主义唯物史观的根本原理,认为“以经济为中心考察社会的变革的原故,因为经济关系能如自然科学发见因果律。这样子遂把历史学提到科学的地位”①,但是《史学要论》的主旨是要申述史学的理论问题,强调“于已有的记述历史以外,建立历史的一般理论。严正一点说,就是建立历史科学”②。值得注意的是:李大钊认为“严正的历史科学”,“实际上今尚未能完成其整齐的系统”,于是号召“真挚的史学者,幸共奋勉以肩负此责任!”③其用意乃是鼓励众多的史学家按照马克思主义原理深入研究历史,全书丝毫未谈及社会发展经过原始社会至共产主义社会的历史规律问题,丝毫未论述马克思主义史学的革命性问题。《史学要论》第六部分谈现代史学的功能,只论述了治史求真的态度可以造成凡事认真的习性、科学的态度、脚踏实地和乐天奋进的人生观,而没有讲到唯物史观具有指导社会革命的经世作用。全书对非马克思主义的史学理念也多有吸纳,具有开放和包容的特点。

与此对照,同年出版的蔡和森《社会进化史》(1924 年 8 月于上海民智书局出版),则依据恩格斯《家庭、私有制和国家的起源》,吸取和补充国外其他马克思主义者的著述,部分地结合了中国的

① 李大钊:《史学要论》,《李大钊史学论集》,河北人民出版社,1984 年,第 201 页。

② 同上书,第 208 页。

③ 同上书,第 208 页、213 页。

历史知识而撰成。其书按历史发展程序描述和明确提出已有过的“四期”社会，即顺次为原始共产时代、奴隶制时代、封建时代、近世资本主义时代[①]。最后从社会生产、经济危机、国际关系、阶级分析和阶级斗争等方面详细论述了资本主义制度的必然崩溃。马克思主义史学在此后的发展，主要是在蔡和森的《社会进化史》所显示出的理路上推进的。1925年张伯简编写了《社会进化简史》，被毛泽东领导的广州农民讲习所推荐为理论读物。周恩来担任黄埔军校政治部主任后，增设了“社会进化史”等课程，1927年出版的廖划平[②]之《社会进化史》一书，即为当时的教本，此书与张伯简之书均依据苏联学者波格丹诺夫《经济学简明教程》编撰，已经直接按照从原始社会到共产主义社会的各个阶段顺次论述。随后截至20世纪30年代，“社会进化”历程问题成为热门话题，如[苏]萨可夫斯基编、高希圣译的《社会进化之铁则》(1928年)，马哲民的《社会进化史》(1929年)，黄菩生的《社会进化史》(1930年)，王子云的《社会进化史》(1930年)，陆一远的《社会进化史大纲》(1930年)，[俄]库斯聂著，高素明译的《社会形式发展史大纲》(1930年)，邓初民的《社会进化史纲》(1931年)，刘莹的《人类社会发展史》(1932年)，臧进巧的《社会进化简史》(1932年)，李达的《社会进化史》(1936年)等，接踵出版，而且各书多曾再版。这些撰述皆以唯物史观的历史发展阶段论为内容，与关于社会史的大论战的著述相互辉映，蔚为壮观。

这里，蔡和森的撰述虽产生最早，但后来的撰述与宣传工作，

① 蔡和森:《社会进化史》，上海民智书局，1924年，第198—199页。

② 廖划平，原名廖维忠，曾在法国勤工俭学，接触共产主义思想，1921年回国加入共产党，历任黄埔军校政治教官、中共四川省常委、中共中央北方局军委书记等。1931年在北平被捕叛变，成为军统特务。

均从恩格斯的经典著作和国外(主要是苏联)著述的论点转述、发挥,并未给蔡著以显要地位,如郭沫若的《中国古代社会研究》的思路,是以社会发展规律和社会形态五阶段学说为依据,与蔡和森的《社会进化史》相符,而郭沫若自称“本书的性质可以说就是恩格斯的《家庭、私有制和国家的起源》的续篇”[①],不仅没有提到李大钊的《史学要论》,也没有将蔡和森的《社会进化史》纳入视野,而直接与马克思主义经典著述挂钩, 反映了共产党领导和影响下的史家的共同心路。因此,中国的马克思主义史学,乃是直接以经典著述及国外的相关著述为理论基础, 是在与实际革命活动相结合的进程中,按照社会发展五阶段学说的思路产生和发展的,而《史学要论》不在这个思路之内。当然,李大钊、蔡和森等人著述的重要价值仍须予以肯定,并给以实事求是的历史分析。

3.孔子是否修订过《春秋》一书,在中国古代,自汉朝之后几乎没有争议,大多对此予以承认,因为 “孔子成《春秋》而乱臣贼子惧”的论断出自儒学亚圣孟子之口,司马迁《史记》又列入历史的记载。但是到了近现代,顾颉刚、钱玄同、杨伯峻等学者皆否定孔子修《春秋》之说,理据相当坚定。最早称说孔子作《春秋》者,是据孔子卒后 100 多年的孟子,孟子不可信的言论颇多,有战国游学之士腾口空言的习气。他说孔子将《春秋》视为“知我、罪我”的最重要业绩,为何《论语》无一字提及《春秋》?在这里,“默证法”完全适用。因此,孔子是否修订《春秋》,是学术界尚未解决的问题,其他专业的学人偏取孔子修《春秋》之说,尚无大碍,而作为一种学术史的史学史学科,负有清理和评判历来学术研讨进程的任务,岂能对相关质疑视而不见?

---

① 郭沫若:《中国古代社会研究·自序》,人民出版社,1954 年,第 10 页。

孔子是否修订过《春秋》,考清这个史实自然是十分重要的。但这里还存在另一层面的史实,即在整个中国古代,孔子修《春秋》乃是久被认定的,这个史实对于史学史研究来说,重要性并不亚于孔子是否真的修过《春秋》。孔子与《春秋》联结在一起所造成的影响,在中国古代史学发展史上具有极其重大的意义。按照孟子的说法,孔子将修订《春秋》视为“知我”“罪我”的最重要的事业,是以一般平民身份而行“天子之事”。尊崇《春秋》,也就连带提高了史学的地位。孟子鼓吹“孔子成《春秋》而乱臣贼子惧”,以孔子为榜样,倡导积极用世的意识,提倡史家以撰史方式主动干预政治。正是在这种信念之下,建立了历代优秀史家的崇高社会责任感。

认定孔子修《春秋》,是在根本原则上认可私家修订国史,这是对私家史学最大程度的承认。历史上隋朝等朝代曾短暂地禁止私修国史,这仅限于当代史,但仍然难以真正施行。孔子这位至圣先师的“修史”行为,令历代君主找不到禁止私家史学的法理。于是私家撰史不断,史家无不推重孔子《春秋》,悬为楷模,历代取“春秋”二字为史著书名者不可胜计。据说孔子修《春秋》是对历史人物予以华衮斧钺之褒贬,圣人的榜样使后世史家具备这样的信念:不仅撰史,而且论史,不仅论史,而且联系时事。在绝大多数朝代,官方也只能承认或默认史家有撰史、论史的权力,这应当说是得自孔子与《春秋》联系起来的无形庇护。当然,《春秋》之义对于中国古代的史学,也有消极的影响,它规定了史学思想的主流方向,将史学纳入纲常伦理的藩篱而难以突破。

这样辨析孔子与《春秋》的关系,避免了纠缠不清的疑难,将立论置于可靠的根基之上,应是史学史研究特有的逻辑和智慧。

4.关于中国古代民族大融合,是最重要的历史问题之一。所谓民族融合,应当是指不同民族之间自然而然、自愿选择的社会生活、文化习俗的趋同过程。民族融合的结果,既可能是和谐相处、差异缩减，也可能最终归并为同一民族。随着历史的发展，各个民族不同的政治机制与经济方式积淀成较为巩固的模式之后，“文化”就越来越成为民族凝聚力的核心，文化认同是民族融合的主要因素。

在中国，汉代无疑是中国汉民族形成的关键时期，也是汉文化彰显出强大民族凝聚力的时期。但典型的主动的民族融合，是发生在魏晋南北朝时期。我们的通史著作和教科书，大多在魏晋南北朝这一段历史讲述了民族大融合，但对于民族大融合的原因却语焉不详、含混模糊。

既然主动、自愿的民族融合在于文化的认同，那么中国古代文化上的特点就不可忽视。梁启超说：“中国于各种学问中，惟史学为最发达；史学在世界各国中，惟中国为最发达。”[①]研究中国古代宏观的历史问题，如果忽略了“惟史学为最发达”这一特点，就难以取得比较深入和全面的认识。

西晋政权统一全国不久，晋惠帝时就出现宗室争战的“八王之乱”，北方少数民族军政集团乘机起事，战火蔓延，晋室南迁，北方形成多民族政权辗转建立、频繁替代的不稳定局面，史称“五胡十六国”时期。这些少数民族政权存续时间不一，但多数仿照东汉以来的汉族政权，进行了官方记史、修史活动。此为汉代之前周边民族政权从未出现的特点，也是世界民族史上独特的现象。少数民族政权向慕内地之史学机制，前提是对汉人的史书、史学有所了解，模仿汉族的官方修史，是与接受传统的历史观同步并行的。从西汉开始，传统史学就构筑了黄帝以下完备的帝王政权体系，形成了大一统史观和历史“正统论”。这个源远流长、朝代更迭、盛衰起伏、正

① 梁启超：《中国历史研究法》，上海古籍出版社，1987年，第10页。

统衔接的历史线条，具有很强的文化魅力，使许多少数民族政权将自己的祖辈连接到这个系统之内。例如匈奴赫连氏自称是大禹后裔，国号为“夏”，鲜卑拓拔氏自认为是黄帝的后裔，匈奴族的刘渊自认为是汉帝刘氏后代，国号亦称“汉”。其他政权称“燕”、称“魏”、称“秦”、称“赵”等，大多数都是历史上有过的国名。总之，历史观、史学意识的文化认同，祖先血脉的认同，构成古代持久的民族凝聚力，凸现为民族融合的先导因素。笔者在《中国传统史学对民族融合的作用》[①]一文中，对此有专门、详细 的论述，此处不再多赘。要之中国史学史的研究，具有促使一般历史研究深化的效能，从此事例可以得到证明。

5.1925 年，王国维在《古史新证》中高调提出“二重证据法”，即“吾辈生于今日，幸于纸上之材料外，更得地下之新材料……此二重证据法，惟在今日始得为之。虽古书之未得证明者，不能加以否定；而其已得证明者，不能不加以肯定，可断言也”[②]。他列出的“地下之新材料”，只是甲骨文和金文，实际都是文字资料。以新发现的文字资料结合已有的文献来研究历史，中国自古如此，何须标榜“二重证据法”？这其实是为了反对顾颉刚发动的“古史辨”运动，给信古派提供一件舆论武器。王国维解说“二重证据法”曰：“虽古书之未得证明者，不能加以否定”，就是信古的偏见，他还说：“《史记》所述商一代世系，以卜辞证之，虽不免小有舛驳而大致不误，可知《史记》所据之《世本》全是实录。而由殷周世系之确实，因之推想夏后氏世系之确实，此又当然之事也。”[③]这又是极其严重的、明显的逻辑错误，发现了《史记》所记殷商世系的某个旁证，就连带地断定

---

① 《学术研究》2010 年第 12 期。

② 王国维：《古史新证》，清华大学出版社，1994 年，第 2—3 页。

③ 王国维：《古史新证》第四章《商诸臣》，第 52—53 页。

"夏后氏世系之确实",根本不是严谨可信的治史态度,而断言"《史记》所据之《世本》全是实录",更为不沾边的武断。这种具有严重逻辑错误的"二重证据法",后来更被滥用,以致形成了一种将考古学的发现装入古籍记载框架的错误倾向,这在学术上产生了很大的负面作用,其一是充当了阻断"古史辨"史学革命途径的主要理念,其二是成为中国先秦史研究中许多谬误观点形成的枢纽。

王国维《殷卜辞中所见先公先王考》对殷商世系的考订,是"二重证据法"得以流行的重要依托,然而《殷卜辞中所见先公先王考》在历史考证上,充其量也只是证明《史记》记载的殷商世系,可能具有源自殷商后期的资料依据。而甲骨卜辞既然是殷商后期的史料,就不能保证其中对前期几百年间"先公""先王"叙述的真实性,许多甲骨学与先秦史专家都指出了王国维考证的局限性。例如著名甲骨学家丁山就指出:商汤之前的"那群祖宗都是神祇,不是人物",殷人也是将其作为神来祭祀的①。陈梦家则根据甲骨学的考释和先秦祭祀规则的发现,指出"王国维以为上甲至示癸为先公的说法,已不能成立。上甲以前属于神话传说的时代,也可以得到证明"②。这就是说,商汤之前的所谓"先公"的世系是不可信从的,王国维《殷卜辞中所见先公先王考》的论断有认识体系性的错误。美国加州大学洛杉矶分校教授周鸿翔,也批评王国维是将殷商祭祀神话传说中的祖先,不加分析地认定为商之"先公",指出:"静安之必欲强为之说者,以其时所见甲骨不多,未明卜辞神祇之伙杂。"③但是,许多先秦史专家无视上述甲骨学家的研讨,将王国维对殷商

① 丁山:《中国古代宗教与神话考》,上海龙门联合书局,1961年,第547—549页。按:丁山,著名先秦史家、甲骨学家,山东大学教授,1952年逝世。

② 陈梦家:《殷墟卜辞综述》,科学出版社,1956年,第336页。按:根据《史记·三代世表》与王国维之文,商汤的前一位君主即为示癸。

③ 周鸿翔:《商殷帝王本纪》,1958年香港自印本,第8页。

世系的考订夸大为定论，更借以鼓吹“二重证据法”，严重违背了实事求是的学术原则。

王国维“二重证据法”的不良影响，有积重难返之势，原因是这种右边摘录一点古文献、左面提取一点出土材料，放在一起略加搅拌，就成为一剂上古史研究的汤药，发文章、出“成果”十分方便。故被许多人视作不二法门，有难以割舍的眷恋。于是，一有考古发现，人各自取材、搭配有别，“汤药成果”便千滋百味，热闹非常，争论一番，却什么问题也不能解决。从本质上讲，“二重证据法”就是充满主观随意性或预设信古结论的反科学方法，对历史研究的伤害，只能用“罄竹难书”这个词语来形容。从史学史角度来考察，王国维“二重证据法”对史学发展的作用，是将旧的上古史体系与新史学的建设过早地衔接起来，在旧史学的糟粕未能充分清扫的条件下，这种传统史学过早地、以不适当的方式衔接于新史学，携带了大量庞杂成分、落后理念、虚假记述，降低了新史学发展的健康环境。这虽然不应完全由王国维承担责任，但追溯渊源，“二重证据法”及其滥用则起到了杠杆作用。这个杠杆拨动起上古史研究的嘈杂与兴旺，搅得沉渣泛起，值得认真清算和深入反思。

以上所述实例，虽属个案，而牵动的学术面积很大，都关乎中国史学史研究的知识体系的建构。同时，在具体个案上也提出了不可回避的问题，每个学者与教师，都没有继续传布错讹史事和谬误理念的权力，所以认真审视已有的历史观点，对某些历史结论做出引人注目的学术净化，将对历史学的健康发展起到积极的促进作用，这也是知识体系更新的重要组成部分之一。

（原载《廊坊师范学院学报》2012年第1期）

史学概论课程教学改革探讨

时培磊

史学概论是高校历史学专业本科生的一门专业基础必修课，是历史学专业其他课程的重要基础，主要教学目标是培养学生掌握基本的历史学理论和研究方法，为历史专业学生的学习和从事相关研究工作奠定基础。在多年的教学实践中，国内许多高校该课程的教师都进行了积极有益的教学探索，并形成了各自的课程特色①。笔者将结合自身主持的校级精品课程史学概论为例，探讨该课程的教学改革问题。

一、马克思主义唯物史观指导下的学生历史本体论思想培养

历史观是关于历史的根本观点和看法，历史观对历史认识和史学研究活动起着决定性的影响。因此，帮助学生培养和树立正确的历史观无疑是史学概论课程最重要的任务。随着中外学术交流的不断加强和开放程度的日益加深，各种各样的历史观也在影响着学生的头脑，如何提高他们的理论思维能力和辨别真理的能力是当务之急。史学概论课程就是要在历史本体论上，让马克思主义

---

① 目前已有史学概论国家级精品课 4 门，省级精品课 10 余门，自 20 世纪 80 年代以来已出版史学概论教材和专著 30 余册，近些年还发表了 10 余篇有关史学概论课程的教学改革探索文章。

唯物史观在比较中体现出其正确性，在鉴别中显示出其科学性，让学生在自我思考和研究中体会到唯物史观的先进性，从而自觉地接受它、运用它。

在教材的选用上，国内大部分高校普遍采用的是“国家马克思主义理论研究和建设工程课程组”（以下简称“马工程”）编写的《史学概论》，这是在马克思主义史学理论指导下的，由国内诸多知名史学专家集体编修完成的史学概论课程教材。此本《史学概论》是集体智慧的结晶，也是马克思主义史学中国化的理论成果。在内容编排上，“该书融中国史学与西方史学于一体，史学理论与史学史紧密结合，突出了历史观和方法论，重点阐述20世纪中国和西方历史学的发展情况，特别是马克思主义史学的发展，并以马克思主义历史观和方法论贯穿始终。”[①]在教材的使用上，也已经有一些高校教师在摸索新的使用方法，如有的老师就提出应该“从课堂讲授和课后作业相结合以巩固课堂讲授内容、将课本知识和经典范文相结合以形成直观见解、比较马克思主义和非马克思主义理论以见前者科学性等三个方面”[②]来科学使用《史学概论》教材。笔者在教学实践中感觉到，任何一部史学概论教材都不可能完美无缺，需要在教学中结合本校学生实际辩证的选用。“马工程”编写的《史学概论》是当前最重要的教材，也是教育部在各高校普遍推广的教材，应该重视对其的使用。在实践教学活动中，则可以吸收各种教材之长处，如果能形成适合本校学生使用的自编教材则最好，但其中必须要坚持马克思主义唯物史观的指导地位。

历史学的本体论在史学概论课程中居于核心的地位，有什么

① 张剑平：《评马克思主义理论研究和建设工程重点教材〈史学概论〉》，《史学理论研究》2010年第3期。

② 王传奇：《新版“史学概论”教学方法探析》，《兰州教育学院学报》2012年第5期。

样的本体论决定着有什么样的历史认识论和史学方法论。几乎所有的史学概论课程都会首先解决“什么是历史”这个史学理论的元问题，这也是历史本体论讲授中必须要解释清楚的问题。在教学活动中，主讲教师可以先不预设一个历史的概念或者解释，而是充分让学生参与讨论。主修该课程的学生大多在中学已经学过多年的历史，又在大一、大二系统学习了中国通史和世界通史，因此有了一定的知识基础可以来讨论“什么是历史”的问题。通过这种“头脑风暴”和参与式教学的方式，反而能够激发出学生的学习兴趣，在没有标准答案和预设理论的前提下，更容易发挥学生的想象力和创造力。学生结合自己学习历史学的经历，以及对知识的体悟和理解，往往能够总结出很多具有一定理论思考深度的回答。在经过充分的讨论和参与之后，主讲教师再结合史学理论的学科体系，来为学生系统分析“什么是历史”的传统命题，会让学生对知识的理解和对历史的认识能力得到进一步强化。在明晰了历史和历史学的联系与区别之后，对于学生后面学习历史认识论和史学方法论都奠定了良好的思维基础。

二、历史学理论与方法的学习迁移——学生的历史编纂实践和史学研究实践

史学概论课程是以理论为主的课程，但如果把它仅仅理解成只是传授历史学的理论那就大错特错了。理论学习的目的是为了指导实践，史学概论的目的也是为了更好地指导学生的历史学习和研究实践。为了培养具备综合素质的全面发展的史学人才，必须使学生兼备理论思维能力和实践动手能力。在课堂教学中，主要向学生讲授历史本体论、历史认识论和史学方法论的相关理论知识，而对这些理论与方法的学习迁移就需要学生的亲自动手实践来完

成。实践教学环节是史学概论课程教学中必不可少的一环。

在理论学习过程中，教师应该主动引导学生的实践意识，将理论的价值转移到实践的运用中去。比如在“马工程”《史学概论》教材中的第二章《唯物史观与历史研究》，这部分内容的学习就要考虑学生的实践需求。一般学生都知道历史研究应该以唯物史观为指导，但对于什么是唯物史观、唯物史观为什么是科学的、史学研究中如何运用唯物史观等问题，学生都还是比较茫然的。因此，首先需要任课教师讲清楚唯物史观的创立背景和过程、唯物史观的基本原理、唯物史观的科学性等问题，并要使学生明白“唯物史观具有强大的生命力，它是一个开放的理论系统，具有与时俱进、自我完善、自我发展的品格”[①]。在此基础上，结合具体的历史研究实践，如中国古代社会性质的分析、中外历史进程及发展规律的比较等重大问题，让学生认识到唯物史观在历史研究中的科学价值和强大理论分析能力。

在学生的实践动手能力培养方面，可以结合“马工程”《史学概论》教材中的第七章《历史编撰》内容，在学生掌握“历史编撰的史料基础”“历史编撰的旨趣和形式”“历史编撰中的叙事和议论”等基本理论的基础上，就可以尝试进行历史编纂的实践活动了。当然刚开始不可能让学生去编写大部头的历史，可以从基本的史学研究训练开始，拟定一个题目，然后学习查找相关的史料，进而遵循一定的编纂规范，形成初步的研究。这也是为本科生在大四完成毕业论文的撰写做前期的准备和铺垫。

在历史书写方面，可以围绕在史学方法论模块中所讲授的影像史学、口述史学等内容来开展学生的史学实践活动。比如今年正

---

①《史学概论》编写组：《史学概论》，高等教育出版社，2009年，第27页。

值中国人民抗日战争暨世界反法西斯胜利70周年,可以指导学生围绕抗战题材的影像资料进行史学实践。有的学生会围绕一位抗战英雄的影像资料编辑一部专题介绍小短片，并且自己动手撰写文字介绍资料,然后通过小组合作的形式,用影音和文字相结合方式来制作完成一部简单的影像史学作品。有的学生会利用口述调查的方式,采访当地参加过抗战的老兵,利用录音或摄像的方式保存口述资料,然后整理成文字资料,形成口述史的资料。通过这种影像或口述的史学实践活动,增强学生的动手能力,并能充分发挥自身的历史专业知识背景,尝试撰写史学题材文字作品,并学会了编辑制作视频资料,提高了学生的综合素质和能力。

课程考核方式对于学生的学习有着重要的导向作用，为了重视和强调学生的动手实践能力，可以对史学概论考核方式进行适当的改革。作为历史专业基础课,一般要求平时成绩和期末成绩的比例各占20%和80%,因此有的可能学生往往只重视期末考试的理论成绩而寄希望于最后的复习，对于平时的史学实践作业觉得无足轻重。针对这种情况,有必要调整课程成绩的比重,将平时成绩提高到30%或40%。在期末考试试卷的出题中也可以体现出对学生实践能力的考察，比如可以出题让学生自己设计一个影像史学或者口述史学作品的实践计划，或者设计一个毕业论文的研究方案，一般根据学生的答卷就能够看出其是否具有了一定的史学实践能力。

总之，如何在新的教学形式和学习条件下不断完善史学概论课程的教学是需要逐步探索下去的。特别是在“慕课革命”到来的时代，如何让传统的基础学科和理论学科课程具有吸引力和长久生命力,需要结合新的技术手段和日益发展的教学理论,来深入推进教学改革。

（原载《亚太教育》2015年第24期）

当代视野下的中国史学史教学改革

时培磊

自20世纪初朱希祖在北京大学开设史学史的课程以后，历经近百年的风雨历程，中国史学史已经成为高校历史系普遍开设的基础课程。百年间，中国史学史的学科建设和课程体系都取得了很大进步，但是面临新世纪人才培养的形势要求，必须在当代视野下进行教学改革。《国家中长期教育改革和发展规划纲要(2010—2020年)》已经明确提出要坚持以人为本，推进素质教育，其核心内容就是要培养全面发展适应社会的人。因此，中国史学史的教学任务就是要培养适应社会发展的史学人才，塑造学生的人文精神和现实关怀。

一、史学的时代感与课程的当代视野

意大利史学家克罗齐讲过"一切历史都是当代史"，其大意是强调史学家应该从现实出发，用具有时代精神的思维去理解过去的文献。传统意义上的中国史学史教学主要注重古代部分，而对近现代的内容基本忽略或者让学生自学。但从史学的时代感和人文精神属性来讲，恰恰是当代史学的内容与学生的现实最为接近，也最利于培养学生的价值理性。

中国传统史学中蕴含着丰富的人文精神，瞿林东先生认为："中国史学中的人本思想传统、'思齐'与'内省'的人生修养的传统、关心国家命运的忧患意识传统、史学审美传统等，都反映出极其鲜明的人文精神。其特点是历史感与时代感的结合,是在现实的关注时,从不脱离对过去的思考和对将来的憧憬。它反映在人对自身价值的认识上,它更反映在人对社会责任的认识上。”[①]史学的这种人文精神是和国家和民族的命运结合在一起的,这在近现代史学中体现得更为明显。比如在抗日战争时期,著名史学家陈垣坚决不与日伪合作,并写成《通鉴胡注表微》,通篇闪耀着爱国主义的光辉,激励着国人保家卫国的精神。马克思主义史家郭沫若指出,即使是“风雨如晦”之际,也正是“鸡鸣不已”之时,要将“良史之忧”转化成自强不息和奋发进取的精神。近代大批优秀史学家的忧患精神,激发出社会各阶层救亡图强的爱国主义思潮,并成为推动近代社会进步的精神动力。在中国史学史的课堂教学中,加大这部分内容的比重,不仅可以使学生加深对史学发展和社会进步关系的认识,而且能够培养学生的爱国主义精神。这也是对学生情感教育的重要组成部分。

中国史学史的课程中还应该注重对当代史学和社会的关注。人们常说,读史可以使人增加智慧。传统的观点认为,社会的各个阶层都可以在读史中,“上明三王之道,下辨人事之经纪,别嫌疑,明是非,定犹豫,善善恶恶,贤贤贱不肖。”[②]即是说,读史可以提高人们明辨是非善恶的能力,从而增长人生智慧。但是在世俗化浪潮席卷全球的今天,学生面对着社会多元化的趋势,也急切地想表达自己对历史和现实问题的看法。教师可借此机会进行顺势引导,使学生在历史中感受现实,从社会中理解过去。比如在20世纪80年代出现过“史学危机”的思潮,可以从其后中国史学发展的过程和转型来引发学生进行思考。并使学生认识近代史学的社会运行机

① 瞿林东:《中国史学的理论遗产》,北京师范大学出版社,2005年,第109页。

②《汉书》,中华书局,1962年,第2717页。

制相比于古代所发生的巨大转变，从而更好地理解史学发展的趋势和规律。在这个过程中，可以激发学生的担当意识。特别是对近现代中国史学落后于西方的现实，以傅斯年在《历史语言研究所工作之旨趣》中“我们要科学的东方学之正统在中国”的豪迈宣言来激励学生。在当代史学中，唯物史观正面临新的考验和挑战，可以通过近代史学家的民族责任感来启发学生，为建立具有中国作风和中国气派的历史学播撒理想的种子。这是中国史学史教学中义不容辞的责任。

二、研究性学习与个性化培养

从培养目标的角度讲，大学教育的任务具有双重性，“既要教书，培养学生的专业知识；又要育人，培养具有创新精神和综合素质的创新人才。”[①]中国史学史的教学任务同样包括两方面，一方面要教授基本的史学史知识，另一方面还要提高学生的研究性思维和创新能力。

研究性学习是培养学生问题意识和锻炼思维能力的重要途径。对当代史学冲击最大的无疑是后现代主义，这种在西方兴起的以反传统哲学为特征的社会思潮和文化思潮，主要表现为反理性主张、反传统思维和对现代性的否定等。在中国史学史的教学活动中，可以引介后现代主义史学的论著来启发学生进行研究。比如在讲述唐代史学时，可以介绍美国加州大学教授迈克尔·罗杰斯《苻坚载记：正史的一个案例》的观点。罗杰斯运用后现代的视角和方法，对《晋书·苻坚载记》的史料、论史方法和史家的动机，以及苻坚

① 任宗哲、任保平：《专业教育与人文教育融合　推进创新人才培养》，《中国高等教育》2009年15/16期。

等人物原型和淝水之战的塑造等问题进行了系统的解构，从而怀疑中国历史上著名的淝水之战只不过是《晋书》编纂者的杜撰。后现代主义史学对中国正史的颠覆性解构，会引发学生极大的兴趣。这时教师可以趁热打铁，指导学生阅读《晋书》中的相关篇章。同时提倡学生在读书的过程中提出问题，再带着问题去阅读其他参考文献，比如《史通》《贞观政要》《隋书》中的相关篇章，再涉猎雷家骥《中古史学观念史》、谢保成《隋唐五代史学》、王晴佳《后现代与历史学》等论述。根据学生读书的情况，教师可以适时组织课堂讨论，让学生发表自己的看法。通过这样的教学案例，不仅使学生掌握了中国古代官修正史的基本问题，而且了解后现代主义史学的理论和方法，做到贯通古今、兼通中西。在教学方法上，提倡学生进行研究性学习，并且培养他们的问题意识。这也就自然提高学生的综合素质和个性的发展。

因材施教是中国传统的教学方式之一，中国史学史的教学在当代视野之下也要注重培养学生个性的发展。这是坚持以人为本的教育理念，全面实施素质教育的体现。在教学活动中，可以根据学生的不同特点，注重学思结合，综合运用启发式、探究式、讨论式和参与式的方法，激发学生的好奇心，培养学生独立思考和自由探索的兴趣。比如在讲述中国近现代史学时，可以结合胡适、钱穆、陈寅恪、顾颉刚等史学大家的治学历程对学生进行启发，只有坚持独立思考和“但开风气”才能造就出近代的学术大师。特别是陈寅恪，他不仅知识渊博、识见坚毅，而且强烈主张学术的“独立之精神、自由之思想”，并且彻底坚持了这种理念。这也是他能够写出《隋唐制度渊源略论稿》《唐代政治史述论稿》《元白诗笺证稿》等高水平的论著，并且在近代史学界位居显要地位的重要原因。学生在近现代史学大师治学理念的熏陶渐染之下，自然会对中国史学史的学习产生浓厚的兴趣，当然也更能激发他们发扬个性，注重自身素质提高的动力。

三、参与式教学与学习兴趣的激发

当代视野下的中国史学史教学改革更加突出强调学生的主体地位，目的在于使学生能够顺应当代史学的发展趋势，成为全面发展的优秀史学人才和社会人。因此，在中国史学史的课堂上可以大胆采用参与式的教学方式，激发学生的学习兴趣，转变师生共同的学习观念，让学生参与到教学实践和教学设计中来。

在传统的教学模式中，存在过于强调教学的知识传递功能的误区。最新的教育理论研究成果认为，在语用学的全新视域中知识是开放和不断更新的，而非绝对正确和不容置疑的，在这种知识观基础上形成的教学观认为，教学活动是教育主体间以语言为媒介的、以对话和理解为特征的交往活动[①]。所以在教学实践中，应该更加注重学生的参与角色，探索师生互动成长的新空间。在中国史学史的教学改革中，可以尝试采用进行部分内容的参与式教学模式，化解知识化教学所造成的困境，同时也能够深化对教学本质的认识。比如在讲述近代国学大师王国维的史学思想之前，可以将全班学生分成若干个小组，分别围绕“王国维的治学分期及学术转向”“王国维的学术成就”“二重证据法”“王国维之死”等四个问题提前进行准备。由授课教师指导如何查找相关的参考资料，然后让各小组学生围绕本小组选定的题目进行全方位的准备。在课堂讲授时，可以安排每小组选派一名代表上台在规定时间内演示本组的研究过程和结论，发挥团队的协作优势，让每个人都参与到课堂教学的

---

① 杨桂华、刘娜：《语用视域中的知识观与教学观》，《徐州工程学院学报》(社会科学版)2012 年第 1 期。

过程中来。在小组演示完毕后,教师可以组织课堂讨论,并进行适当的点评。通过这样的参与式教学活动,能够充分激发学生主动学习的兴趣。

总之，在当代视野关照下中国史学史教学不仅仅是教会学生与史学史有关的基础知识，更多的是要带给学生一种人文精神的熏陶,一种文化底蕴的积淀,一种独立人格的养成。中国史学史也不是工具性质的课程,而是具有当代人文关怀的价值理性课程,也是人文素质的综合提高课程。当代视野下的中国史学史教学着眼于点燃学生心智的火焰,培养有思想灵魂的心智型史学人才。时代在飞速发展,社会政治、经济和文化的内容也在日新月异的变化,中国史学史的教学改革也会与时俱进，不断适应当代素质教育发展的步伐。

（原载《黑龙江教育(高教研究与评估)》2012 年第 7 期）

疏通知远　乐知好学

——中国史学史教学改革新探

时培磊

随着教学改革的不断深入，历史学专业也在为培养高素质的学生进行积极探索。中国史学史是高校历史系普遍开设的基础课，必须顺应教学改革的大潮，为塑造综合能力突出的学生而寻求突破。中国史学史的教学任务主要是让学生学会清理我国自古以来丰富的史学遗产,进而阐明史学发展的演进过程,从而理解史学发展的规律。在教学活动中,知识的普及是基础,能力的培养是关键。因此,除了继续丰富历史观、史学思想、历史编纂学、史学活动、史学评论等内容的讲授之外，还应该在提高学生的能力方面进行教学改革上的探索。

一、诱之导之 启迪心智

启发式教学是教育领域中普遍采用的一种方法。在中国史学史的教学中，主要就是启发学生如何解读史料，进而学会分析问题,尝试进行研究性学习。比如在讲授刘知幾和《史通》的问题时,可以让学生自己来分析《史通》中“内篇”与“外篇”的关系。教师可用幻灯片放映与此问题相关的三段史料：

1.自古帝王编述文籍,外篇言之备矣。(内篇《六家》)

2.陈寿评云“蜀不置史官”者,得非厚诬诸葛乎？别有《曲

笔》篇言之详矣。(外篇《史官建置》)

3.夫史之烦文,已于《叙事》篇言之详矣。(外篇《点烦》)

因为《曲笔》与《叙事》都属内篇,所以就出现了内、外篇互为后先问题的矛盾。此时可让学生据此进行讨论,并发表各自的观点。学生的回答一般都把焦点放在“备”和“详”等个别字词的差异上,或者是所言问题的轻重方面。教师可以启发学生从外篇提到内篇时皆实指其中篇名，而内篇提到外篇只是泛指这一区别来进行思考。在教师的引导下,学生基本可以推论出“外篇言之备矣”的说法只是以虚为实,撰写《六家》篇时外篇并无成文,只是一种大略的规划。教师再从内、外篇中体现刘知幾思想转变的因素,进一步从逻辑上肯定外篇撰于内篇之后的结论。在这个教学案例中,教师提出问题是起点,学生进行讨论和思考是过渡,教师的启发和引导则是关键。通过这种启发式的教学,学生可以体会到通过分析史料解决问题的快乐,从而对研究性学习产生浓厚的兴趣。

二、站在高端 把握前沿

创新是学术发展的不竭动力，及时了解最新的学术动态是教学活动与时俱进的体现。在中国史学史的教学中,教师应该培养学生紧跟学术前沿的嗅觉。在讲述具体史学问题时,教师可把相关的专著和论文介绍给学生,让他们了解到最新的学术观点。同时,还可以指导学生课下去阅读《史学史研究》《历史研究》《中国史研究》和《近代史研究》等相关的专业期刊。一般在这些国家级核心期刊上登载的都是质量较高的论文，而且代表了当今学术研究的前沿水平。对于本科生来讲,可能这些文章他们不一定能够完全掌握,但是通过这种广泛的涉猎,可以开拓他们的视野,并且可以培养学生养成把握学术前沿的良好习惯。

把握学术前沿也是对教师提出的一种高标准要求，只有不断关注学术的最新进展，才能随时更新教案的内容。随着中国史学史研究的深入，某些学术观点随时都有可能被最新的研究所推翻。特别是有些已经证明原本是错误的观点，教师在讲授中更应该注意，避免以讹传讹的发生，保证将实践研究中得出的正确观点教给学生。比如在先秦史学中，传统的观点和几乎所有的教材中都将《世本》定为先秦时期的史籍。但实际上，在西汉刘向之前，包括司马迁和《史记》在内的任何人、任何书籍中都没有提到过“世本”。根据最新的研究显示，《世本》应该是西汉季年刘向汇编战国时诸多零散文献而成书，先秦时期并无此书存在[①]。就其在史学史上的性质和价值来讲，零散的资料与汇编为一书有着巨大的差异，对此问题不容混淆。对于《世本》的问题，可以将其放在先秦史学的“附论”中进行讲解。这样既不至于使学生继续接受以往错误的结论，又能引导学生正确的对待史学史中的问题。通过这种教学活动，能够引导学生增加对把握学术前沿的兴趣，培养其站在学术制高点的能力。

三、平等交流 多元互动

教学相长是教育领域中一个历久弥新的话题。《礼记》中曾言：“学然后知不足，教然后知困。”在教学活动中，学生可以学到新的知识，教师也可以继续充实和提高。如果在课堂上能够加强师生之间的互动，那么教学相长的效果会更加明显。中国史学史中有很多的问题都是开放式的，值得进行深入探讨和研究。这些问题都可以在课堂上进行讨论，发挥学生学习的积极性。例如在讲授章学诚

① 乔治忠：《〈世本〉成书年代问题考论》，《史学集刊》2010年第5期。

“史德”论的内容时,可以引入与刘知幾“史才三长”论的比较问题。史学界一直存在着关于刘知幾的“史识”中是否包含“史德”内容的争论,两派学者各持己见,莫衷一是。对于这样的问题,教师可以发表个人的观点和论据,学生也可以谈自己的看法和理由。虽然师生之间不可能达成完全一致的意见,但是这种课堂上的互动和讨论,可以帮助学生更好地理解刘知幾和章学诚的史学思想。而且对于尚无结论的问题,形成“学术面前人人平等”的观念,可以极大地激发学生探求真理的欲望。

除了有所准备的互动问题之外,还可以在教学中适当增加机动问题的内容。比如在每节课或者每个章节临近结束的时候,可以适当留出三五分钟的时间,作为师生互动讨论的模块。教师鼓励学生可以就这个环节中涉及到的内容进行自由提问,对于这些临时的问题,教师和其他同学都可以回答。根据记忆的规律和教育的特点,这种互动往往能使学生更加深刻地记忆和理解课堂上所学习的知识。

进行师生互动时,学生是互动的主体,教师则是互动的主导。所以教师应该在这个过程中,学会积极引导和把握大局。如果在这个过程中,教师可以将自己的研究心得加入互动环节,那么会取得更加良好的教学效果。例如在讲授元代史学时,笔者即将自己所发表的论文印发给学生传阅。对于其中所涉及的元代官方史学继承蒙古史学的方面、元朝起居注和实录纂修中出现的变化,以及从整体上所形成的蒙元两重体制的相关问题,进行系统的介绍。由于台上的讲师就是论文的作者,所以学生可以直接进行面对面的交流。在教学实践过程中,学生提问非常踊跃,就某些观点进行了热烈的讨论。这个教学案例体现出,教师是互动中的主角,而教师的研究心得能够拉近学生与学术之间的距离。通过这种互动式的教学,可以将教师、学生、知识三者连为一体,结合成一个学习共同体。

四、引介经典 讲读结合

中国史学史与历史系其他课程相比有其特殊性，所教授内容涉及的背景材料对学生来讲较为陌生。一般通史课上的内容，学生凭借以前的知识积累基本能很快理解。但是学生对于中国史学史中所涉及的史家和史著并不熟悉，或者有些史书根本就没有读过。例如，笔者曾经在课堂上做过一项调查，不知道王世贞或者没有读过其著作的学生比例高达90%以上。王世贞是明代最重要的史学家，他的史学评论在中国史学史上极具影响力。而学生几乎对他没有什么了解，那么教师再按照教材上的内容照本宣科地讲述王世贞的史学思想就会毫无效果，学生根本不可能理解。为了解决这个问题，就必须将对经典史著的导读引入课堂。学生只有通过解读基本史料，才能够理解史学史中的史学思想、历史观、史学评论等内容，而非只知其然不知其所以然。例如在讲授王世贞之史学时，可以选取其《弇山堂别集·史乘考误》中的有关篇章进行导读。学生通过阅读王世贞的论述，便可以很容易的理解其关于国史、野史、家史的相关史学批评理论。再如在讲解司马迁之史学时，可以选取《太史公自序》进行导读，帮助学生理解司马迁编撰的《史记》中所蕴含的重要思想。当然，这里必须明确的是经典导读不同于历史要籍介绍与选读。中国史学史与历史文献学在某些方面有相通和交叉的地方，但是根本任务和课程性质是完全不一样的。我们这里谈的经典导读是帮助学生从史料解读中理解史学思想等内容，不同于文献课上的史料翻译。文献课程中的文字训诂和史料解读是基础，中国史学史课程中的经典导读是进一步的提高和升华。在中国史学史的教学中，可以将《史记》《史通》《文史通义》《资治通鉴》《通典》《文献通考》《廿二史札记》等经典史著中的重要篇章引导学生进行研读。这样做不但不会挤占课堂时间，反而会提高学生理解课程内容的能力，大大缩短相关重点和难点的课堂用时量，并能取得良好的教学效果。

经典导读的另外一项工作是把经典论著引入课堂。在中国史学史的教学过程中，必然要介绍有关的学术观点，这时可以将对该领域经典论述的导读引入课堂。一方面可以使学生深入了解此类观点的来源，另一方面也可以使学生初步学习和模拟经典论著是如何写成的。中国史学史学科发展至今日，重要的研究成果可谓汗牛充栋，因此在课堂上要进行抉择去取。讲授每个时期的史学时，可以着重选择一两本最有代表性的论著进行导读，另外再辅之以介绍重要的论文。在教学实践中，笔者将《大学历史学论文读本系列·史学史读本》[①]和《中国史学史经典精读》[②]引入课堂。在讲授有关问题的内容前，让学生课下先阅读相关的论文，然后在课堂上将此问题的讲授与该论文的导读结合起来进行。比如在讲授魏晋南北朝时期的史学之前，先让学生阅读其中的《裴松之与〈三国志注〉》和《魏收之史学》两篇文章。然后在课堂上讲到此时期史注问题时，就可以以《三国志注》为重点，介绍论文中所归纳的裴注的八项内容以及其史学价值和贡献。所以学生很容易就能理解《三国志注》是史注充分发展到具有时代标志性的撰述的问题。同样在讲授魏收的《魏书》时，也可以引导学生阅读论文中所谈魏收撰史的得与失，以及《魏书》的价值与不足等问题，帮助学生理解关于魏收及《魏书》的评价问题。总之，将经典导读引入课堂的目的就是做到“既授之以鱼，又授之以渔”。

从中国史学史的课程性质来讲，它是历史系的基础课，是为进

---

① 张越：《史学史读本》，北京大学出版社，2006 年。

② 乔治忠：《中国史学史经典精读》，高等教育出版社，2014 年。

一步的学习和研究奠定根基,所以基本任务是完成知识的普及,并着眼于能力的提高,启迪学生的史学心智。因此,在坚持讲授“中国史学史”基本内容的同时,加强介绍学术前沿与教师个人研究心得的结合,加强经典导读与学生自我探究的结合,促成师生学习共同体的建立。并且逐步营造出疏通知远的课堂气氛和乐知好学的学习氛围。当然,这只是对中国史学史教学改革的一些初步探索。随着时代的发展和社会的进步,史学人才的培养要与时俱进,整个历史学教学改革的探索也会继续深入下去。

从经济史传透视司马迁的政治观

——关于《史记·平准书》教学的一点看法

金久红

《平准书》是《史记》中记载汉初至武帝时期的一部财政制度专史，展示了经济对于社会演变和社会风气变化的基础性作用，反映了司马迁史学思想的进步性，所以常被各种版本的文选教材列为选读篇目。但也正因如此，很多人在文本理解上便往往只侧重于司马迁的经济史观，而忽视了太史公在《平准书》中历记汉代数十年财政制度重大变迁的同时，也从经济出发又超乎经济之上，用春秋笔法在寓论断于序事中抒发了自己的爱憎，在史文的参错互见中，表达了自己的政治主张，在天人关系、治国方针、法制建设以及民族关系等重大问题上都表达了自己卓越的历史识见。

太史公著书，旨在"究天人之际，通古今之变，成一家之言"①，所以通篇都或隐或显地贯穿着"原始察终，见盛观衰"②的史家责任感，而这一点在《平准书》中可以说体现得尤其突出。只不过由于事涉当代，太史公于是非褒贬之间往往不得不隐约其辞，"此等处需痛自理会，方能识得真景。"③所以，教师在进行文选讲解的时候，不能只满足于对文本表面的理解，还要着力引导学生体会其言外之

① 语见司马迁《报任安书》，载班固撰《汉书补注》卷六十二《司马迁传》，王先谦注，中华书局，1983年。

② 《史记》卷一三〇《太史公自序》，中华书局，1982年。

③ 茅坤：《史记钞》，明泰昌元年西吴闵氏刻本，第5页。

意，通过与《史记》其他篇目的对读及其对史家思想的深度揣摩，深刻体悟史家高超的笔法及其卓越的历史识见。毕竟，历史文选课所面对的是历史专业的大学生，他们已经有属于自己的知识经验和历史视野，具有自己独立的价值判断。他们已不满足于仅仅被动地获取一些基本的历史知识，渴望通过研究性学习主动地“考察特定历史情境中的人物，体验他们的思想和感受，在此基础上形成对历史的理解、思辨和解释，在解决问题的同时发展探究精神”[①]。当然，太史公笔法高妙，“有言所及而意亦及者，有言所不及而意已及者；有正言之而意实反者，有反言之而意正者；又有言在此而意则起于彼，言方尽而意仍缠绵无穷者。”[②]要窥得个中真意需要参考大量的文献，也需要付出相当的精力，这一点，主讲教师和学生都要有充分的心理准备。笔者基于多年的研究和文选教学心得，认为从这一文本出发，除了可以探讨司马迁的经济史观，至少还可以从以下几个方面引导学生进一步认识太史公的政治史观。

一、在天人关系问题上，主张封禅但反对神仙方术

由于长期以来人们对传统文化的误解，提起“天人关系”，很多学生马上联想到的往往是狭隘的天地神灵乃至封建迷信。实际上，“天人关系”是中国传统文化中的一个核心问题，同时也是一种最为大众化的哲学理念。而太史公所在的西汉时期，非常盛行天人感应的神学思想，它不仅在哲学层面受到普遍的关注和追捧，而且已上升到事关王权合法性的政治高度。作为一位卓越的历史学家，司马迁虽然在《史记》的诸多篇章中都体现出了充分重人事的倾向，

① 周晓光主编：《历史教学论》，安徽人民出版社，2007 年，第 165 页。

② 程余庆：《史记集说·序》，上海交通图书馆，1918 年。

但是当时身为史官,"'察钱祥候星气'本属分内之事。职业的关系,加上所处的时代氛围,司马迁自然难以摆脱天人感应思想对他的影响。"[①]但是,他所理解的天人感应与鬼神迷信之事又是有着很大区别的。这一点从《平准书》和《封禅书》的对读互见中便可见一斑。

《平准书》记载了武帝得宝鼎、议封禅的一些情况:"既得宝鼎,立后土、太一祠,公卿议封禅事,而天下郡国皆豫治道桥,缮故宫,及当驰道县,县治官储,设供具,而望以待幸。"文字不多,将地方官员揣摩圣意、预先筹备的一片繁忙景象几语带过,而封禅的主角汉武帝甚至几未"出场"。而且,司马迁还就此驻笔,至于臣下为什么会有如此猜想,为什么巨细靡遗地认真准备,汉武帝在这件事情上又究竟持什么态度,竟不再交待,只留无限玄想。这一小节在《平准书》中可谓突兀之笔,却留不尽之神,令人远想其味外之味。教师可以利用这一悬念,引导学生深入探查。而若想明晓其中之味,就一定要对读《史记》中的《封禅书》。在《封禅书》中,那个自谓盛世之君,好大喜功的汉武帝,对此事是如何的热衷,又是如何将这种国家的重大政治活动逐步演变为信神仙、招方士、追求长生不老的一幕幕历史闹剧,太史公都进行了着意描画,可谓是浓墨重彩。两个文本对读之间,学生便不难体察史家自身在这一问题上的主张。

首先,司马迁并不反对盛世封禅。

在《封禅书》开篇便有:"自古受命帝王,曷尝不封禅?盖有无其应而用事者矣,未有睹符瑞见而不臻乎泰山者也。"言下,对盛世封禅本身是持肯定态度的。而且,就是在武帝封禅这件事情上,其父司马谈由于没能随从封禅,"留滞周南,不得与从事"[②],才忧愤郁结而

---

① 汪高鑫、廖燕娜:《再论司马迁的天人观》,《唐都学刊》(社会科学学报)2006年第2期。

② 《史记》卷一三〇《太史公自序》。

死。司马氏世司史职，典天官事，随侍并记载封禅，本身就属于太史公的一项重要职守。而在司马迁看来，封禅同时也是王朝盛世的一项重要的政治活动。“三年不为礼，礼必废；三年不为乐，乐必坏。”[①]所以，既然封禅大典是礼乐制度的一个重要组成部分，就应该“每世之隆，则封禅答焉”[②]。但什么时候适宜封禅，封禅是不是应该如此频繁又如此铺张，汉武帝究竟想通过这类的活动追求什么，就又颇值得玩味了。而且，郡国百官在封禅与否尚处于廷议阶段时，便提前张罗道桥、行宫及具体供具，作为当朝皇帝，为什么会令臣下作如此揣测，有如此做法，怕是需要反躬自问。司马迁在《平准书》中先是交代汉武帝在国库空虚、多地被灾的情形下巡视郡国，“东度河，河东守不意行至，不辨，自杀。行西踰陇，陇西守以行往卒，天子从官不得食，陇西守自杀”[③]，接着便讲这得宝鼎、议封禅。其间，虽对武帝的做法未加一言评点，但这种叙事顺序的处理，实已胜过万语千言。而地方官员们“望以待幸”，一副翘首以盼的嘴脸，只怕也是阿承上意、邀功买好的成分多些，而不是完全出于对国家重大礼制活动的政治责任感。

其次，司马迁坚决反对神仙方术。

在封禅的问题上，“司马迁一方面宣扬了天人感应思想，一方面却非常重视将封禅与政治治理紧密结合起来。”[④]太史公认为，封禅也是有条件的，受命之君封禅一定要先见祥瑞，而祥瑞的出现则要靠帝王的修德建功，是以，封禅本身有着很强的政治意义和政治要求。太史公虽然不反对封禅，但却反对帝王不理政治而专事鬼神

---

①② 《史记》卷二八《封禅书》。

③ 《史记》卷三〇《平准书》。

④ 汪高鑫、廖燕娜：《再论司马迁的天人观》，《唐都学刊》（社会科学学报）2006 年第 2 期。

的做法。所以他在《天官书》中就曾明确提出："国君强大，有德者昌；弱小，饰诈者亡。太上修德，其次修政，其次修救，其次修禳，正下无之。"而汉武帝迷信神仙方术、追求长生不老的荒唐行为，就恰恰脱离了封禅应有的政治含义，背离了修德、修政的根本。那么，结果又是如何呢？"其效可睹矣。"[①]太史公这貌似平实的一句结语，讽刺得却是如此辛辣！

太史公之书法，义旨深远，寄兴悠长，"微而显，绝而续，正而变，文见于此而义起于彼，有若鱼龙之变化"[②]，常以互文见义的手法，将褒贬溢于言外，于文外才见事实真相。《平准书》中的寥寥数语就与《封禅书》的铺述详陈前后互见，相互映发。指导学生对读，便可以使学生很自然地认识到：太史公以自己随君封禅的亲身见闻无情地揭露了武帝妄图长生的不切实际的幻想，这实际上就是对武帝迷信神仙方术的委婉劝谏。正如余有丁所指出："太史公论神仙祷祀迂诞之说，极意妆点，皆寓讥武帝且明其不然也。"[③]

二、在治国方针问题上，推崇无为而治

在《平准书》中，太史公以"汉兴，接秦之弊"开篇，只将西汉经济的复苏、发展和武帝时期的由盛转衰娓娓道来，不加评判，清静无为与多欲之治两种不同的治国方针及其对国家的不同影响便跃然纸上；不加议论，史家的是非好恶便可见一斑。这种独特的笔法学者称之为寓论断于叙事，即"不用专门说一些议论的话，就可以

---

① 《史记》卷二八《封禅书》。

② 吕祖谦语，见凌稚隆：《读史总评》，载《史记评林》（第1册），天津古籍出版社，1998年，第151页。

③ 茅坤：《史记钞》，第7—8页。

在史实的叙述中把自己的论点表达出来”[①]。这种高妙的笔法是《史记》的一大特色，而这种笔法的运用，在《史记·平准书》中是很集中、很经典的。是此，教师应该很好地依托这一文本，利用好这一契机，让学生深入了解这种颇具特色的历史记述方法，从而也更深入地了解史家的历史观念。而其间教师要发挥的主要作用便是引导学生“抽丝剥茧”。

汉初，总结秦亡的教训，承弊易变，与民休息。废除了秦以来的严刑峻法，国家不轻营为，尽量减轻人民的负担，“约法省禁”，“量吏禄，度官用，以赋于民”[②]。经过汉初七十年的休养生息，“国家无事，非遇水旱之灾，民则人给家足，都鄙廪庾皆满，而府库余货财。京师之钱累巨万，贯朽而不可校。太仓之粟陈陈相因。”[③]史家笔下的安乐富足之象，毫无保留地展现了其对无为而治的激赏。而其间所谓的“国家无事”，实际上是指“从民之欲，而不扰乱”[④]的与民休息，“并不是指没有事和不做事，这乃是与汉武帝时国家多事相对而言。”[⑤]至于汉武帝时期，《平准书》则写道：

> 严助、朱买臣等招来东瓯，事两越，江淮之间萧然烦费矣。唐蒙、司马相如开路西南夷，凿山通道千余里，以广巴蜀，巴蜀之民罢焉。彭吴贾灭朝鲜，置沧海之郡，则燕齐之间靡然发动。及王恢设谋马邑，匈奴绝和亲，侵扰北边，兵连而不解，天下苦

---

① 白寿彝：《司马迁寓论断于叙事》，《北京师范大学学报》（社会科学版）1961年第4期。

②③ 《史记》卷三〇《平准书》。

④ 班固撰：《汉书补注》卷二三《刑法志》，王先谦注。

⑤ 张大可：《从司马迁写当代史看他的政治观》，《西北民族学院学报》（哲学社会科学版）1984年第1期。

> 其劳,而干戈日滋。行者赍,居者送,中外骚扰而相奉,百姓抏獘以巧法,财赂衰秏而不赡。入物者补官,出货者除罪,选举陵迟,廉耻相冒,武力进用,法严令具。兴利之臣自此始也。

如果说碍于武帝当政,以上叙事中所隐含的论断还稍显含蓄,那么,在相关的互见之文中,太史公对于无为而治的称颂则可以堪称是直白而热烈了。

无为而治在高帝时期便已施行,《史记·高祖本纪》记载其治国方略"承敝易变,使人不倦"。卷九《吕太后本纪》记述惠帝、高后时仍沿用这一政策,"黎民得离战国之苦,君臣俱欲休息乎无为,故惠帝垂拱,高后女主称制,政不出房户,天下晏然。刑罚罕用,罪人是希。民务稼穑,衣食滋殖。"卷十的《孝文本纪》记文帝广恩博施,"因其欲然,能不扰乱,故百姓遂安。"其中,司马迁尤其赞赏汉文帝的爱惜民力、不轻营为和崇尚节俭。他写汉文帝即位二十三年间,"宫室苑囿狗马服御无所增益, 有不便, 辄以利民";"常衣绨衣,所幸慎夫人,令衣不得曳地,帏帐不得文绣";"霸陵皆以瓦器,不得以金银铜锡为饰,不治坟"[①]。诸如此类,太史公都不厌其烦地叙写,这实际上也是意在与汉武帝时期的大兴功作、奢侈挥霍形成鲜明对照。

在《秦始皇本纪》中,太史公引录了贾谊的《过秦论》来总结秦亡的教训,认为:"牧民之道,务在安之而已。"而汉初就是因为实行了因民之俗和与民休息的政策,才出现了社会稳定、经济繁荣的局面。但汉武帝却反其道而行之,治国方针上从无为转向多欲,使"天下苦其劳","财赂衰秏而不赡",为了弥补巨额的财政亏空,竟然又重用兴利之臣,"坐市列肆"与民争利,这更是太史公所极

① 《史记》卷一〇《孝文本纪》。

力反对的[1]。《平准书》末卜式曰:“亨(烹)弘羊,天乃雨。”仔细体味,就是学生也不难理解,这实是史公借卜式之言来表达自己对这种法外剥夺的痛恨。如此处理,虽是借他人之口,却更显入木三分。难怪顾炎武盛赞:“古人作史,有不待论断而于序事之中即见其指者。惟太史公能之。”[2]

三、在法制建设问题上,主张以德治为主,以法制为辅

经济相对于法制而言,更具基础性,所以经济政策及其经济环境的变化便往往牵动着法制建设产生连锁反应。太史公在这篇经济史传中也运用寓论断于序事和前后互见等笔法,表达了自己在法制建设上的意见。这一点,在讲解中,教师可以有意识地结合《史记·酷吏列传》等文本,指导学生在对读互见中加深理解。

《平准书》载,武帝常年的内兴外作,县官大空,为了拓宽敛财渠道,“于是天子与公卿议,更钱造币以赡用。”大司农颜异对汉武帝造白鹿皮币敛财的作法讲了几句不同意见的话,使“天子不悦”,善于承迎上意的张汤就指控其“见令不便,不入言而腹诽”,将其处以死刑。“自是之后,有腹诽见知之法,而公卿大夫多谄谀取容矣。”此后,《平准书》又载:“是岁也,张汤死而民不思。”一句“民不思”借百姓之口道出,既是百姓对酷吏的痛恨,也是太史公对酷吏的痛恨。酷吏政治是社会混乱状态下的一种补弊之举,它虽然在打击豪强、稳定秩序、辅助敛财等方面发挥了一定的作用,但也带来了一系列的社会隐患。对此,太史公用互见的笔法在《酷吏列传》中对酷吏峻法的弊端进行了更深刻的批判。

---

① 《史记》卷三〇《平准书》。

② 顾炎武:《日知录》卷二六“史记于序事中寓论断”条,陕西人民出版社,1998年。

周阳由暴酷骄恣,“所爱者,挠法活之;所憎者,曲法诛灭之。所居郡,必夷其豪。”[①]王温舒为人,“善事有势者,即无势者,视之如奴。有势家,虽有奸如山,弗犯;无势者,贵戚必侵辱。”[②]杜周为廷尉,“其治大放张汤而善候伺。上所欲挤者,因而陷之;上所欲释者,久系待问而微见其冤状。客有让周曰:‘君为天子决平,不循三尺法,专以人主意指为狱。狱者固如是乎?’周曰:‘三尺安出哉?前主所是著为律,後主所是疏为令,当时为是,何古之法乎!’”[③]

承迎上意,使这些酷吏飞黄腾达,严酷少恩的手段则使他们家累万金。像杜周,“初征为廷史,有一马,且不全;及身久任事,至三公列,子孙尊官,家訾累数巨万矣。”[④]甚至这些酷吏们的爪牙都跟着借机敛财,“治数岁,其吏多以权富。”[⑤]具有讽刺意味的是,酷吏峻法之下,国家却越发动荡,这已经发展成为令人堪忧的政治问题。

当然,尽管司马迁坚决反对严刑酷法,但他并不反对在治理国家时适当地使用法。这一点,也一定要提醒学生注意,切不可走极端。汉初休养生息后,纲纪松弛,太史公也认识到“物盛而衰,故其变也”[⑥],感觉到应适度加强法制。《史记·律书》中亦曰:“教笞不可废于家,刑罚不可捐于国,诛伐不可捐于天下,用之有巧拙,行之有逆顺耳。”对于一个国家来说,法也是不可或缺的。但法又如同一件利器,用时须十分谨慎,否则就会反受其害。所以比较而言,他更赞同的还是以德治国。在《酷吏列传》中他就强调指出:“法令者治之具,而非制治清浊之源也。惜天下之网尝密矣,然奸伪萌起,其极也,上下相遁,至于不振。当是之时,吏治若救火扬沸,非武健严酷,恶能胜其任而愉快乎!……汉兴,破觚而为圆,斫雕而为朴,网漏于

①②③④⑤《史记》卷一二二《酷吏列传》。

⑥《史记》卷三〇《平准书》。

吞舟之鱼,而吏治蒸蒸,不至于奸,黎民艾安。由是观之,在彼不在此。"此处《史记集释》中引韦昭注云:"在道德,不在严酷。"法令的作用是引导人民,以使他们不至于走入歧途,法不过是达到"治"的一种临时性的工具而已,并不是国家的长治久安的根本依托。

所以,太史公盛赞汉文帝:"专务以德化民,是以海内殷富,兴于礼仪。"[①]同时,他也高度赞扬以德治造福百姓的官吏,如在《循吏列传》中称孙叔敖"施教导民,上下和合,世俗盛美,政缓禁止,吏无奸邪,盗贼不起……民则乐其生"。几文错综互见,转承呼应,既是在表明史家自己的法治思想,也是对汉武帝任用酷吏,以皇帝旨意为法,以恣欲杀人为快的含蓄批评。对读体味之下,学生不仅可以更全面地认识太史公的法治思想和德治思想,对于当下我们党和政府强调的"要依法治国,也要以德治国",也会有更为深刻的体认。

四、在民族关系问题上,主张和平共处的夷夏一统

在民族关系问题上,更需要指导学生辩证地看问题。

《平准书》用大量的笔墨记载了汉武帝用兵四夷,尤其是出兵匈奴的情况:"严助、朱买臣等招来东瓯,事两越";"唐蒙、司马相如开路西南夷";"彭吴贾灭朝鲜,置沧海之郡";"王恢设谋马邑,匈奴绝和亲,侵扰北边,兵连而不解,天下苦其劳,而干戈日滋。"[②]一场场战争打破了汉朝百姓平静的生活,"江淮之间萧然烦费","燕齐之间靡然发动","巴蜀之民罢焉"[③]。一笔笔战争支出,人力、物力的损耗更是令人触目惊心:"费数十百巨万,府库益虚";"是岁费凡百

① 《史记》卷一〇《孝文本纪》。

②③ 《史记》卷三〇《平准书》。

馀巨万";"赏赐五十万金,汉军之士马死者十馀万,兵甲之财转漕之费不与焉。"[①]

在罗列的这一串串数字背后,虽没有对是非的论断,但却可以明显感觉到史家对朝廷动用如此人力、物力进行这些战争的质疑。虽然因李陵之祸惨遭宫刑已经给了他太深刻的教训,但史家的历史责任感却使他在这个问题上终不能三缄其口,他还是要利用自己高超的笔法,在相关篇章的对读互见中,设法表达自己的观念。所以,在《匈奴列传》的赞语中,太史公特别意味深长地讲:"孔氏著《春秋》,隐桓之间则章,至定哀之际则微,为其切当世之文而罔褒,忌讳之辞也。"在一篇《匈奴列传》中忽然论及孔子当年著书之困,貌似无由之笔,实是借孔子的处境以喻史家自身的苦衷,也是提示后人于此处一定要细心揣摩,才能体味个中微言。

太史公评价汉朝廷对匈奴发动的这场战争:"世俗之言匈奴者,患其徼一时之权,而务纳其说,以便偏指,不参彼已;将率席中国广大,气奋,人主因以决策,是以建功不深。"[②]他批评朝中谈论匈奴问题的群臣,阿顺上意,摇鼓唇舌,不顾敌我双方的实际情况,而武将又自恃中国广大,胆壮气粗,武帝据此决策,最终大汉朝历时几十载,耗费人力、物力无数,却建功不深。一句"建功不深",虽看似平淡之语,却正中了好大喜功的汉武帝的痛处,如白寿彝先生所言:"以《平准书》和《匈奴列传》合观,可见作者对自己的真实思想还是不愿掩盖的。"[③]

但是,教师需要提起学生注意的是,太史公虽然反对汉武帝不顾国家的实际承受能力开疆拓土,但也并不是就主张对四夷无原

---

① 《史记》卷三〇《平准书》。

② 《史记》卷一一〇《匈奴列传》。

③ 白寿彝:《中国通史》第一卷,上海人民出版社,1989年,第12页。

则地妥协，只图苟安。在民族关系问题上，他是坚决主张维护以夏统夷的大一统的。《史记》中的民族史传部分体现了强烈的民族同源和夷夏一体意识，主张各民族和平共处，反对华夏对四夷的无事兴兵，但同时他也反对四夷对华夏的侵夺和反叛。在《夏本纪》中记载早在大禹时期中央政权对四夷就已经实现了五服制，四夷如果有不宾之举，也是应该征伐的。《太史公自序》中提到《匈奴列传》的撰述宗旨时便明确宣称："自三代以来，匈奴常为中国患害；欲知强弱之时，设备征讨，作匈奴列传第五十。"既是"设备征讨"，就表明匈奴为患，太史公也认识到要做好对匈奴的战争准备。他反对的只是汉武帝没有考虑战争的时机，并且内功外作，诸措并举，集中、超限地使用国力。

结语

《平准书》堪称太史公惨淡经营之作，由于事涉当代君臣，史家无法畅言，个中微情妙旨，往往是以高超的史学笔法寄之笔墨蹊径之外，从而也使得这一卷目成为集中研究司马迁政治观及其历史表达的一个绝佳视点。而教师正可抓住这一解疑启智的绝好素材，从《平准书》入手，引导学生以不同篇目对读的方式扩大文本分析的范围，在《史记》相关篇章的分析对比之间，体味太史公"不得畅言，故以诙诡出之"的独特笔法和个中深意。清代学者李晚芳曾盛誉此篇"出神入化，骤读之无一语径直，细案之无一事含糊"，太史公"将数十年种种弊政，布于万余言之中，乱若散钱而不可收拾，乃或离或合，忽断忽接，或错综叙去，或牵连并写，起伏转接，痕迹俱化，浑如一线穿成，是何等笔力！"[①]当然，要达到如此深入的理解，

① 李晚芳：《读史管见》卷二，乾隆五十二年刻本。

在文本对读和细心参悟上学生必须要花费相当的时间和精力,教师的耐心引导和适时的鼓励更不可或缺,这中间要付出的心力,根本无法以课时记。但是,为了帮助学生告别被动接受、死记硬背的学习方式,引导他们通过材料收集、信息捕捉积极主动地探究历史问题,为了更好地理解史学史上这部里程碑式的皇皇巨著,让学生深刻认识《史记》的成就、深切体悟太史公高超的史学笔法及其高度的史家责任感,这一切的付出都是值得的。毕竟,这种研究性的学习才能真正培养学生的历史思维能力,而这正是我们历史教育的终极目的。

中国近现代史学课程专题化教学改革模式新探

——以廊坊师范学院的教学实践为例*

时 亮 时培磊

为了全面提高本科生的人才培养质量，必须不断进行教学改革模式的探索。历史学专业人才培养水平的提高，很大程度上依赖于课程教学改革模式的不断创新。中国近现代史学是历史学专业的一门重要课程，对于学生树立正确的历史观、认识史学发展规律、培养史学思辨思维具有重要的作用。目前各高校已经普遍开设此课程，但是由于各地人才培养方案和师资水平的不同，中国近现代史学课程的教学也存在很大差异。廊坊师范学院作为一所地方本科师范院校，一直致力于为基础教育培养合格的师资人才，同时也培养学生具有继续深造研究生的能力。史学理论及史学史学科是学校历史学专业的特色学科，2009 年即入选河北省重点发展学科，经过多年建设已经聚集了一支科研能力强、教学水平高的师资队伍。该学科点教师现已主持多项国家社科基金课题，出版专著十余部，发表核心期刊论文数十篇，且在教学方面获得多项国家和河北省教学竞赛和教学成果的奖励。中国近现代史学课程是该学科点进行教学改革的重要突破口，现将近年来探索专题化教学改革

* 本文属于廊坊师范学院校本教育教学研究课题“中国史学史课程专题化教学探究与实践”(编号:XK2017-139)阶段性成果。

模式的思考进行梳理,祈请国内外的同行专家学者斧正。

一、中国近现代史学课程的性质和任务

史学理论及史学史学科的课程体系一般包括史学概论、中国史学史、西方史学史等,廊坊师范学院的历史学专业将此三门课程作为专业必修课和限选课来建设,且都为考试课。除此主体课程之外,还根据专业发展的需要,陆续开设了史学与传统文化、比较史学、北方民族史学、中国近现代史学等专业选修课。从课程的定位上来讲,中国近现代史学课程是对中国近现代史学发展史中的重要史家、史学作品和学术问题进行专题教学和研讨。该课程性质为专业选修课,教学时间为16个教学周,周2学时,总计32课时,课程考核方式为考查课。

中国近现代史学主要是研究中国近现代历史学发生、发展与各个时期史学活动状况,以及史学与各种社会因素的相互关系。该课程的基本任务就是要阐明中国近现代史学的演进过程,揭示中国近现代史学发展的特有规律。中国史学史是研究中国史学的发展规律并展示其未来发展趋势的科学,近现代史学专题则专注于近现代史学发展中的大势以及重要的史学家和史学活动。该课程立足于学术史的视角,结合中国近现代历史上史学名家及史学名著,考察中国史学发展的轨迹和历史,探索中国史学的发展规律。促使学生从宏观上了解中国近现代史学史的基本知识,从理论上掌握中国近现代史学的发展规律,从实践中加深对近代史学大师和学术流派的认知,理解中西方史学的不同特征,掌握中国史学的理论思维,培养学生的史学意识。

二、实行专题化教学改革的现实考量

(一)应用型本科转型背景下的学生学情分析

廊坊师范学院作为一所地方本科师范院校，目前面临应用型本科转型的任务,在此背景下,应突出教师教育特色,强化本科生教学技能培养,兼顾学科发展,加大科研成果的社会转化力度[①]。具体到中国近现代史学课程的学生学情来讲，该课程为历史系本科生在第六学期开设,从学生的知识结构来看,他们已经修完史学概论、中国史学史这两门史学理论及史学史必修课程,学生基本掌握了科学的史学理论、史学方法,树立唯物主义历史观,并结合历史教学初步培养了学生分析、研究历史问题的能力,以及在史学基本问题上具备一定的辨别、思考、批判与建设能力;此外,学生还从宏观上了解到中国史学史的基本知识，理解了中西方史学的不同特征,掌握中国史学的理论思维,培养学生的史学意识。另一方面,从学生自身来看,当下"95 后""00 后"大学生是伴随着网络媒体发展而成长起来的一代,深受多元化价值观念、道德观念与行为准则的影响,具有好奇求知、关心时政的特点,喜欢通过独立思考和探求后做出自己的判断。对于当代大学生而言,专题化教学模式以及所采取的讨论式教学、辩论式教学、调研式教学、体验式教学等教学方法,对于激发学生的内在学习动力,提升学生理论知识和思维能力,都比较有效。这在学生学情角度为中国近现代史学课程进行专题化教学改革奠定了坚实的基础。

---

① 时培磊:《地方本科师范院校应用型转型发展的思考》,《黑龙江教育（高教研究与评估)》2017 年第 2 期。

（二）满足中国史学史课程教学课时的需要

在实际教学过程中，中国史学史一般要分成两个学期来学习古代和近现代史学。中国史学史是研究中国史学的发展规律并揭示其未来发展趋势的科学。该课程立足于学术史的视角，结合中国历史上史学名家及史学名著，考察中国史学发展的轨迹和历史，旨在探索中国史学的发展规律。该课程以乔治忠先生《中国史学史》（中国人民大学出版社 2011 年版）为参考教材，该教材内容丰富，包括绪论在内共九章，对中国自上古至 1949 年之前的史学发展做了系统地反思和评价。全书共 40 万字，在认识体系、内容结构和史学发展阶段的划分上，均有创新，呈现出崭新的风格[①]。按照专题化教学改革要求，中国史学史课程任课教师取乔先生《中国史学史》古代史学部分划分为 8 个专题，分别为关于《中国史学史》的基本问题、先秦时期的史学、秦汉时期的史学、魏晋南北朝时期的史学、隋唐五代时期的史学、宋元时期的史学、明代的史学、清代的史学，总 48 学时。由于教学实际学时较为有限，无暇涉及教材“中国近代史学的建立与发展”“近代史学发展的新生面”之近现代史学部分，这成为中国近现代史学专题化教学改革的现实需要。

（三）学生自主研究性学习的需要

加强课程的研究性、兴趣性，为部分选修学生考研做准备。中国近现代史学在教学实践中引入专题化教学模式，发挥专题教学的独特优势，是学生自主研究性学习的客观需要。反之来看，专题化教学是对讲授方式的一种改革，它丰富和改变了单一沉闷的课堂教学模式，为课堂教学带来了源头活水，加强了课程的兴趣性，同时也必然带动学生向自主研究性学习方式的转变。研究性学习

① 崔岩：《读乔治忠教授著〈中国史学史〉》，《中国史研究动态》2013 年第 1 期。

方式，它是一种立足专门问题进行研究的理念，从教学实践来看，就是在教学过程中创设一种问题研究的情景或氛围，使学生在教师的指导下，依据课程的教学内容选择和确定自己探究的问题，采用研究性的方式，通过查阅资料和深入思考，拓展与深化对此问题的理解，从而培养自己主动发现问题、积极思考和分析问题、解决问题的能力。通过选课结果来看，选修中国近现代史学专题的同学多具有考研意向，由专题化教学模式带来的学习方式的转变，客观上为这部分同学考取研究生后更高层次的研究性学习打下了一定的基础。

（四）打造“金课”的需要

淘汰“水课”、打造“金课”，合理提升学业挑战度、增加课程难度、拓展课程深度，切实提高本科课程教学质量是新时代中国高等教育走内涵式发展道路的需要，也是新时代建设中国特色、世界水平的一流本科教育的重要抓手[①]。“两性一度”是教育部高教司司长吴岩提出的“金课”标准，也就是高阶性、创新性、挑战度。其中的“创新性”，就是指课堂内容要反映前沿性和时代性，教学形式要呈现先进性和互动性，学习结果具有探究性和个性化。在教学方式和教学过程中，“金课”倡导课堂革命，重视师生互动交流，师生问答、质疑、辩论等深入开展，培养学生的探索精神和解决问题的能力。而由于专题化教学模式要就某一专题进行深入讲解，需要师生之间进行频繁的互动交流，任课教师可以利用多媒体将启发讲解、探究讨论、辩论、案例解析等等融入教学之中，将最新理论动态、教学理念和研究成果有效结合，学生可以从多角度、多层面来探究问

① 许小姣：《高校本科教育“淘汰‘水课’、打造‘金课’”刍议》，《文教资料》2019 年第 7 期。

题，让学生真正学到知识。可见，专题化教学模式是打造“金课”、淘汰“水课”行之有效的方式。

三、课程专题化教学改革模式的实施路径

（一）坚持“学生中心、产出导向、持续改进”的师范专业认证理念

目前，廊坊师范学院正面临师范专业认证任务，以此为契机，包括中国近现代史学在内的师范类专业课程都要积极改进教学方式和能力培养。此外，还要查证课程教学大纲、教学目标是否符合标准指标点，评价内容和标准在知识基础上是否能由知到能，作业布置能否检验学科教学情况和培养学生思辨能力等等，旨在通过每门课程的建设和教学实践，提高历史专业师范生的培养质量。以学生为中心、以产出为导向、持续改进的教育理念，是包括中国近现代史学课程在内的师范类专业课程一以贯之坚持的理念。

（二）专题化的教学内容设计

课堂教学内容专题化是专题化教学的重要内容之一。中国近现代史学专题课程的教学内容以中国近现代历史学发生、发展与各个时期史学活动状况为主，把教学内容划分为15个既有联系又相互独立的专题，具体见表1：

表1　中国近现代史学专题课程内容

专题序号	专题内容
专题一	传统史学与近代史学
专题二	中国近现代史学发展大势
专题三	梁启超与新史学
专题四	中国现代学术史上的胡适

续表

专题序号	专题内容
专题五	傅斯年及其领导的学术机构
专题六	北大研究所国学门与清华国学研究院
专题七	20世纪30年代的中国社会史论战
专题八	中国马克思主义史学的建立
专题九	学术与思想的新与旧:王国维
专题十	钱穆的史学思想与贡献
专题十一	疑古与创新:顾颉刚的史学
专题十二	学术与风骨:陈寅恪
专题十三	大学校长与史学研究:陈垣
专题十四	文革时期的史学
专题十五	中国历史学学会组织及学术活动

专题内容之外,还安排一次课堂讨论、一次作业和测验。这样,在中国近现代史学专题化教学中,各个专题具有不同的侧重点和相对独立性,但专题设置又以整体性和系统性为原则,使专题之间保持紧密的逻辑联系,基本做到了“专题是整体性中的专题,整体性是专题设置的出发点与归宿”①。

此外,在课程教学内容中,主讲教师重视对学生科研兴趣的培养,并将自己的科研成果渗透到教学中去,增强课堂的学术性和知识含量。经过多年的发展,中国史学史的学术发展已经达到相当的程度,而且近年来发展迅猛,所以必须经常关注学术前沿问题,才能保障课程的学术含量。在教学内容的更新上,课程负责人注意吸

① 张树焕:《深化“中国近现代史纲要”课专题化教学的路径探析》,《思想教育研究》2017年第9期。

收近些年最新的研究成果,力争使课程站在学术的前沿。

(三)同课异构的教学过程设计

充分运用参与式教学、翻转课堂等方式,实现以学生为中心的教学理念。同课异构是根据学生实际、现有的教学条件和教师自身的特点,进行不同的教学设计。因此,在中国近现代史学课程教学设计方面,首先要立足于当代大学生的客观状况。目前,历史专业本科学生多为“95后”“00后”,独立意识强,平等意识和主体意识突出,容易对单向传授的知识产生反感。为了提升教学效果,教师采用专题化教学改革,引导学生积极参与课堂,进行参与式教学,形成师生及生生之间互动争鸣的多元动态局面,使学生自主领会课程知识体系和思想精髓。在课下要鼓励学生自主探索与课堂内容相关的主题,通过收集和分析资料,在疑惑和思考中得出自己的结论。该课程课堂教学设计和教学方法,一是多媒体授课与课堂讨论。对于中国近现代史学史的基本理论问题,可采用教师课堂讲授的方式进行;并在教师讲授的基础上,引导学生对有关理论进行讨论、质疑。二是小组合作探究与研究性学习。中国史学史中的某些个案问题可以交给学生组成的学习小组去探究,通过查找史料,并运用所学理论知识进行研究性学习。三是学生进行试讲,翻转课堂。专题化教学在发挥教师主导作用的同时还能充分发挥学生的主体作用。大学生已经具有认识能力和独立的思考能力,有参与教学的愿望,喜欢发表自己的观点。另外,在“互联网+”时代,学生知识的丰富远远超出教师的预期。采用专题式教学方法,师生能够围绕重点问题,收集信息,掌握材料,尤其是给学生更多参与、表现的机会,发挥学生的主体性作用和创造性。比如,在小组合作探究与研究性学习之后,由小组同学共同制作PPT,再由各小组代表进行试讲,实现翻转课堂,最后由教师进行指导、评价与总结,这样可以最大程度发挥学生的能动性,让学生在师生“角色互换”的情况下锻炼自己的能力。

(四)个性化的考核方式

中国近现代史学专题课程考核注重过程考核考查，根据专题化教学方式的特点,教师对学生的考核注重学生课堂表现,其中,平时成绩占40%，采用课堂提问、课程作业的形式；期末成绩占60%,采用提交研究论文的形式。这样,加大了平时成绩的比重,考核方式趋于合理,既改变了学生懒散的学习态度,又考核了学生掌握知识的全面程度。

四、结语

专题化教学是围绕教学目标，将教学内容划分为若干有机联系而又相互独立的专题，再组合为完整的教学内容体系的新型教学模式。相对于传统的教学模式,专题化教学易于突出教学重点,并以引导替代灌输，一方面有利于增加学生对专题的深入研究和探讨,进而提高学生的学习能力和知识水平;另一方面有助于加强师生互动,提高教与学的积极性,促进师生的共同进步,更有利于知识的传授和创新、自主研究性学习能力的提高,是现代化教学模式发展的方向。中国近现代史学专题化教学改革以来,确实在一定程度上实现了以上所言的教学效果。但是在专题化教学实施过程中,也容易出现学生准备不足、讨论深度不够等问题,如何使专题化教学模式扬长避短,充分发挥其优势,还要在教学反思中不断总结经验,持续改进和提高。

视野宏阔　求真立新

——读乔治忠著《中国史学史》

时培磊

史学史是对历史学进行总结和反思的学科，中国自古以来就是史学遗产极为丰富的国度，所以对中国史学史的学科构建和系统研究，是历史学者的分内之事。自从20世纪20年代梁启超提出撰写和研究中国史学史的问题之后，一些研究者出版了中国史学史的专书，中国史学史的课程也在一些大学的史学系中开设。到了20世纪60年代，关于中国史学史的理论问题的探讨和具体问题的研究，都呈现出十分活跃的局面，中国史学史课程设置和教材编写也都有了较大进展。从80年代开始，中国史学史学科逐渐取得了巩固的学科地位，并且其研究成果出现了繁荣的局面，仅以"中国史学史"为名的专著和教材就有数十种之多。进入21世纪之后，中国史学史学科仍然呈现出良好的发展态势。2011年10月，乔治忠教授撰著的《中国史学史》一书由中国人民大学出版社出版，又给中国史学史学科的发展增添了新的亮色。

作为"21世纪史学系列教材"之一，《中国史学史》一书详尽阐述了中国自上古至近代的史学发展过程，完全能够满足历史系本科生学习史学史之需，起到普及和传播中国史学史知识的作用。同时，该书又是撰者多年学术积累的创新之作，足以代表当今史学史研究的前沿水准，颇能启发读者思考和专业学人的探讨。读罢全书，笔者认为该书是一部特色鲜明的中国史学史教材兼专著，是乔治忠教授几十年从事中国史学史教学和科研的结晶。现将笔者阅读此书的几点认识条列如下。

一、纵贯古今，展现中国史学发展的整体脉络

“通古今之变”是中国古代史家的优良传统，唯有贯通古今才能看清历史演进的全过程，从而总结历史发展的规律。对于中国史学史来说亦是如此，史学史的名家大师都在“通”字上下功夫，从而看出整个中国史学的发展脉络，为中国史学总结规律和探寻方向奠定基础。因此，中国史学史的专著尤其是大学教材，以贯通古今为好。目前，许多大学的中国史学史课程也只讲授古代史学的内容，这对于中国史学史学科的发展和知识体系的完善显然是不利的。在这部《中国史学史》中，则对中国自上古至近代的史学进行了全面梳理，展现在读者面前的是中国史学发展的整体脉络。

在内容上，全书共分九章。第一章为绪论部分，主要是对中国史学史所作的理论性思索，包括对其学术任务、研究内容、深层特征、研究方法和意义等问题的探讨。第二章论述“史学的起源与先秦时期史学的初步发展”，从史学产生的条件、“殷鉴”理性思维的产生、官方记史体制的形成等内容讲起，并概述了先秦时期的史籍，在此基础上进行总结这一时期的史学发展状况与史学观念。第三章是“中国古代传统史学基础的奠定”，对司马迁与《史记》、班固与《汉书》、东汉官修《东观汉记》、荀悦的《汉纪》等问题进行了重点讲述。第四章为“多方探索的三国两晋南北朝史学”，该章中对多种类型的史籍进行了概述，并论及此时期在历史编纂学、历史观念和史学理念等方面的多方向探索，重点指出了传统史学对民族大融合的关键作用和官、私史学互动运行机制的确立。第五章讲述“隋唐至两宋：传统史学发展的成熟”，此章首先概述这一时期官方史学建设情况，然后主要探讨了刘知幾《史通》、杜佑《通典》、郑樵《通

志》、欧阳修之史学、司马光《资治通鉴》、朱熹《资治通鉴纲目》、袁枢《通鉴纪事本末》等重要史家和史书，并对历史考据学的成立和此时期史学的成熟与缺陷问题进行探讨。第六章讨论“元明两代史学的调整与开新”，这一章中讲述了元明两代的史学观念、官方修史活动、对史学的新探索和胡三省、马端临的史学贡献，另外重点探讨了普及性史学的发展与繁荣、中国史学的域外传播两个问题。第七章为“清代对传统史学的清理和总结”，主要围绕清朝官方史学、私家史学以及二者之间的互动关系展开论述。第八章是“中国近代史学的建立与发展”，讲述了近代新史学的产生和西方史学理论的引进，以及近代出现的多样化的治史取向，并兼论近代史学的社会运行机制问题。第九章为“近代史学发展的新生面”，讨论了中国马克思主义史学的建立和“革命史学”体系的构建问题。书后附录长诗《史学吟》，这是将中国史学发展内容写为长篇诗歌的唯一之作，能引发读者的兴趣和思考，对中国史学史的课程教学颇有辅助作用。

为了更好地认识中国史学的发展历程，研究者们喜用划分阶段、总结特点的方法来把握史学史的进程，并且取得了显著的成就。但是目前学术界关于各阶段该如何划分的问题，又是仁者见仁、智者见智，异同之处仍有争辩和讨论的余地。对于中国史学发展的客观进程来讲，必须反对划分阶段的随意性，更不能照搬一般历史发展阶段的划分模式，盲目引用其他学科的分阶段理论也是不科学的。在这部《中国史学史》中，我们看到的是一个从中国史学发展自身来进行分期，从而构建出系统的中国史学史知识体系。从上文所列的内容划分上就可以看出，该书的编纂方式体现出作者综合考虑了各个时代史学发展的繁荣程度，并且融入官方史学与私家史学的互动状态，兼顾史学存在与发展的社会运行机制。由此编纂思想所形成的中国史学史知识体系，不仅便于大学教学中传授基本知识,而且利于学习者形成驾驭和透析具体知识的思想方法。

二、视野宏阔,探索中外比较视野下的中国史学史

但凡中国通史的著述中皆包含中外文化交流的内容,中国历史的研究中也多有进行中外历史发展的比较。因此,中国史学史的研究中也需要进行中外史学之间的比较,才能够更好地认清中国史学自身的发展特点,并领会各国史学发展的共性,从而探讨史学产生和发展的关键因素。

《中国史学史》一书中专列“在中外史学的比较中探讨史学的发展机制”,旗帜鲜明地指出要进行中外史学的比较,不仅有理论上的思考,而且辟专节探讨了中国史学在朝鲜半岛和日本的传播与影响问题,以及对日本仿从中国传统史学的修史活动的介绍。作者将自上古以来形成的世界史学分成两大体系:一是以中国传统史学为核心的东亚史学,二是以古希腊、罗马史学为起源的西方史学。由于日本古代史学仿从中国传统史学而产生,但是其发展进程和修史活动与思想理念等又与中国明显有异,所以该书认为,进行中外史学的比较研究,“应当是中西史学比较与中日史学比较并重,二者相辅相成,并且逐步扩展为整个世界架构上的史学比较研究。”(《中国史学史》,第 17 页,以下引用本书仅列页数)这种独到的眼光和宏阔的视野,对于开辟中国史学史研究的新境界具有振聋发聩的启迪作用。这种认识的提出也得益于乔治忠教授多年来对此领域的具体研究,比如曾发表的多篇大作:《〈十八史略〉及其在日本的影响》《论中日两国传统史学之“正统”论观念的异同》《论中日两国传统史学的比较研究》《中日两国历史学疑古思潮的比较》《中国与西方古代史学的异同及其理论启示》《古代中国官方修

史视角下的中外史学比较》《关于中外史学比较问题的解说》，等等。只有在对相关个案和具体问题的研究基础上，才能生发出这样的理论性的认识。

在本书第六章中，作者专门探讨了中国传统史学的域外传播问题。因为古代中国是当时东亚文化的核心，中国传统史学东传日本和朝鲜半岛等域外地区，所以研究中国史学史的视域就应该放眼整个东亚。将中国传统史学与受其影响的日本、朝鲜半岛史学进行比较研究，更有利于深刻认识中国史学史，同时也可以看到古代东亚地区的史学体系与西方古希腊、古罗马史学体系之间的区别。同时对中外史学的比较研究，还能够深化对中外历史的认识。比如在讨论中国传统史学对日本的影响问题上，作者就鲜明地指出："中国传统史学对于日本社会造成的巨大影响，不限于文化和史学方面，而是成为拨动其社会历史方向的杠杆之一。"(第246页)。并且举出了两个方面的表现：第一，中国经过多次政权鼎革形成的历史观念和史学意识，不可能从理论上绝对否定改朝换代的合理性。任何一个现存政权都不愿被他人取代，所以儒学的"三纲五常"又被奉为最根本的政治伦理准则，但现存政权又是取代前代政权而立，也只能在历史观念上认可政权鼎革。当公元7世纪日本全面学习中国政治体制和思想文化传统时，天皇政权乐于接受的是儒学的"三纲五常"政治伦理，而不愿意接受政权鼎革的历史思想。于是日本官方就构建了《日本书纪》中的创世神话，塑造了一个区别于中国的特殊历史，将儒学中"皇天无亲，惟德是辅"的理念改造成"皇天有亲"，天皇成了神的直系后裔。借助于日本尚没有改朝换代的历史经历，使日本的社会思想中强化了血统论的观念，树立了天皇地位不可推翻的政治意识。其后的日本史家大多都强调日本天皇"万世一系"的历史。这样，排斥政权鼎革的历史观念就对日本社会产生了重大而又深远的影响，使得日本上古历史的构建、日本史学的基本理念和日本社会政治意识的形成，都围绕此观念而展开。第二，中国古代的正统论思想对日本历史意识的影响。日本上层统治者引入和改造吸收了中国的正统论思想：一方面将天皇说成是神的血统，把正统论中的君主血缘承续因素绝对化；另一方面将大一统的观念区域化为日本岛国范围的统一意识，建立起认同政治统一的主流理念。于是，日本就具备了维护天皇"万世一系"和形成统一国家的理论依据，并且在历史价值观上将天皇血统置于统一功业之上。从地理因素上来讲，日本在古代并不具备形成牢固统一国家的自然条件，但却正如作者在书中所言："日本得到了比其社会发展水平远远超前的历史观念，即中国的大一统历史观、正统论理念，经改造成为维护天皇名义之下的政治一统的主导社会意识，造就了这个千年间一姓君主的特殊群岛之国。"（第248页）而助成其奇迹的正是中国传统史学，这也是进行中外史学比较而在历史研究上得到的创获。

可以说，《中国史学史》一书中所阐释的，在世界史学发展大背景下探讨中国史学发展的规律问题，以及从中外史学比较的角度进行细致而微的研究方法，必将引起中国史学史界学术同仁的关注和研究兴趣，并会引领出一种新的研究范式。

三、求真考实，形成对中国史学史的学术独见

学术的生命力在于不断的创新，创新来源于独立的思考和睿智的识见。如果说《中国史学史》是一部能够经得起检验的专著，那么其中俯拾皆是的学术独见就是支撑其生命力的细胞。本书是乔治忠教授三十余年从事中国史学史教学和研究的成果总结，既是一部适于历史学本科教学的教材，更是一部充满个人研究独得之见的专著。因为在作者看来，史学史学科是对于以往一切史家与史

著的审视，是历史学的反思与再认识。因此，中国史学史的著述和教材，决不能不加考核就接受以往史家的成说，而是应该经过作者的认真研究，具有个人的创见。《中国史学史》一书中有考有论，力纠学界流行的人云亦云的讹误，多有阐幽发微、振聋发聩之论述，是用新知识、新论点支撑新体系。

该书在中国史学史的许多重要问题上都有独到的学术见解，对史学发展中的许多史实，立足于求真考证、立论分析，以实事求是为旨归。比如关于将孔子与《春秋》联结起来的史学意义、司马迁撰著《史记》的意旨已经形成离开先秦史学传统的个性路线、刘知幾著书宗旨的前后改变、宋代官方史学建设的烦琐与扭曲、明代史学发展的普及性潮流、清代"盛世"史学整体的发展结构、清高宗的史学思想、章学诚史学理论的三项根基、王国维"二重证据法"的谬误及其不良影响等等，皆发前人所未发、道他人所未言。另外，在以往的中国史学史著述和教材中有一些不太被关注的内容，但却是比较重要的问题，本书中多有阐幽发微的论述。比如东晋的史学家孙盛，由于其史著多已散佚，致使其史学方法和史学思想长期隐而不彰。而在《中国史学史》中则专列"孙盛对编年体史书编纂方法的创树"一目，肯定孙盛所著之《魏阳秋异同》在中国古代史学史中的重要意义，评价其为"撰史中史料考异方法的首创之作"(第 136 页)。并且认为司马光《资治通鉴考异》无论就编纂动机，内容结构还是考辨方法，都与《魏阳秋异同》相同，还有两处直接引用，因此作者断定司马光《资治通鉴考异》就是受到孙盛撰史方法的启示，从而否定了柳诒徵"温公《考异》，滥觞于裴松之《三国志注》"的错误判断。特别是第二章考辨《世本》《战国策》并非先秦成书的史籍，纠正了多种同类著述的讹误，更是撰写教材和专著皆应遵循的典范，因为任何人都无权向学生和读者传布完全不合史实的说法。另外，第四章论述传统史学对民族大融合的关键作用也是全新的学术见解，并且证明了中国史学史的研究能够促使一般历史研究的深化。魏晋南北朝时期是我国历史上一个各民族大融合的阶段，但是在常见的通史著述和教科书中，在论及其原因时皆语焉不详，而本书中借助对传统史学的深入研究，对此问题提出了全新而又合理的解释。所谓的民族融合，主要是指不同民族之间自然而然、自愿选择的社会生活、文化习俗的趋同过程，随着历史的发展，文化认同逐渐成为民族融合的主要因素。由于史学在中国传统文化中占据极其重要的地位，所以史学就在各民族融合的整体文化认同中起到了先导作用。这个时期的少数民族政权虽然存续时间不一，但大多数都仿照了东汉以来的汉族政权进行官方的记史、修史活动，而且此时少数民族政权在历史观上也开始接受大一统历史观和正统论，将自己的祖辈连接到汉王朝构筑的从黄帝开始的帝王体系中来。可以说，历史观和史学意识的文化认同，以及对祖辈统绪的文化认同，成为民族大融合的先导因素。传统史学对于历史发展发挥了巨大影响力，正如此书中所总结的："在某种意义上可以说：这一时期，是传统史学引导了历史进程、改变了历史面貌。"（第133页）

《中国史学史》作为"21世纪史学系列教材"之一，对于培养历史学专业学生的独立思考能力和研究能力大有裨益，完全符合当代素质教育的特点和要求。该书中对某些问题的论述，提供了一些不同于时下流行的观点，给学生留下了思索的空间，另外受篇幅所限，某些观点只是列出主要证据，立言成理，并未详细申论，也可以启迪读者循此思路进行深入的研究。比如关于唐太宗为什么将纂修国史的史馆移到禁中门下省的问题，有学者认为是唐太宗担心史家如实记载其杀兄逼父之事，才将史馆迁于禁中以加强控制。该书给出的解释是："唐太宗非常重视历史、重视史学"（第163页）。因为史馆是否在禁中，不大能够影响朝廷的控制力度，所以不必进行政治敏感化的猜测和发挥。另外，关于裴松之《三国志注》条列各种史籍记载的这类作注方式是否受佛教著述“合本子注”的影响、实录类史书是否能够单独成“体”的问题、《元典章》的编纂是否开明清两代朝廷编撰“会典”之先河等等，都足以启发学生和读者点燃思绪的火花，进行更加深入的研究。因此，笔者认为，以后的中国史学史教材完全可以照此范式撰写，既要满足学生学习中国史学史知识之需，又要具有个人的独得之见，实现专著加教材的双重功效。

四、高屋建瓴，对中国史学史学科理论的构建与反思

理论是对某种知识进行抽象化的思维概况，需要缜密的逻辑思索和严密的论证。重视理论的指导和在理论上求得发展创新，是新中国史学六十年发展中坚持的优良作风。但是时下学界多喜欢进行细化和微观的个案研究，“碎片化”的研究方式比较常见，真正追求理论突破和有宏观建树的论述并不多。对于中国史学史来讲，进行学科理论上的构建和反思比任何个案的研究都要重要。在本书中，作者对于中国史学史发展进行了系统的反思，并高屋建瓴地构建了一套完整的理论体系。

作为一门学科，它必须有自己的研究任务和研究范畴，并且具有其他学科不具备的学术体系特征。《中国史学史》的绪论中，就着重回答了中国史学史学科体系的理论问题。首先，作者认为中国史学史有三大学术任务：清理史学遗产、阐明史学演进过程、揭示史学发展规律。“清理史学遗产”是史学史研究的基础性工作，包括发掘各种史学著述资料，以及对历史著述的内容、撰述过程和史学观点等进行的综合性研究工作，有时与历史文献学和断代史的研究是有交叉的。“阐明史学演进过程”就是将历史学产生、发展和各个

时期的基本状况,进行条理化、系列化的叙述与评析,也就是将清理史学遗产的各个"点"的工作联结起来,这个阶段的工作才使得史学史研究具备独立学科的性质,从而与相邻学科区别开来。"揭示史学发展规律"就是要探讨史学发展的社会条件与内在原因,剖析历史学在不同阶段的运行机制,这是史学史研究的重要任务。在明确中国史学史的研究任务之后,作者又勾勒出了中国史学史研究的八项内容:历史观、史学思想、历史编纂学、官方史学及其相关的制度与举措、史家的史学活动、史学评论、史学与其他社会因素的相互作用、史学发展的社会运行机制。在很多专著和教材中,都有对中国史学史研究内容的介绍和论述,但此书的划分显得最有条理、界定范围也十分严谨。比如在对历史观的界定上,作者将史学史的研究内容限定为"历史上对史学造成很大影响的历史观以及重要史家的历史观"(第6页),这就将史学史与历史哲学、史学理论等学科进行了一种区分。针对史学界存在的将历史观与史学思想混用的现象,作者明确指出历史观的认知对象是历史,史学思想的认知对象是史学,二者不可混淆。特别值得重视的是,作者专门列出的"官方史学及其相关的制度与举措"和"史学发展的社会运行机制"两项内容,这是史学史研究中常常忽略的内容。前者是中国古代特有的史学现象,官修史在史学遗产中占有相当大的比重,官方形成了较为稳定的修史规则与史学思想,这些都是西方古代史学所不具备的特点。所以对于中国古代的官方史学及其相关制度和举措必须明确为史学史研究的一项重要内容。在中国古代,史学活动往往与政治文化活动和其他社会因素交织在一起,所以对于历史学发展的原因、历史学各个发展阶段的取向、历史学功能的发挥、史学潮流的形成和转变等史学史问题的研究,都必须与整个社会背景和各种社会因素联系起来才能准确探讨。所以探索史学发展的社会运行机制,就应该成为史学史研究的重要内容之一。

中国史学史的学术任务和研究内容，是中国史学史学科建设中学术体系的基本体现。在此基础上，作者又对其研究对象中国史学进行了深沉的反思，总结出来中国史学史的三个深层次特征：学科内涵的完整性、学术前景的继进性和研究系统的开放性。只有具备了这三个深层特征，才说明中国史学史学科是一个完备的学术体系。从学科内涵的完整性上看，中国史学史具有全面审视历史学的性质，在体系上的完整性程度与它的研究对象基本相同。在学术前景上，由于社会历史是持续发展的，中国历史学也就会持续地发展，因此以其为研究对象的中国史学史也就会持续地扩展内容、更新方法和不断深入，呈现出不断的继进性。从研究系统上看，中国史学史的研究任务和内容组合的结构上具有多处对外接口，开放性十分明显，如史学思想的研究与一般思想史的研究相关联，官方修史制度的研究与王朝官制的研究密切连结等等。从作者对中国史学史学科理论的构建上可以看出，中国史学史学科定义明确，界限分明，特征显著，是真正意义上的成体系的学科。唯有对中国史学史有着深入和系统的研究，才能在理论上进行整体的构建和反思。对于学习者来言，真正理解和掌握了《中国史学史》中的学科理论，才能在具体学习与探讨中具备清晰的思路和坐标，并转化成为得力的研究方法。

五、筚路蓝缕，参透中国史学发展的社会运行机制

史学的发展离不开社会，社会环境对史家的成长和史学的发展都具有重要的影响，这是学术界的共识。史学史学界对于史学与社会之间的关系探讨的相当深入，相关学术成果汗牛充栋，但是对于中国史学发展的社会运行机制问题则鲜有人提及。所谓史学发展的社会机制，就是要探讨史学在与各种社会因素相互联系中的

运行机制，回答诸如：史学怎样才能在社会中产生、存在和运行，运行方式是什么？这种运行状况给史学的发展方向带来怎么的影响？这些都涉及历史学发展的规律性问题。作者通过自己的研究认为："中国古代的史学就是在与政治的互动和依存中、在官方史学和私家史学的矛盾运动中、在史学与经学联系中形成不断运行的社会机制。"(第 359 页)"撰史的真实性与功用性的矛盾，就在官、私史学之间、政局变动的流程之中运转。"(第 20 页)所以中国传统史学能够得到历代社会的承认、接受、重视和传承，主要是因为形成了以上几方面的较为系统和有效的运行方式。

由于作者参透了中国史学发展的社会运行机制，所以我们在书中就看到了一个全新的逻辑层次。《中国史学史》是从中国史学的自身发展规律来谋篇布局，按照传统史学的起源、初步发展、基础奠定、多方探索、发展成熟、调整与开新、清理和总结，以及近代史学的建立和发展的新生面，这样的结构来编写全书。这体现了对中国古代官方史学与私家史学互动、互补又相互排抑状态的整体把握，成为本书提出的一个全新的纲领和主线。有此理念，在对中国史学史个别问题的论述上便能上升到更高的层次。比如在谈及《东观汉记》的纂修意义时，作者从中国上古史学起源于官方开始讲起，经历战国时期私家修史跃居官方之上后，至司马迁《史记》问世则欲突破官方史学理论走上个性史学路线，而《东观汉记》的纂修则是力图扭转这一趋势。因此，该书指出《东观汉记》的纂修对于中国史学发展产生了巨大影响，一是官方从此不仅记史而且修史，并且逐步组织化、制度化，本朝之史表现出限制私家而由官方主导和垄断的趋势；二是朝廷修史极大的扩大了官方史学的公开影响，促成周边民族及外国政权的学习和模仿；三是标志着官方与私家两种修史主体、官方史学与私家史学两条史学发展轨道局面的正式形成，这也是中国古代史学得以繁荣兴旺的重要原因。作者还指出，三国两晋南北朝时期史学兴旺发达，逐步形成和确立了官方史学与私家史学的互动、互补也相互制约的社会运行机制。其后历经唐、宋、元、明各代，史学的发展无不贯穿着官方与私家互补、互益又互相牵制的互动关系。清代的官方和私家史学都很发达，对于传统史学的大清理和大总结都发挥了重要作用，而作者又在二者之外勾勒出了官员幕府的修史活动，这些修史机制的总和就构成了当时史学发展的完整社会结构。这种论述线索和视角，已然抓住了中国传统史学的最重要特点，这得益于作者对史学发展的社会运行机制的透彻把握。

就近代史学的社会运作机制来讲，随着中国政治、经济和文化环境的巨大变化，史学发展的运行机制也形成了全新的特点。特别是在辛亥革命之后，历史学的社会运行机制发生更为贴近西方模式的转型，形成了许多与古代社会完全不同的新特点。作者在书中将此总结为六点：一是，大学历史学专业与专门的研究机构的设立，造就成相当规模的史学专业队伍；二是，近代各类学会的组建，推进了历史学学术发展的深化；三是，高效能的图书出版机制，襄助史学的繁荣发展；四是，近代的学术期刊，成为史学之社会运行的一大平台；五是，大学及学术研究机构、学会、出版机构、学术期刊等社会机制之外，还有多渠道的经费来源与之配合，通过规范化基金会的管理，资助了大学教学与重要学术活动的运转；六是，在上述学术机制的作用下，形成历史教学的竞争与历史研究的论辩机制。通过总结这些新的特点和变化，又让我们对中国近代史学有了新的的认识。正如作者书中所言："近代以来社会体制和学术机制的新变化，使一个相对独立的史学界渐次成为整个社会系统的组成部分。"（第 366 页）近代的历史学逐渐削减着官方政权的控制机能，促进学术体制从政治体制中有所分离，体现出了史学向着新时代发展的总方向。

借助对近代史学社会运作机制的准确把握，该书在编写上跳出传统的窠臼，以全新的纲领和主线来论述近代史学。首先，作者认为中国近代史学的发展并不是与社会变动完全同步的，不能以1840年鸦片战争中国进入近代社会作为近代史学的开始。20世纪初兴起的"新史学"思潮，在中国史学史的主流意识上发生了重大转变，这才是中国史学近代化转型的开始，而史学在社会运行机制中的根本转变则是在辛亥革命以后。其次，该书认为中国近代史学在近50年的历程中，"具有错综、多样、各种趋向彼此逐步消长的特征，不必将之分为几个发展阶段。"(第312页)作者在书中没有采用按学派或思潮来划分近代史家的做法，而是按照不同的治史取向来讲述。因为有些治史取向虽然产生了一定范围的流派，或者形成某个时期的思潮，但是同一史学流派内成员有限，且史学理念尚有差别，史学思潮也是相对短期的现象，所以均不足以构成划分整个近代史家群体的依据。而只有治史取向的存在才是长时段和广泛的，因此作者据此将近代史家群体分成了五类治史取向：维护传统文化的治史取向、移植或转述西方史学的治史取向、具有一定历史观的主导而仍作出认真研究的治史取向、构建先验性历史框架的治史取向、立足于考据的治史取向。可以说，这种划分视角和研究眼光是在中国近代史学的研究中独树一帜的，这也是作者参透近代史学社会运作机制的体现之一。

本书在具体学术观点上的新见解不胜枚举，颇有和许多同类著述不同的论断。从学术角度上看，不同见解的共存对于学术的发展是必要的、有益的，学者特别是青年学子可以从中得到启迪，加强思考，使史学史研究不断推进，这就是笔者赞许本书新见解的出发点。这些新见解是否都能够成立，还需本专业学者多加讨论与评析。

科学研究是无止境的，任何一部学术著作和教科书都不可能做到完美无缺。笔者在阅读《中国史学史》时，认为该书也存在“白璧微瑕”之处。比如在第六章第六节论及中国传统史学的域外传播问题时，只是探讨了在日本和朝鲜半岛的传播与影响情况，而对同样受中国传统史学影响甚大的越南史学则未有提及，不能不失为一种遗憾。在第一章绪论中介绍海外对中国史学史的研究时，作者忽略了在2005年出版的，由伍安祖、王晴佳撰写的《世鉴：中国传统史学》一书，这是近年在英文世界出版的最为系统论述中国史学史的著作，值得向读者和学生介绍。而本书研究的下限为1949年，如果作为一部专著则无可挑剔，但是作为教科书最好将下限延伸至当代，这样才能使读者特别是历史系的学生更加全面地认识中国史学史的过去、现在与未来。当然，这只是笔者读罢全书略感意犹未尽之处，丝毫不影响本书的学术价值。

总之，《中国史学史》一书是乔治忠教授多年教学和科研的学术结晶，许多问题的论述达到了研讨与思索的新高度。此书既为教科书、也是颇为新颖的学术专著，将会给热爱史学史学科的莘莘学子以很大的教益。我们也希望看到该书不断地再版与修订，为中国史学史学科的繁荣和研究者的薪火相传奉献力量。

（原载《史学理论与史学史学刊》2012年卷，此次收录略有修订。）

阐幽发微 体新思精

——读乔治忠《中国史学史》

时培磊

自20世纪20年代梁启超提出"史学史的做法"以后,学术界不断有中国史学史的专著产生,中国史学史学科也在探索中逐渐发展壮大起来。进入21世纪以来,中国史学史学科前进的步伐仍然没有停歇,并呈现出良好的发展态势。2011年10月,乔治忠教授撰著的《中国史学史》一书由中国人民大学出版社出版。该书作为"21世纪史学系列教材"之一,不仅可以满足历史系本科生学习史学史之需,而且作为撰者多年学术积累的创新之作,足以代表当今史学史研究的前沿水准,又能启发读者思考和专业学人的探讨。

在内容上,该书对中国自上古至新中国成立之前的史学作了系统性的梳理,并予以理论性的思考与评析。全书正文共分九章,最后附录长诗《史学吟》,这是将中国史学发展内容写为长篇诗歌的唯一之作,能引发学者的兴趣和思考,对中国史学史的课程教学颇有辅助作用。

《中国史学史》是作者多年从事中国史学史教学与研究的结晶,是一部既具研究新见、又适于本科历史学教学的专著兼教材。该书具有以下几个显著的特点:

第一,体例突破、结构严谨,用新的视角和思路建构中国史学史。

该书以中国史学的自身发展规律来谋篇布局,各个章节的顺序是传统史学的起源和初步发展、基础的奠定、多方的探索、发展的成熟、调整与创新、清理和总结，近代史学多元化发展以及新生面，对各阶段的史学均有凝练的逻辑性概括。对中国古代官方史学与私家史学互动、互补又相互排抑状态的整体把握，成为本书的一个全新主线。作者认为：中国传统史学所形成的组织化、制度化和接续发展的官方史学，是区别于西方史学的最显著特点，所以在中国史学史的论著中必须对此问题格外关注。有此理念，在对中国史学史个别问题的论述上便能上升到更高的层次。比如在谈及《东观汉记》的纂修意义时，作者从中国上古史学起源于官方开始讲起，至战国时期私家修史跃居官方之上，而司马迁《史记》问世，则欲突破传统史学宗旨以走上个性史学的路线，但《东观汉记》的纂修和荀悦的史学理念，则完全扭转这一趋势，将史学拉回先秦以来史学捆绑于王朝政治的路线，指出《东观汉记》的纂修对于中国史学发展产生了巨大影响，一是官方从此不仅记史而且修史，并且逐步组织化、制度化；二是标志着官方与私家两种修史主体、官方史学与私家史学两条史学发展轨道的正式形成，这也是中国古代史学得以繁荣兴旺的重要原因；三是朝廷修史极大地扩大了官方史学的影响，促成周边民族及外国政权的学习和模仿。这种论述线索和视角，已然抓住了中国传统史学的最重要特点，对于深化认识中国史学史的研究具有重要意义。

在近代史学部分，该书跳出传统的窠臼，以全新的纲领和主线来论述。该书认为中国近代史学在近 50 年的历程中，“具有错综、多样、各种趋向彼此逐步消长的特征，不必将之分为几个发展阶段。”(《中国史学史》，第 312 页，以下引用本书仅列页数)作者在书中没有采用按学派或思潮来划分近代史家的做法，而是按照不同的治史取向来讲述。因为有些治史取向虽然产生了一定范围的流派，或者形成某个时期的思潮，但是同一史学流派内成员有限，且史学理念尚有差别，史学思潮也是相对短期的现象，所以均不足以构成划分整个近代史家群体的依据。而只有治史取向的存在才是长时段和广泛的，因此作者据此将近代史家群体分成了五类治史取向：维护传统文化的治史取向、移植或转述西方史学的治史取向、具有一定历史观的主导而仍作认真研究的治史取向、构建先验性历史框架的治史取向、立足于考据的治史取向。可以说，这种划分视角和研究眼光是在中国近代史学的研究中独树一帜的。

第二，阐幽发微、创见迭出，探索专著兼教材的开新之作。

专著一般应是作者苦心经营的独得之见，但是对于教材在传布一般知识的同时是否还要突出新颖创见，尚乏充分讨论。这部《中国史学史》的出版，则是对此做出了成功的尝试。书中有考有论，力纠学界流行的人云亦云的讹误，多有阐幽发微、振聋发聩之论述，是用新知识、新论点来支撑新体系。其蕴含的理念是：任何教师、学者，面对青年学子都无权传播讹误的知识和陈旧的观念，教材也要求真、求是和求新，这是必不可少的原则。

该书在中国史学史的许多重要问题上都有独到的学术见解，对史学发展中的许多史实，立足于求真考证，立论分析，以实事求是为旨归。比如关于将孔子与《春秋》联结起来的史学意义、刘知几撰著宗旨的前后改变、宋代官方史学建设的烦琐与扭曲、明代史学发展的普及性潮流、清代史学整体的发展结构、清高宗的史学思想、王国维“二重证据法”的谬误及其不良影响等等，皆发前人所未发，显示了独到的学识。另外，在以往的中国史学史著述和教材中，有一些不太被关注的内容，但却是比较重要的问题，本书中多有阐幽发微的论述。比如东晋的史学家孙盛，由于其史著多已散佚，致使其史学方法和史学思想长期隐而不彰。而本书则肯定孙盛所著之《魏阳秋异同》在中国古代史学史中的重要意义，评价其为“撰史中史料考异方法的首创之作”(第 136 页)。并且据实断定司马光《资治通鉴考异》是受到孙盛撰史方法的启示之后，从而纠正了柳诒徵“温公《考异》,滥觞于裴松之《三国志注》”的错误判断。特别是第二章考辨《世本》《战国策》并非先秦成书的史籍,纠正了多种同类著述的讹误,更是撰写教材和专著皆应遵循的典范,因为任何人都无权向学生传布完全不合史实的说法。

第三,视野宏阔、思维缜密,通过中外史学比较深化中国史学史研究。

对于中国史学史学科来讲,主要有清理史学遗产、阐明史学演进过程和揭示史学发展规律三大学术任务。本书既对我国自古以来的史学遗产进行了考订、分析和评价,又将中国史学的产生、发展和各个时期的基本状况进行了条理化、系列化的叙述与评析,做到了“点”“线”“面”的有机结合。在此基础上,作者又尝试揭示中国史学发展的规律性问题, 本书通过剖析历史学在不同阶段的运行机制来探讨史学发展的社会条件与内在原因。而要逐步解决这一问题,则需要在史学史研究相当深入的基础上,通过中外史学的比较来进行。因此,本书试图将研究的视野开阔到世界史学发展的大背景之下。

中国史学史的研究需要进行中外史学之间的比较, 才能更好的认清中国史学自身的发展特点,并领会各国史学发展的共性,从而探讨史学产生和发展的关键因素。本书旗帜鲜明地指出应进行中外史学的比较,不仅有理论上的思考,而且辟专节探讨了中国史学在朝鲜半岛和日本的传播与影响问题, 以及对日本仿从中国传统史学的修史活动的介绍。由于日本古代史学仿从中国传统史学而产生, 但是其发展进程和修史活动与思想理念等又与中国明显有异, 所以进行中外史学的比较研究,“应当是中西史学比较与中日史学比较并重,二者相辅相成,并且逐步扩展为整个世界架构上的史学比较研究。”(第 17 页)这种独到的眼光和宏阔的视野,对于开辟中国史学史研究的新境界具有很大的启迪作用。

在进行中外史学比较的基础上，作者提出“历史记述的真实性与历史撰述的社会功用之间的矛盾，是传统史学发展的内在动力”(第19页)。并且认为这种史学发展的内在矛盾运动，将会推动史学逐步强化学术性，走向史学的专业化，最终会形成相对独立的历史学社会系统。这种观点新颖而深邃，是史学史学科理论建树的突破。当然，本书主要在理念上提出了中外史学比较的重要意义，实际内容的研讨尚少，这是一个薄弱环节。这个问题的探索还须史学界的共同努力，将之逐步深化，从而引领出一种新的研究范式。

总之，《中国史学史》堪称一部阐幽发微、体新思精之作，书中考论结合、学术新见俯拾皆是，足以成为中国史学史研究者的案头必备之书。我们相信，《中国史学史》中蕴含的“求实求是更求新”的学术理念，必将借助史学教材的传播媒介，启迪和引导新一代的青年学子走进神圣的史学殿堂。

（原载《团结报》2012年2月9日第7版）

一部追求会通的史学著作

——读瞿林东先生《中国史学史纲》

胡祥琴

用“一部追求会通的史学著作”来概括瞿林东先生的著作《中国史学史纲》是笔者思考再三才决定下来的。通读《中国史学史纲》,我们会有一个深刻的感受:该书不是简单的史学发展史,而是作者关于中国史学理论和历史理论进行缜密思考与系统总结的会通之作。通过多条线索齐头并进的方式,在阐释不同阶段各类史学著作丰富内涵的同时,彰显同一时期诸种史学思想与历史理论的发展演变脉络,使读者在接受各类史学史知识时学会反思与总结。将该书称为“一部追求会通的史学著作”,是笔者通读与精读该书之后的切实感受。本文主要围绕四个主题对该书的特点进行探讨与阐释。

一、突出中国史学发展的历程及阶段性特点

全书分为导论及正文部分,正文共有九章,结尾附有附录:一是“中国史学:20 世纪的遗产与 21 世纪的前景”;一是“百年史学断想”。全书以时间为基本线索,根据史学自身发展的历程阐述不同阶段史学的全景式发展过程。从远古传说到史学的兴起,从正史的创立到史学的多途发展,从史学在发展中的转折与创新到历史意识与史学意识的深化,从多民族史学的进一步发展到史学走向社会深层,最后是史学的总结与嬗变及史学在社会大变动中的分

化。从这些关于不同阶段史学特点的生动总结中,我们深刻体会到作者的独具匠心与追求会通的精神。全书思想深刻,语言生动,读后不仅使人赞叹中国古代史学史之繁富,也为这样一部史论结合的史学史典范著作而感慨。下面我们选取该书中最具代表性的章节加以讨论,以期更为充分地认识该书所体现的中国史学发展的历程及阶段性特点。

导论分为六节,分别谈论六个史学史的专题。作者首先讨论史学史意识的产生和发展,指出"史"之含义的演变即从史官到史书、史事,是一个漫长的发展过程;史学产生于先秦时期,但人们关于"史学"概念的使用始于东晋十六国,其内涵则显现于唐、宋而丰富于明、清;进而指出史学史意识的产生和发展先于"史学史"概念的明确提出,直至20世纪20年代梁启超在《中国历史研究法补编》中明确提出"史学史"的概念。而具有比较明确的史学史意识的学者班彪当为前驱,此后宋代以及清代学者又有所发展。其次,作者指出史学史的性质、任务:"史学史的性质,即它在学科上的属性,我们可以这样认为:从史学作为社会科学的一个学科门类来看,史学史应当是社会科学史的一部分;从史学作为一个独立的、内涵丰富的学科来看,史学史自应是其范围内的一个分支学科。从学术史的观点来看,前者近于学术史的一个部分,是以史学的历史丰富学术史的内容;后者则近于分科学术史,是对史学自身发展的反思和前瞻。"①同时指出史学史的一般性任务:1.关于史学的发展过程及其阶段性特点,2.史官、史家与史学成果及其特点,3.历史思想与史学思想,4.史学与社会的关系,5.史学发展与相关学术文化领域的关系,6.史学发展的规律性。作者围绕史学史的上述任务分别讨论了中国历史上的史官制度和私人著史、中国史书的特点、历史思想

① 瞿林东:《中国史学史纲》,北京出版社,1999年,第21页。

与史学思想、史学与社会的关系等问题。

正文部分分为九章，从不同时段探讨史学史的发展演变及阶段性的特点。作者没有刻意采用长期以来形成的历史分期方法，而是根据自己的心得体会以及读者的接受能力来划分史学史发展的时段："在分期方面，不刻意探求以今天的社会发展分期观点与史学发展阶段相结合的分期方法及其结论，也不刻意探求从史学自身发展的过程与特点来划分它的发展阶段性的分期方法及其结论，而是采用长期以来人们比较习惯并易于理解和接受的时段划分；这样做的好处是，或许可以使更多的读者在他所熟悉的历史时段的框架中去认识该时段史学发展的面貌。"[①]作者根据自己对历史时段的理解以及"史书本身"形成的时代特点，将全书分为九个具有强烈时代特征的阶段，分别讨论不同时期的史学发展状况。我们仅选取该书中先秦、魏晋南北朝、宋辽金、清代等具有鲜明阶段性特点的史学发展状况为例，对这些章节的写作旨趣及其史学思想加以概括。

首先讨论史学的兴起"先秦史学"，这是史学萌芽与逐渐兴起的时期。作者指出："人类的历史活动是史学产生的客观基础，人类的历史记忆与历史意识的发展是史学产生的主观条件，人类创造出来文字并由此出现了文字记载是史学产生的具体途径。"[②]可见，史学的产生是一个客观发展的过程，是各种基本条件驱使的产物。"史学的源头可以追寻到古老的传说：传说反映了先民的历史记忆与历史意识的萌生，传说也保存了若干古史的踪影。"[③]远古传说与史学产生相互之间既有联系又有本质区别，作者指出"传说，可以看做是最原始的'口述史'"，可谓一语中的。人们根据传说中的记

---

① 瞿林东：《中国史学史纲》，第 3 页。

②③ 瞿林东：《中国史学史纲》，第 115 页。

忆,借助文字等工具将其记录下来,便成为早期史学。同时,作者阐述了传说与神话的关系,“神话所叙述的,是神或半神的人及其所行之事;传说所叙述的是人,是古代先辈的祖先或古代英雄等及其所行之事。”①实际上,神话和传说是有交叉点的,因为二者都聚集在重要的英雄人物身上。随着时代的进步,人们的历史观念逐渐丰富,即开始从“天命”决定人事的巨大阴霾中走出来,立足于人事审视社会现象和自身命运。作者认为这是一个艰难的过程,在历史观念发展的过程中,历史撰述这块处女地被不断开拓,进而出现私人撰述和多种体裁的撰写形式,比如编年体史书和记言体史书的发展及其丰富的成果。

秦汉时期,中国政治体制大变,实现了空前的大统一,真正意义上的中华民族形成。正是在这样的历史条件下,产生了秦汉史学,此一时期标志着我国“正史”的创立。如作为通史巨著的《史记》和作为朝代史巨著的《汉书》的出现,把反映中华民族历史面貌和反映皇朝历史面貌结合起来,形成了前所未有的史学规模。史学总是在传承与创新之间不断前进,作者在该书第三章指出魏晋南北朝史学是史学的多途发展时期。魏晋南北朝是一个剧烈变动的时代,同秦汉时期的大一统政治格局形成鲜明对照,并直接影响着这个时期的史学,使之出现多途发展趋势。“魏晋南北朝时期史学发展的总的特点,是史学的多途发展。其具体的表现是史风大盛,史家辈出,史书数量剧增而种类繁多。”②这个时期有四部正史以及诸多的“野史”,更重要的是出现了地方史、民族史和域外情况的记载。作者进一步指出该时期史学多途发展的另一重要方面,是家史、谱牒和各种名目的别传的大量涌现。在总结各类史书的同时,

① 瞿林东:《中国史学史纲》,第116页。

② 瞿林东:《中国史学史纲》,第223页。

作者尤其关注此一时期的历史思想，用“辩兴亡”“论神灭”“评人物”几个专题分别予以讨论。

在论述宋辽金史学时，作者说：“这个阶段史学的主要特点，是史家的历史意识与史学意识更加趋于深化。其主要标志是忧患意识、会通意识、史学批评意识和历史认同意识都有明显的表现与发展。”①“两宋史家的忧患意识在通史撰述、本朝史撰述、史论撰述等方面都有深刻的反映。”②作者还专设一节讨论两宋史家的忧患意识和历史撰述，以让读者更好地理解史书源于社会现实，史书又对社会现实尤其是王朝政治的借鉴作用，司马光的《资治通鉴》正是这一要求的典范。宋辽金时期在继承易代修史的基础上，面对新情况如复杂的民族关系以及中外交通的新情况，作者专设一节对“辽金史学的民族特色及其对多民族国家历史文化的认同”加以讨论。

第八、九章分别讨论清代前期史学和清代后期史学。作者用“史学的总结与嬗变”和“史学在社会大变动中的分化”，总结前期和后期史学的特点。清代前期史学的总结，既反映在历史思想和史学理论方面，也反映在历史文献学方面；清代前期史学的嬗变，主要反映在历史思想领域。这个时期名家辈出，清初的黄宗羲、王夫之、顾炎武等，乾嘉时期的章学诚、王鸣盛、赵翼、钱大昕、崔述等，还有稍晚的阮元、龚自珍等，作者对他们的作品及思想一一进行阐述。关于清代后期史学分化的特点，作者这样说道：“这种分化的趋势，一方面表现为传统的史学以其深厚的根基，还在延续着自己的生命；另一方面表现为在民族危机震撼下，人们对历史和现实重新思考而萌生了新的历史观念和历史研究。”③传统与现实

①② 瞿林东：《中国史学史纲》，第432页。

③ 瞿林东：《中国史学史纲》，第737页。

在相互依存与斗争中逐渐分化，这一时期的史学作品也带有深刻的时代特征。

二、浓厚的理论色彩和贯穿始终的会通旨趣

《中国史学史纲》读后使人回味无穷，书中所涉论题不局限于史学史本身，还体现着作者对深刻的历史观念和史学思想的努力挖掘与追寻精神。通读全书，我们不禁向中国史学史发展之路上那些筚路蓝缕的学者们产生敬仰之情，也为作者苦心孤诣、上下求索的会通精神而感动。

许凌云先生在评《中国史学史纲》时写道："《史纲》在力图阐述清楚中国史学发展全貌的基础上，适当突出了这一发展过程中理论成果的积累，并尽可能兼顾有关认识历史的理论和有关认识史学的理论。其浓重的理论色彩，一方面表现为作者史家主体意识有明确的理论指导，另一方面表现为作者对史学发展过程中史学理论成果的关注和总结。"[①]通观该书我们发现，作者用大量篇幅解释历史思想和史学思想，不仅在导论部分总体介绍，而且在每一历史时期史学论著介绍结束时，都会讨论该时期的历史思想和史学思想。在导论中作者概括了历史思想的范畴："在中国古代史学中蕴含着丰富的历史思想，其基本范畴与主要问题大致有：天命与人事的关系，人意、时势、事理的作用……古与今的关系，循环与变化的关系，这些是关于历史与现实之联系，以及历史是否在变动中不断进化的问题；人君、将相和其他各种人物以及民众在历史变动中的作用，这是涉及杰出人物和人民群众之历史地位的评价问题；还有历史鉴戒思想和多民族同源共祖的思想等等……19 世纪后期，西

① 许凌云：《评〈中国史学史纲〉》，《人民日报》2000 年 1 月 27 日第 11 版。

方近代进化论的传入，使中国原有的历史思想发生了一次重大的变革。20世纪初,马克思主义传入中国,中国史学在历史思想领域产生了革命性的变革。"[①]接着,作者从历史发展的角度分别阐述"天命与人事"的关系,"人"在历史变化动态中发挥的作用、史家对于"中华""夷狄"之相互关系的认识、我国多民族同源共祖的思想发展以及近代以来进化论影响下史家思想的转变及其贡献等。

作者还讨论了中国古代史学中的史学思想，先生认为史学思想的基本范畴和主要问题是:"史家的史德、史才、史学、史识,直书与曲笔,史之为用,史之为美,史学与经世,史学批评的理论与方法等。"围绕以上议题,作者用大量笔墨进行论述,其中如直笔与信史的关系,作者认为直笔只是信史的基础,而一部信史的完成还需要编者的俊识通才;只有编者具有相当素质,才不会在采撰过程中误入歧途,并给后人留下不朽著作。作者还就史学的功用论、史家修养论、史学批评论等史学理论的重大问题展开讨论,使人有层层深入、拨云见日的感觉。在导论的第六节作者讨论"史学与社会",首先阐述社会历史的演进与史学的发展。作者认为,社会存在决定社会意识，一定的社会条件必然影响到史学的发展、面貌、特点等,其次讲到"史学的社会作用",从多个层面讨论史学与社会的相互关系。

该书另一个重大特点是贯穿始终的会通精神,关于这点,已有多位学者进行了深刻的介绍。许凌云先生写道:"至于会通精神,则不仅表现在内容上的通和义理上的通，也表现在纵向的通和横向的通。在历史进程与史学发展方面,该书贯通古今,着力把握和揭示在社会历史发展进程中史学自身萌芽、发展的过程,及其在各相关历史时段中所显示出来的主要特点或发展趋势，从而历史地和

① 瞿林东:《中国史学史纲》,第52页。

逻辑地来阐明中国史学的面貌。”[①]何兹全先生在《专与通、史与论的有机结合——读〈中国史学史纲〉》一文中进一步指出:“通与专、史与论的思想,在《中国史学史纲》中是明确的、自觉的。”[②]毋庸置疑,《中国史学史纲》从纵向上阐述史学史成长的历程,从二十四史到民族史、经济史、地方史乃至神话的发展史,作者在该书中将其发展线索都剖析得清楚明白。同时,该书在横向上也展现丰富多彩的史学发展画卷,从相同时期的不同史学著作到不同时期的该领域史学的发展演变,无论横向与纵向,其脉络都十分清楚,真正做到了融会贯通。

三、丰富多彩、内容翔赡的史学发展画卷

《中国史学史纲》是一部丰富多彩、内容翔赡的史学发展画卷。之所以这样说,是因为该书不仅准确反映不同时段史学史发展的主体面貌以及贯穿其中的理论思想,而且还始终论及不同时期史学的多方面成就,如民族史学、地方史学、域外史以及家史、谱牒、经济史著作及历史教育问题等。在讲到清代史学时,作者还特别论及边疆史地研究的兴起与关于外国史地研究的新局面等。因此,中国古代史学史在这本书中无论从纵向发展还是横向拓深都给人以史学发展画卷之感。

关于地方史、民族史和域外情况的记载,作者在第三章魏晋南北朝史学之第三节做了专门讲述,指出:“地方史和民族史撰述,以及关于中外交通和域外情况的记述,是魏晋南北朝时期史学之多

① 许凌云:《评〈中国史学史纲〉》,《人民日报》2000年1月27日第11版。

② 何兹全:《专与通、史与论的有机结合——读〈中国史学史纲〉》,《光明日报》1999年12月10日。

途发展的几个重要方面。”[①]可见,在作者看来,魏晋南北朝时期史学的多途发展中,重要的一环便是地方史、民族史的繁荣与发展。有关民族史的著述在该书各个章节中都已涉及,其内容不仅包括各个民族在史书中的记载情况,而且包括不同时期中华民族和各个少数民族之间的关系的演变,从“夷夏之辨”到“华夏一家”,最终形成中华民族。作者在论述史实的同时还兼及论述不同时期统治阶级、史家对民族问题的看法,并且提出自己对该时期史家、学者的民族观的看法,不仅给读者展现出民族发展的历史,还使我们充分认识中华民族凝聚力形成的过程。该章第四节又撰述家史、谱牒和别传,认为家史、谱牒和别传是这个时期社会历史的特点在史学上的突出反映,也是此一时期史学多途发展的形式之一。值得注意的是,该书还讨论中国古代的历史教育问题,比如作者讲到我国明代的历史教育具有新特点的问题,明代时期,史学走向社会深层,表现出更多的通俗形式,使得这一时期的历史教育具有新的特点。首先是一批蒙学、乡塾读本的产生,如顾锡畴撰的《纲鉴正史约》和梁梦龙编的《史要编》,它们是大众了解简单的历史知识的重要读本。明代还有蒙学读本程登吉编的《幼学琼林》,史学走向通俗化对普通老百姓更多了解中国历史意义是非凡的。

总之,《中国史学史纲》涉及极其广博的史学史问题和重大的史学理论问题,可以说真正做到了内容丰富、文风翔实的境界。有些问题作者讨论较多,分析很深刻,有些问题虽然简单陈述甚至留有空白,如讲到宋辽金史学时,对西夏史学作者很自谦地讲到自己不太了解,付诸阙如等语。读者由此更能体会作者治学严谨的风格,也给后人留下进一步研究的思路与空间。

---

① 瞿林东:《中国史学史纲》,第266页。

四、多层面、多角度的学术视野

随着中国史学的发展与成熟，史学史的内涵日益丰富，其中不仅有代表“正统”史观的二十四史，还有民族史、域外史、地方史、家史等。将数千年史学发展的历程汇入一书本非易事，它要求作者具有高瞻远瞩、统筹全书的才识。那么，如何使读者在一本书中全览中国古代史学史发展演变之全貌，这不仅关系到史学史著作的编纂体例，更取决于学者自身的学术视野。《中国史学史纲》依据不同时期史学发展的具体情况，运用多层面分析的方法，分别对有关时期的正史、民族史、域外史、家史等进行并列式描述与分析，在论及史书撰写情况及其史学思想时，还兼论该时期的史学理论问题。关于二十四史，作者大致从成书者的成长历程、受教育程度及自身经历、写作动机、采撰历程、撰述思想等多个角度进行分析。关于民族史、域外史、地方史、家史等的记载，作者不仅分析了这些史书记载的作者、体例、特点及史学思想，而且讨论这些史书形成的社会背景、特殊因素等，其中特别强调历代史学工作者自己的史学见识及其局限。让读者深刻体会到，一部优秀史学著作的产生是多种因素共同作用的结果。

除对上述重要史学著作进行并列式、多层面的安排与讨论外，作者对不同时期的史学理论、史学意识、历史理论及史学批评问题也展开讨论，显示出广阔的学术视野，在编纂方法上，将其置于同一时期的史学著作之后，以显示阶段性特点。通观《中国史学史纲》，不难发现作者相当重视不同阶段的史学批评问题。如对划时代的史学批评著作《史通》，作者就做了深入讨论，而且给予相当高的评价：“《史通》的问世，标志着中国史学进入到一个更高的自觉阶段,是史学思想发展和史学理论建设的新转折。”[①]作者认为,《史通》之所以成为划时代的不朽著作,是和刘知幾的自身经历及其高深的史学素养分不开的;《史通》对于历史撰述所作的历史回顾和理论分析,始终贯穿着一条史学批评的主线。作者认为,《史通》史学批评的几大范畴之间具有紧密的逻辑关系,它们可以概括为:“体裁、体例、编撰方法,表述要求,撰述原则,史书内容,史学功用。”[②]就这几个方面,作者都进行了高度概括。在该书中还着力探讨宋代史学批评的繁荣,作者指出宋代史学批评趋于繁荣主要表现在三个方面:“一是具有自觉的史学批评意识的史家越来越多;二是在史学批评的理论上有新的发展;三是史学批评展开的范围更广泛,讨论更深入。”[③]作者分别讨论北宋官书《册府元龟》之《国史部》中所反映的史学批评,曾巩和洪迈的史学批评,以及包含一定史学批评思想的叶适论“史法”、朱熹论读史等。同时还涉及目录学与史学批评,作者指出:“目录之书的史类部分,也包含了丰富的史学批评思想。《郡斋读书志》《史略》《直斋书录题解》在这方面各有成就。”[④]总之,史学批评问题是该书重要的线索之一。

作者对不同时期的宗教史著作,如有关佛教史、道教史著作也作了探讨,并将其按照时代特点置于相应的阶段之中。作者还对中外交通史、域外史、野史以及笔记等材料进行整理研究,有关域外史的阐述,为后人进一步研究起到开启山林的作用,反映出作者多层面、多角度的学术视野。

综上所述,《中国史学史纲》具有重要的“史”“论”价值,作者在

---

① 瞿林东:《中国史学史纲》,第309页。

② 瞿林东:《中国史学史纲》,第313页。

③ 瞿林东:《中国史学史纲》,第497页。

④ 瞿林东:《中国史学史纲》,第513页。

多个领域进行探讨,展现出多层面、多角度的学术视野。其丰富的内容及其史论结合的撰写方式，无论是饱读诗书、颇有建树的学者,还是初涉史学之门的学子,读来都会产生有益的感受与启发，其价值可见一斑。

（原载《北方民族大学学报》2013 年第 2 期,此次收录略有修订。）

开展马克思主义指导下的中国史学史教学

——评“马工程”教材《中国史学史》

时培磊

2019年1月,高等教育出版社出版了以瞿林东教授为首席专家的编写组完成的《中国史学史》,该书属于国家马克思主义理论研究和建设工程(以下简称“马工程”)重点教材。该教材的出版是中国史学史学科发展中的一件大事,对于开展马克思主义指导下的中国史学史教学具有深远影响和重大意义。

一、“马工程”《中国史学史》的编写背景和基本内容

“马工程”项目启动于2004年,旨在巩固和加强马克思主义在意识形态领域的指导地位,提高高等教育教学质量和水平,培养和塑造社会主义的合格建设者和可靠接班人。该项目覆盖高校思想政治理论课和马克思主义理论、哲学、政治学、法学、社会学、经济学、文学、历史学、新闻学、教育学、管理学、艺术学等哲学社会科学主要学科专业的基础理论课程和专业主干课程教材,共计139种。其中,中宣部组织实施43种,教育部组织实施96种。《中国史学史》即是由教育部组织实施,高等教育出版社负责出版发行的教材。

由中宣部和教育部来统一组织编写教材,体现了教学中的国家意志,反映了教材建设这一国家事权。教育是百年大计,培养什么人、怎样培养人、为谁培养人是教育的核心问题,而教材建设就

是解决这一问题的关键因素。教材建设的成功与否,很大程度上取决于编写队伍人员的能力和水平。《中国史学史》组织了以瞿林东教授为首席专家的教材编写组,其中包括各个领域的国内一流学者,代表了中国史学史学科的一流学术水准。瞿林东教授从1959年进入北京师范大学学习中国史学史到如今已经整整六十年,他长期担任教育部人文社科重点研究基地——北京师范大学史学理论与史学史研究中心的主任,对于北师大乃至全国的史学史学科的建设都做出了卓越的贡献。瞿林东教授是坚定的马克思主义史学工作者,由其领衔编写《中国史学史》乃是众望所归。该教材充分反映了当今中国史学史学科的前沿水平,也展现了中国史学史学者所具有的中国特色、中国风格和中国气派。

中国传统史学十分发达,历朝历代都非常重视历史,创造了辉煌灿烂的史学成就。进入新时代以来,国家对于历史学的重视达到了前所未有的高度。2015年,第22届国际历史科学大会在山东济南召开,标志着中国历史学正式确立了世界地位和国际影响力。国际历史科学大会每五年召开一次,有历史学界的奥林匹克盛会之称,成立百年来第一次来到亚洲就选择了中国,而且大会的主题之一就是“全球视野下的中国”,无疑是有着深远影响和历史意义的。习近平总书记在贺信中指出:“历史研究是一切社会科学的基础,承担着‘究天人之际,通古今之变’的使命。世界的今天是从世界的昨天发展而来的。今天世界遇到的很多事情可以在历史上找到影子,历史上发生的很多事情也可以作为今天的镜鉴。重视历史、研究历史、借鉴历史,可以给人类带来很多了解昨天、把握今天、开创明天的智慧。所以说,历史是人类最好的老师。”[①]这是对历史研究

---

① 习近平:《致第二十二届国际历史科学大会的贺信》,《人民日报》2015年8月24日。

价值的充分肯定,是对历史学作用的高度认可。2019年年初,为了统筹规划和指导全国的历史研究工作,中国社科院组建成立了中国历史研究院。习近平总书记专门发了贺信,其中强调:“新时代坚持和发展中国特色社会主义,更加需要系统研究中国历史和文化,更加需要深刻把握人类发展历史规律,在对历史的深入思考中汲取智慧、走向未来”,并且要求“我国广大历史研究工作者继承优良传统,整合中国历史、世界历史、考古等方面研究力量,着力提高研究水平和创新能力,推动相关历史学科融合发展,总结历史经验,揭示历史规律,把握历史趋势,加快构建中国特色历史学学科体系、学术体系、话语体系”①。这是将历史研究工作提升到了坚持和发展中国特色社会主义的高度,并且为广大史学工作者指明了前进的方向,特别是要建设好“三大体系”。

2019年是新中国成立70周年,中国历史学在马克思主义的指导下取得了辉煌的发展成就,总结好中国史学的发展经验,为构建中国特色历史学学科体系、学术体系、话语体系提供规律借鉴,是当前的重要任务之一。中国史学史学科肩负着总结中国史学发展历程、探索史学发展规律的重任。“马工程”《中国史学史》教材的出版,在某种意义上讲,正是在新中国70年史学稳步发展、新时代高度重视历史学、“三大体系”建设加速推进的背景下,体现时代精神的一部巨作。

“马工程”《中国史学史》是目前所有已出版的中国史学史教材中体系最为宏大、内容最为全面的一部,全书共计57万字,包括11章内容。该书讲述中国史学的发展历程,上起先秦时期史学的产生,下至当前的中国史学,可谓在时间上实现了“纵通”。在描述

① 习近平:《致中国社会科学院中国历史研究院成立的贺信》,《人民日报》2019年1月3日。

每个时期的史学发展状况时，兼顾少数民族史学的发展状况，既体现中国史学发展的主流，又将各少数民族史学发展的支流囊括其中，展现了一幅多民族史学共同繁荣发展的景象。同时，该书还十分重视近代中外史学交流的进程和影响。可谓又在内容上达到了“横通”。这既是对中国传统史学“通史家风”的传承，也是对中国史学发展规律深刻把握的体现。

二、“马工程”《中国史学史》的思想特质

《中国史学史》一书除了在内容上体现“通”的特点之外，还在思想上突显了“马工程”教材姓“马”的特色。这主要表现在两个方面：一是从理论高度讲明了如何在马克思主义指导下开展中国史学史的学习和研究，二是在内容设计上着重突显和重点阐释了中国马克思史学的发展历程。

《中国史学史》绪论部分是全书的总纲，既从理论上明确了中国史学史的研究对象、范围和任务，又讲明了学习中国史学史的意义和方法，同时还简明扼要的将中国史学从产生到当下的几千年发展历程鸟瞰一遍，使得学习者可以从总体上把握这门课程的梗概，并产生兴趣。绪论部分还有一个很重要的贡献就是专辟一节阐述如何以马克思主义为指导来学习和研究中国史学史，这是本教材区别于其他常见教材的特色。该书强调中国史学史的学习和研究要遵循马克思主义唯物史观的基本原理，并且在理论和方法论上应该注意六个方面的问题。一是要遵循“生活决定意识”的原则，要从历史发展的实际去认识史学史。考察一个时代的史学面貌，“不仅要看到这个时代在史学上所取得的成就，更要看到这个时代给史学发展创造了怎样的条件，以及这些条件在何种程度上影响

史学的发展。”[①]二是要坚持辩证法，对待史学遗产要批判的继承，并能处理好与史学创新发展的关系。三是要在唯物史观的指导下，科学认识史学的社会功用和开展历史教育的现实意义。四是根据唯物史观关于规律的认识，要积极探索史学发展的规律，从而形成对中国史学的理性认识。该书认为史学的发展是受历史进程内在的一般规律支配的，同时根据普遍联系的观点，揭示和认识规律还要关注事物间的多方面联系。五是要以发展的眼光看待中国史学，以开放包容的心态吸收外国史学的有益成果，丰富和发展具有中国文化风格和气派的当代史学。六是要在总结中国马克思主义史学发展历史的基础上，继续推进马克思主义史学中国化，这是当代中国史学发展的正确道路和主要任务。可以说，该教材的绪论部分从理论上阐述了中国史学史作为马克思主义史学的重要组成部分应该如何发展的问题，并且指明当代中国史学也要与其他哲学社会科学学科一样，自觉担负起时代的重任，“要按照立足中国、借鉴国外，挖掘历史、把握当代，关怀人类、面向未来的思路，着力构建中国特色哲学社会科学，在指导思想、学科体系、学术体系、话语体系等方面充分体现中国特色、中国风格、中国气派。”[②]中国史学史只有从以上六个方面来持续用力，才能真正体现马克思主义史学的独特价值和时代魅力。

《中国史学史》在篇章结构安排上还有一个独特设计，就是第十章“中国马克思主义史学的建立和发展”与其他十章以“时期”来确定标题有着明显区别。从时段划分来看，第十章应该属于第九章“民国时期史学”的组成部分，本书将该章单列无疑是要突显马克思主义史学在中国建立和发展的重要性，也是体现“马工程”教材

① 《中国史学史》编写组：《中国史学史》，高等教育出版社，2019年，第11页。

② 习近平：《在哲学社会科学工作座谈会上的讲话》，《人民日报》2016年5月19日。

的特点。中国近代史学与传统史学的最大变化之处主要体现在历史观念上，民国时期中国史学的主流是运用进化论和唯物史观的观点来看待历史。20世纪20至40年代，随着唯物史观的传入，加之中国革命的现实需要和认识中国历史整体发展的理论需求，促使中国马克思主义史学迅速建立并逐步发展起来。在第十章中，编者很好地把握住了马克思主义史学建立的时代背景，并且充分肯定了李大钊对传播唯物史观的贡献，细致梳理了郭沫若等马克思主义史家的史学贡献，阐明了毛泽东对中国马克思主义史学的理论贡献。在十一章中，着重分析了新中国时期马克思主义史学主导地位确立和发展的历程，以及马克思主义史学的理论建设新成就，并对唯物史观指导下的当代史学发展趋势进行了宏观描绘。可以说，本书在内容上对于中国马克思主义史学的发展历程做了浓墨重彩的描述，不仅客观分析了当代史学的发展趋势，而且还高屋建瓴地指出了马克思主义史学中国化的前进方向。

三、充分发挥该教材在教学中的价值

根据教育部2018年发布的《普通高等学校本科专业类教学质量国家标准》规定，历史学专业的人才培养目标是“培养学生具有坚定正确的政治方向、扎实的理论基础、广博的历史知识、深厚的人文素养、敏锐的问题意识与思辨能力，掌握历史信息搜集、考证与分析的基本方法，能在历史过程和现实处境中考察特定的历史现象，记录、搜集和处理相关信息，形成合理的见解”[①]。这就要求教师具有扎实的基础理论知识和较强的研究能力，并能运用先进的

① 教育部高等学校教学指导委员会编:《普通高等学校本科专业类教学质量国家标准》,高等教育出版社2018年,第102页。

教学理念和方法,发挥教学主导作用,处理好价值塑造、知识传统和能力培养之间的关系,引导学生成长、成才。当然,教师教学离不开教材,教材质量的高低影响着人才培养的成败。“马工程”《中国史学史》教材的质量毋庸置疑,如何充分发挥它在教学中的价值,直接关系到历史专业人才培养的质量。

历史学专业属于哲学社会科学范畴，必须毫不动摇地坚持马克思主义的指导地位,培养人才的方向要保证政治正确。在教学中使用“马工程”《中国史学史》教材要充分发挥它的理论价值,帮助学生树立对马克思主义史学的科学认知，坚定以唯物史观为指导开展史学研究的信念。《中国史学史》在阐释每个时期史学发展状况时,都注意与中国历史发展的进程密切结合,这是教学中要充分关注的，要使学生能从历史唯物主义的高度把握中国史学的发展历程，认识到一定时代的史学成果既是历史的产物又是时代的产物。《中国史学史》还从唯物辩证法的高度阐述了史学与社会的辩证关系,认为“不同的史学成果作为意识形态的载体之一,又反过来影响当时与后世,使人们从阅读史书中借鉴历史经验、丰富历史智慧而促进社会历史的进步，进而使史学在社会中处于它应有的重要位置”[①]。学会用马克思主义史学的理论和方法来认识中国史学史,从而掌握其精髓来从事史学研究,这是在教学中使用该教材最重要的价值体现。

历史学专业人才培养标准中规定的学生素养要求是要“具有深厚的人文素养和严谨的科学精神”[②],这就要求教学中必须体现历史学的科学属性,坚持学术价值和标准。教学中使用“马工程”

---

①《中国史学史》编写组:《中国史学史》,2019 年,第 3 页。

② 教育部高等学校教学指导委员会编:《普通高等学校本科专业类教学质量国家标准》,高等教育出版社,2018 年,第 103 页。

《中国史学史》要充分发挥该教材的学术价值,帮助学生认识中国传统史学的巨大魅力,树立史学自信。从当代史学发展的趋势和取得的成就中,培养学生的文化自信。《中国史学史》中给予了中外史学交流以足够的重视,通过中外史学的比较更能彰显中国史学的优良传统,在中外史学的交流互鉴中更有利于构建具有中国独创性的历史理论和学科体系。这些都是建立在该教材对于中国史学发展历程求真、求实的科学分析的基础之上,也是该教材对中国史学发展规律学术性探索的价值体现。

在教学中还要充分发挥该教材的应用价值,引导学生产生对史学的学习兴趣,提高史学研究的实践动手能力。该教材每章之后都附录有"拓展阅读"的二维码,学生只需动手"扫一扫",一些史学史上的名篇巨著,如白寿彝《谈史学遗产》《司马迁寓论断于序事》、徐中舒《〈左传〉的作者及其成书年代》、林甘泉《二十世纪的中国历史学》等就会跃然手机之上。通过这种有趣的阅读方式,使学生摆脱"手机控",由"堵"变"疏",将手机变成学生的学习工具而不是娱乐玩具。该教材每章末尾还列有思考题,这些都是该章教学的重点内容,教师可以将此作为学生的课后作业,让学生在总结知识中把握学习重点,能够将中国史学史的精髓内容掌握牢固。

可以说,"马工程"《中国史学史》体现了当下国家专业认证中所倡导的"学生中心、产出导向、持续改进"的先进教学理念,也更加符合新时代历史学专业的人才培养目标。正如钟敬文先生所认识的那样,"历史不仅仅是一种知识,还是一种教养、一种义务、一种道德,我们应该对学习历史有自觉的要求。"[①]只有对中国史学史有了深切的体会才会对历史有这样的感悟。从这种高度来看,《中

① 瞿林东:《历史:知识、教养、义务和道德——一个民俗学家的史学观》,《中国图书评论》2008年第10期。

国史学史》教材在教学中的价值意义深远。

四、教学中使用该教材应注意的问题

从目前各高校历史学专业的教学实际情况来看，中国史学史已成为普遍开设的一门课程，但是在课程性质和教学计划上又有很大差异。主要体现在两点：一是专业必修课和选修课的差异，二是教学时数的不同。因此在制定教学大纲时也会有很大的差异，各高校需要根据本校该门课程在人才培养方案中的实际情况来合理使用该教材。一要处理好教材内容的取舍问题。作为全国统编的“马工程”《中国史学史》教材，其内容含量是庞大的，各高校要根据教学时数进行合理的取舍。重点是讲清楚中国史学发展的历史进程，使学生掌握住各时期史学的主要成就，并能对重要史家和史学名著有理性认知。二要处理好该门课程与其他相关课程的关系。《中国史学史》与《史学概论》《历史要籍介绍与选读》《中国通史》等教材在内容上或多或少都有一些交叉，因此在教学时数的限定之下，各门课程应该根据自己的教学重点合理取舍和处理教材的内容。特别是历史系或者中国史教研室在制定教学大纲时要进行统筹规划，根据各个高校不同的层次类型(研究型、教学型)制定出适合本校学生学情的教学内容安排。

从马克思主义史学的立场出发，对待《中国史学史》教材应该秉持辩证的观点，既要充分发挥它的优长，也不应回避新出版教材还要接受教学实践检验的事实。在教育部第十期“马工程”教材培训班上，高等教育出版社组织了来自全国七十余所高校从事中国史学史教学的教师座谈会。《中国史学史》编写组专家与这些来自教学一线的教师们进行了充分的互动交流，大家既沟通了教学中的一些困惑，又研讨出了改进的办法。同时，部分教师还指出了该教材中的一些讹误之处,有待商榷之处也与编写组作了很好的交流。真理总是需要实践的检验,在该教材使用一轮后,随着教学实践的推进,应该还会提出不少新的改进建议。编写组也表示会通过组织使用交流研讨会等方式,进一步提高教材的理论指导与实践教学的结合度,将“马工程”教材的建设精益求精的持续推进下去。

1961 年,教育部组织召开全国文科教材会议,决定编写中国史学史教材,并进行了任务分工,这可以看做中国史学史教材编写“国家行为”①的开端。其后便展开了关于史学史学科的热烈讨论,改革开放以后更是出版了多部中国史学史的专著和教材,既有个人独撰也有集体合作成果,但均属个人自发或部门单位组织的行为。从这个意义上讲,“马工程”《中国史学史》的出版,是近六十年来国家对中国史学史教材规划建设完成的重要标志之一。

进入新时代以来,国家尤为重视学科体系、学术体系、话语体系这三大体系的建设。“学科体系同教材体系密不可分。学科体系建设上不去,教材体系就上不去;反过来,教材体系上不去,学科体系就没有后劲。”②我们相信,随着“马工程”《中国史学史》教材的出版,一定会培养出更多更加杰出的中国史学史学科后备人才,为学科建设发展提供强有力的人才储备,也会推动中国史学史教学和研究的不断深入。

(原载《廊坊师范学院学报》2019 年第 2 期,此次收录略有修订。)

---

① 瞿林东:《试论中国史学史研究的新路向》,《天津社会科学》2012 年第 1 期。

② 习近平:《在哲学社会科学工作座谈会上的讲话》,《人民日报》2016 年 5 月 19 日。

求精求新　继往开来

——读《增订中国史学史资料编年》前三卷

时培磊

杨翼骧先生是我国著名的史学史专家，对中国史学史学科的建设和发展做出了卓越的贡献。他编纂的《中国史学史资料编年》三册，在史学史学界享有极高的声誉。有学者称赞其“在中国史学史研究中拥有不可替代的独到作用”[①]，并且称其“以著作家的史识和总揽史学发展全局的眼光而致力于资料纂辑，在学术上做出了无私的奉献”[②]，该书可以“帮助我们掌握和了解我国史学发展的梗概，对于研究具体史家或史书也创造了条件”[③]。令人遗憾的是，耄耋之年的杨翼骧先生未能完成第四册清代部分便驾鹤西去。后又历经10年之功，杨先生的弟子乔治忠及再传弟子朱洪斌终于完成清代卷，并对前三册进行修订补充，以《增订中国史学史资料编年》为名，于2013年由商务印书馆出版。时值杨翼骧先生逝世10周年，此书无疑是弟子们对于先师的最好纪念。笔者拜读此书，收获颇多，现将对《增订中国史学史资料编年》中所订补之前三卷的感受略述如下。

第一，精益求精，对原书内容进行细致修订。

---

① 陆申：《推荐一本嘉惠后学的史学专著——读杨翼骧先生〈中国史学史资料编年〉》，《历史教学》1988年第1期。

② 陆申：《读杨翼骧〈中国史学史资料编年〉第二册》，《史学史研究》1995年第2期。

③ 仓修良：《读〈中国史学史资料编年〉》，《史学史研究》2002年第2期。

杨翼骧先生《中国史学史资料编年》(以下简称《资料编年》)编纂精湛,内容朴实,但限于当时的条件,也存在一些细小的瑕疵。故在《增订中国史学史资料编年》(以下简称《增订编年》)中,由乔治忠和朱洪斌进行了认真的修订,以期精益求精。《增订编年》主要对《资料编年》进行了两个方面的修订,一是校正文字讹误,二是整改某些资料系年。

由于《资料编年》出版时校对条件所限,致使出现一些文字讹误,在《增订编年》均得到了一一订正。此种工作费时费力,看似在下"笨功夫",实则体现的是一种对待学术的严谨态度。比如《资料编年》中,误将唐文宗年号写为"太和",实际应为"大和",故在《增订编年》中将纪年标题与引文内容前后约10余处全部订正。

整改某些资料系年是《增订编年》的重要修订工作。这些整改有的是参考某些学者的严谨考证结果而作出,比如《蒙古秘史》的成书年代问题,《资料编年》中将其系于1240年,在《增订编年》中改系于1252年,就是主要是参考了余大钧的考证成果,并引录相关资料加以说明而作出的修订[①]。而更多的修订来自于订补者近些年来学术研究的新发现而作出,比如明人程敏政撰成《宋遗民录》的时间,《资料编年》认为其年代不详而将其系于举进士之年(1466年),而《增订编年》根据发现的《四库全书存目丛书》本中的自序,确定撰成时间后将其改系于1479年[②]。再如张萱所著《西园闻见录》的著成时间问题,《资料编年》中因其年代不详但推断成于万历期间,故根据编纂体例将其系于万历四十八年(1620),而《增订编年》通过研读张萱《西园闻见录缘起》和陆自岳《西园闻见录序》,考

① 杨翼骧:《增订中国史学史资料编年》(宋辽金卷),商务印书馆,2013年,第386—388页。

② 杨翼骧:《增订中国史学史资料编年》(元明卷),商务印书馆,2013年,第197页。

证认为应成书于天启七年(1627),故作出系年调整[①]。还有的是根据订补者新发现的海外善本而进行的修订,如张时彻所著《善行录》国内早已不存,《资料编年》中将其系于罢归之后的1555年,而《增订编年》根据日本内阁文库所藏的明刻本,改系于1553年,并引录其序言之资料[②]。《增订编年》中类似这样经过订补者的考证研究而作出的修订还有很多,特别是对元明卷的调整最多。据笔者粗略统计,《增订编年》元明卷中对《资料编年》第三册的系年作出的调整约有28处之多,而每一处修订都需经周密的思考和研究,可见订补者用力之勤。

瞿林东先生在评价《资料编年》时曾称:"作'资料编年',必须广泛阅读,否则不能成编。"[③]进行"资料编年"是如此,而进行的修订又何尝不是如此,整改任何一项系年都必须广泛阅读,并经过扎实的考证才能确定,这才是对待学术研究的精益求精的态度,这种严谨治学的态度也为后学树立了榜样。

第二,开拓创新,融入学术研究的前沿内容。

随着中国史学史研究的不断深入,一些重要的史学事项被发掘出来,因此在《增订编年》中适当增补了一些新的内容。当然这种增补并非漫无涯际,而是在保留《资料编年》主体面貌的基础上,补充十分必要而又重要的史学事项。其中既包含增补者多年对中国史学史研究的一些特见独识和新成果,也包括通过海外访书获见的珍本资料。

编纂资料的时间起点是全书的开篇,在《资料编年》中将其定于公元前841年,当时认为这是中国具有确切年代记载的开始,随

---

① 杨翼骧:《增订中国史学史资料编年》(元明卷),第466—470页。

② 杨翼骧:《增订中国史学史资料编年》(元明卷),第285—286页。

③ 瞿林东:《杨翼骧先生与中国史学史研究》,《南开学报》2013年第5期。

着学术研究的不断进展,《增订编年》适时的将编年起点向前推移,最终确定为公元前 1046 年。《增订编年》收录资料从武王克商开始,是建立在订补者多年对中国史学起源问题潜心研究的基础之上的。乔治忠教授在其大作《中国史学史》中早已指出“中国上古最早的理性思维,产生于以‘殷鉴’为标志的历史认识领域”,通过对“殷鉴”的思考,既“打开哲理的眼界”,又“导致历史文献的保存与整理”,并“初步具备了朦胧的史学意识”①。所以追述中国史学的起源,首先要探讨何时出现了最早的史学理念,“殷鉴”就是最早刺激史学思维产生的观念。《增订编年》中还加按语作了进一步的说明:“周武王伐灭商纣,是中国上古史第一个重大事件,不仅对整个中国历史的发展意义深远,还是中国原发性产生历史意识、史学意识的重要促进因素,因为这激发出一种‘殷鉴’的观念。因此,追溯中国历史学的产生渊源,自当以西周攻灭殷商为起点。”②这种见识对于读者认识中国史学的起源问题无疑具有重要的启发作用。再如清代史学的问题,清入关以前已经开始史学建设工作,《增订编年》(元明卷)中对此进行了补充,这对于我们了解和研究清朝史学史具有溯清源流的意义。例如《增订编年》中增加了努尔哈赤建立后金政权后记录“汗的档子”的事件,并加按语指出:“‘汗的档子’是清入关前的满文史籍,即后来所称《旧满洲档》(或称‘老档’),大体按时间顺序记录其政权及统治者之事,体现为一种具有本民族特色史学的萌发。”③少数民族史学是中国传统史学的重要组成部分,在中国史学发展过程中发挥了重要作用,比如蒙元时期坚持纂修

① 乔治忠:《中国史学史》,中国人民大学出版社,2011,第 32 页。

② 杨翼骧:《增订中国史学史资料编年》(先秦至隋唐五代卷),商务印书馆,2013 年,第 1 页。

③ 杨翼骧:《增订中国史学史资料编年》,第 431 页。

的《脱卜赤颜》就对元代官方史学的发展产生了重要的影响，对维持元朝与其他汗国的政治关系也发挥了重要作用，是中国史学史和政治史研究中都应关注和研究的内容。《增补编年》中充分注意到满族史学编纂中的特色，能够帮助我们更好地认识和研究清朝史学。另外，书中还补充了“努尔哈赤指示其子学习历史知识”“后金政权发布对明朝的檄文”“后金政权将文官分为两班，各有职责，加强记述史事机制”“后金汗皇太极，论将其父事迹纂修为史书”“后金汗惩治欲图改写史事的满洲贵族和官员”“皇太极令删节翻译辽、宋、金、元四史”“纂修天命朝实录，其中的插画提前绘画完成”“后金改文馆为内三院，其中内国史院兼具记史、修史职能”，等等条目。读者稍加留意，便可根据《增订编年》提供的这些资料，梳理出清入关前史学发展的线索。

《增订编年》进行资料的补充还有一个显著的特点，就是充分利用了近年来发掘的档案文书以及很多的海外珍本，特别是日本一些藏书机构的稀见古籍。杨翼骧先生编著《资料编年》时，由于条件所限，很多散存在各地的稀见史籍和善本史书往往不易见到，某些资料的缺失无可厚非。随着近些年《四库全书存目丛书》《续修四库全书》等大型丛书的出版，以及《中国古籍库》等网络资源的出现，使得资料收集的情况大为改观。另外，近年来我国学术界的对外交流也不断加强，许多学者的海外访书活动也都取得巨大成功，众多的海外珍本、孤本被发现、整理，并加以研究。《增补编年》中也有很多这样的发现，比如宋人杨次山编纂的《历代故事》一书，就是乔治忠在日本访学时于东京静嘉堂文库发现的珍本①，为宋代史学史的研究又添一新的资料。在元明卷中，还有大量的在日本各大藏书机构发现的善本书，许多还是海外珍本，限于篇幅，本文不再一

① 杨翼骧：《增订中国史学史资料编年》（宋辽金卷），第343页。

一举例。这些新的资料的补充，必将大大有益于中国史学史的研究。通过《增订编年》中补充的这些珍贵资料，以及在按语中提出的许多新观点，我们深深的体会到该书已经站在了学术研究的前沿。

第三，继往开来，铺展史学史学术研究的通途。

从1987年《资料编年》出版第一册到2013年推出《增订编年》四册本，先后历经26年，其间倾注了南开大学史学史学科三代人的大量心血。杨翼骧先生开辟《资料编年》的学术研究之路，筚路蓝缕，功不可没；乔治忠、朱洪斌增订完成《增订编年》，业继薪传，继往开来。师徒三人为了共同的学术追求，不断进行学术接力，终成经典著述，这种执着于学术研究的精神必将成为学术史上的一段佳话。

《资料编年》前三册出版后，曾对史学史学科的发展起到了重要的作用，很多高校历史系都将其列为史学史专业学习者的入门指导参考书，史学史的研究者们也都将其作为研究中的必备工具书。如今又经10年之力增订的《增订编年》，资料更加详实，内容更加完善，不仅对前三册进行了细致修订，而且编著完成清代卷，使得全书首尾完具。通过《增订编年》可以系统遍览中国史学史上重要的史家、史书以及史学活动等事项，基本能够形成对中国史学发展概貌的整体认识，犹如在阅读一部编年体的中国史学史。更重要的是，《增订编年》所揭示的资料，为中国史学史的研究提供了无尽的启迪。正如瞿林东先生在评价《资料编年》时所讲的那样："研究史学史，当以基本史料为基础，此书作为'资料编年'，其所举史家、著作、史学活动，均以第一手资料为依据，且一一说明资料的出处，研究者以此为线索拓展开去，必有收获。"[①]此赞誉同样适用于《增补编年》，其深远影响和对史学史研究的意义将会在今后的学科发

① 瞿林东：《杨翼骧先生与中国史学史研究》，《南开学报》2013年第5期。

展中不断体现出来。可以说,《增订编年》以其扎实的功力和高超的学识为中国史学史的学术研究铺展出了一条通往真理之路的通途。

总之,从《增订编年》前三卷来看,其体现出了订补者扎实的研究功力和对中国史学史的通透见识。增订工作是对杨翼骧先生学术的最好继承和发扬,是对其探索真理执着精神的一种敬意。正如杨翼骧先生在《学忍堂文集》中所言:“我们学习历史知识既然以文字记载和编写的历史为主要依据, 那么我们所了解的历史情况就难免不符合历史本身的实际,所以要继续不断地发掘史料、进行研究,已经编写的历史要不断改写。”[①]《增订编年》就是遵循着杨翼骧先生指出的“不断地发掘史料、进行研究”的治学态度而完成的。对于后学来讲,这种执着于学术研究和探索真理不止的精神是从《增订编年》中得到的又一收获。

（原载《廊坊师范学院学报》2014 年第 2 期）

① 杨翼骧:《学忍堂文集》,中华书局,2002 年,第 409 页。

时移世转仍遵嘱　业继薪传敢续麟

——评《增订中国史学史资料编年》(清代卷)

金久红

杨翼骧先生的《中国史学史资料编年》是一部嘉惠学林的著述。该书将纪年、标题、资料、案语四项内容相结合,体例优良,史料宏富,考订精审,其一、二、三册(由先秦时期到元明时期)陆续问世后,都得到了学界的普遍好评。学者盛赞此书是"首创性的具有为后人修桥铺路性质的书"①,"这样一部著作,帮助我们掌握和了解我国史学发展的梗概,对于研究具体史家或史书也创造了条件,嘉惠后学,其功大矣。"②

而正是由于学界对《中国史学史资料编年》前三册学术成就的高度认可,才对后续清代卷的纂修和出版寄予了更殷切的期盼。但由于杨先生年事已高,目力不济,续编工作已经是力不从心,遂委托其弟子乔治忠负责完成。历十数寒暑,至 2013 年,"清代卷"终于由乔治忠先生及其弟子朱洪斌博士编纂毕工。前三卷也在此续编的过程中进行了适当的增补、校订,全书统一更名为《增订中国史学史资料编年》,并由北京商务印书馆一并出版。

《增订中国史学史资料编年》(清代卷)在秉承了前三卷编纂宗旨、义例的基础上,又根据清代史学的特点做了一些因事制宜的调整,展现了有清一代史学发展的整体面貌,在资料性和学术性的结

---

① 蓝天海:《评〈中国史学史资料编年〉第一册》,《史学史研究》1987 年第 4 期。

② 仓修良:《读〈中国史学史资料编年〉》,《史学史研究》2002 年第 2 期。

合上,做出了卓有成效的探索。

一、以史学演进的眼光选择条目

本书的主体内容虽是相关史学资料的原文,但在资料纂辑中却贯穿着著作家的史识和总括史学发展全局的眼光。所选定的条目,除了考虑史家、史著外,还另有特别加以注意的方面。

(一)揭示史学发展的社会机制

"中国传统史学的主要特点,是形成了官方史学与私家史学两条相互联系的发展轨道。具备制度化、组织化、连续发展的官方史学,是中国史学与西方史学之最显著、最根本的区别。"[①]但由于种种原因,在以往的研究中,学界对官方史学活动重视不够,因此,充分关注官方史学活动,关注官方史学与私家史学的联系与互动,是前三册编纂意旨中体现出的一个重要特点,而在《增订中国史学史资料编年》(清代卷)内,这一特点体现得尤为突出,在很多条目上都能体现出编著者对清朝官方史学资料的着意和系统梳理。如公元1655年(清世祖顺治十二年)内5个条目都是官方的史学活动(第23—25页)[②]。清代,朝廷利用官方的人力、物力等优势,多方开辟纂修项目,严重挤压了私家的修史空间。私家史学面对强势的官方史学则另辟蹊径,"在学风积累、官方挤压、皇权专制政治等多种因素制约下,走向学术精深、范围广泛的历史考据",完成了"对史学遗产从微观角度的清理和总结"。[③]这一相辅相成的发展态势在

① 乔治忠:《〈中国官方史学与私家史学〉序言》,北京图书馆出版社,2008年。

② 乔治忠、朱洪斌:《增订中国史学史资料编年》(清代卷),商务印书馆,2013年,第23—25页。为阅读方便,下文凡涉及此部著作,则只在引文后注明页码。

③ 乔治忠:《中国史学史》,中国人民大学出版社,2011年,第300页。

“清代卷”的条目选择上俱有清晰的体现。同时，编著者还关注到这一时期参与到官私史学互动中的两支从属力量——地方官府的方志修纂和私家的幕府修史，并予以择要记述。

时至晚清，由于时代的发展，现代学校制度的建立和新式出版机构及期刊的出现，也对史学发展的社会机制产生了重要影响。所以，对于这些貌似不属于史学史现象的资料，书中也多所采择，而且还不惜笔墨，以“案语”的形式对这些材料的价值和意义进行强调。如 1902 年（清德宗光绪二十八年）“8 月，张百熙奏进学堂章程，即所谓《钦定学堂章程》”条下即附案语：

> 今案：《钦定学堂章程》……史称“壬寅学制”。“壬寅学制”以日本学制为蓝本，分学校教育为初等、中等、高等三阶段，初等阶段又分蒙学堂、寻常小学堂、高等小学堂三级，高等阶段又分高等学堂、大学堂、大学院三级。这是中国近代教育史上第一次法定的教育系统，虽未曾实行，影响实为深远。清廷改革教育条例（“壬寅学制”及稍后颁行的“癸卯学制”，详后），虽是新学勃兴压力下施行，但反过来又对新学起到极大促进作用。就史学而言，大量引进翻译之史籍以及国人编纂新式教科书兴起，皆与此相关。此等对史学转型影响甚大之事，亦择要系录。（第 609 页）

此类条目的设置，充分体现了总览史学发展全局的眼光。

（二）展现史学发展的全景

《增订中国史学史资料编年》所能涉及的内容，比任何中国史学史的其他专著都要全面，这是一个极大的优点，“清代卷”也不例外，而且有所光大。例如关于清人编纂明代史事之书，自清初直至清季，在本书所立条目极为周详，无论官方还是私家的纂修明代史书行为，都按时间顺序纳入视野，对于全面研讨清代的“明史学”极有裨益。自清初至康熙初期，所立条目有邹漪《启祯野乘》、刘尚友《定思小记》、李逊之《三朝野记》、文秉《先拨志始》和《烈皇小识》、叶鉁《明季编遗》、高承埏《崇祯尽忠录》、钱肃润《南忠记》、吴伟业《绥寇纪略》、孙奇逢《中州人物考叙》等等，许多私家撰写记述明季、清初事实的史籍，但也收录了官方纂修《明史》的举动，如在康熙二年(1663)有庄廷鑨编辑明史文字狱结案条目，仅隔一年即康熙四年(1665)，又有“清廷征集明天启、崇祯两朝史料”与“清廷广收明季史料，并征召海内文士修《明史》”两个条目(第54、55页)，可以全面显示出清廷在编修《明史》问题上的两手政策，而一般著述最多只谈到“庄氏史狱”而已。编著者还在前一条下加上按语说：

> 此次徵集纂修明史资料，督催甚严，较有成效。现存档案文献中有《各衙门交收天启、崇祯事迹清单》(载《国学季刊》二卷二号，1929年12月)，记录徵集到的明代案卷、簿册、奏议、书籍，数量可观。盖因“庄氏史狱”，使清廷认识到官方纂修《明史》，其政治意义不可忽视。(第54页)

读者可以从中获得很大的学术启迪。

乾嘉时期的史学，一般认为只有历史考据兴盛发达，但逐页阅读本书，即可看到官纂修的大量系统、完整的史书，如《钦定皇舆西域图志》《御批通鉴辑览》《日下旧闻考》《钦定河源纪略》、“续三通”“清三通”等等，即使私家史著也有厉鹗《辽史拾遗》、李锴《尚史》、李天根《爝火录》、汪有典《史外》、郭伦《晋记》、谢启昆《西魏书》、毕沅《续资治通鉴》等等。面对几乎每页都能看到的官方史学活动，恐怕不能不更改以前对乾嘉时期史学的流行认识，重新全面思考这一中国史学史研究重要时期的重要问题，而这也正是本书全面勾画史学史发展整体状况所具备的学术价值。

二、以文献学的要求处理版本

同一种文献，在传抄、刊刻、注释乃至传播过程中，由于参与人的有意或无意的变动，会形成不同形态的文本，而不同的版本所记载的内容可能会有较大差别，影响历史研究和史学史评析，在重要史书和关键问题上，应当加以注意。这一点，在《增订中国史学史资料编年》(清代卷)内得到了很好的体现，在关键处都提示了史籍的版本。具体在版本处理上：凡经近现代学人精心整理的文献，则优先选用；凡未整理或现有整理尚不尽如人意的，则取较好的版本。必要时还附以案语，交代考订情况及版本源流。如公元1662年(清圣祖康熙元年)“顾炎武编成《天下郡国利病书》《肇域志》”条下即附案语：

> 今案：……明崇祯十二年(公元1639年)，顾炎武始撰此二书，至康熙元年(公元1662年)粗略写定，系未定之稿。清代迄未梓行，仅以稿本、钞本传世。《天下郡国利病书》稿本后归黄丕烈收藏，分34册，佚失第14册，民国时辑入《四部丛刊》三编本。《肇域志》稿本早佚，旧钞颇多，谭其骧、王文楚等汇撮诸本精校，由上海古籍出版社2004年出版。(第42—43页)

这种从文献学的高度穷原竟委的学术精神很好地保证了本书史料的可信性，而且在不同版本的对校过程中，还发现并解决了一些学术问题。如1682年(清圣祖康熙二十一年)“《流寇长编》作者戴笠卒”条下案语中，通过《流寇长编》与《怀陵流寇始终录》两个版本的互校，参以乾隆《吴江县志》及潘耒序文的记载，最终得出结论——两种版本的序言应当都是吴殳撰写,“谢国桢以为出自戴笠,并无根据”(第 108 页)。又如,公元 1724 年(清世宗雍正二年)“黄叔璥撰《台海使槎录》”条下,亦是因斟酌版本的取舍注意到乾隆年间初刻本与他刻本作序者不同,乃是由于其后诸本漏字之误:

> 今案:乾隆年间初刻本,作序者题为“鲁曾煜”,其后诸本皆作“鲁煜”。鲁曾煜《秋滕文钞》卷五有《黄玉圃台海使槎录序》,文字小异。六十七《使署闲情》卷三亦收录鲁曾煜《黄御史台海使槎录序》。是作序者应为鲁曾煜。(第 258—259 页)

于此,编著者深厚的文献学功底和严谨的学术态度可见一斑。

三、以域外史籍和清廷档案进一步充实取材内容

《中国史学史资料编年》前三册问世后,便以其引述资料的广博备受推崇。“清代卷”的编修很好地秉承了这一特色,其所引资料不仅包括官方和私家的各种史学著述,还包括朝廷颁布的诏令、事关文化和教育的改革措施以及各种文集、笔记、年谱、方志等等,不以易得之资料敷衍塞责,而且还努力充实新的取材内容。而鉴于清代距今历时未久,一些重要的事件还有清廷档案以为佐证,一些珍贵的史籍虽国内已佚但域外(尤其是日本)尚幸有存藏,所以,以域外史籍和清廷档案进一步充实取材内容,就成为“清代卷”区别于此前《中国史学史资料编年》前三册的一大特色。

1688 年 (清圣祖康熙二十七年),“金成器撰成《历代帝王史略》”条,其资料即源于日本内阁文库所藏的清代德性堂刊本,此书国内已佚(第 131 页)。此外,在 1691 年(清圣祖康熙三十年)编目下对左昊《读史纲》的收录(第 145—146 页),在 1717 年(清圣祖康

熙五十六年)编目下对孙鋐《孔宅志》的收录(第 241—243 页),在 1730 年(清世宗雍正八年)编目下对范瑞昂《粤中见闻》的收录(第 266 页),等等,也都是引自日本内阁文库或日本国会图书馆等典藏的汉籍。这些重要的典籍,由于种种原因,国内已佚而不传,这些凝聚着先贤心血的著作如沧海遗珠,是藉此之机才得以被我们重新了解和认识,这对于丰富我们的历史文化遗产,梳理史学的发展脉络,无疑都是非常珍贵的。而且史料筛选考订的过程中,编著者还顺带发现并解决了一些问题,如上文所引条目中范瑞昂的《粤中见闻》,在日本内阁文库的汉籍书目中其作者就错误地被著录为“范瑞”(第 266 页),有失察之误。对此类问题的澄清,对于域外机构日后的妥善收藏也是大有裨益的。

清廷档案是清朝国家机构按一定制度和惯例保存的备查记录,是兼具原始性、客观性、真实性和记录性的第一手资料,也是一种重要的史料来源。由于时间的和历史的原因,清廷档案存世尚多,而“清代卷”中就充分利用了这一宝贵的史料资源。公元 1767 年(清高宗乾隆三十二年)“国史馆拟定纂修列传之凡例”条(第 336 页),公元 1775 年(清高宗乾隆四十年)“进呈《开馆(国)方略》部分成稿并报告纂修情况”条(第 349 页),公元 1807 年(清仁宗嘉庆十二年)“清廷议定国史馆纂修《儒林传》等类传……”条(第 426 页),等等,都是引用清廷档案来说明问题。其史料详实、真切,增强了本书的资料性和可信性。在公元 1811 年(清仁宗嘉庆十六年)“国史馆拟定画一列传凡例”条下,所引录档案原无日期标注,而编者采录间便以无可辩驳的史实和逻辑推理考订出此档案“必为嘉庆十六年拟定”(第 434 页),其间所体现出的游刃有余的学术功底令人不禁击节赞叹。而对史料上和学术上的这种追求,实际上在无形间又给编著者自己增添了一份繁重的工作。因为无论是前期的史料勾稽、取舍别裁,还是排版事后的参酌校对,无疑都要付出大量的精力和时间。

四、以吸收海内外学术成果和编著者研究心得彰显本书学术价值

自《中国史学史资料编年》第一册问世，其“兼具很高的学术性和实用性”的特点即受到了学者的青睐。认为“凡是研治中国史学史的学者，皆可将之作为一种兼能提出问题和解决问题的工具书”①。而较之于已经出版的前三卷，“清代卷”的学术性无疑是更为突出的。该卷主编者乔治忠先生在清代史学尤其是清代官方史学的研究上卓有建树，作为合作者，其弟子朱洪斌博士亦在中国近代学术史和中国近代史学史的研究上造诣颇深，是此，凸显资料编年的学术性、尽量吸收海内外的学术成果并体现编著者的研究心得，就成为本卷的一大特色。

公元1658年(清世祖顺治十五年)“谷应泰《明史纪事本末》成书”条，所附案语对此书编纂问题的主要异说和实际状况进行了申述，综括了邵廷采、姚际恒、朱彝尊、金毓黻、李光壁、邱炫煜、陈祖武、徐泓等古今学者的学术见解，篇幅不长，却交代得简明、清晰，为学人提示了继续研讨的主要线索(第37页)。公元1691年(清圣祖康熙三十年)“《千顷堂书目》《明史艺文志稿》作者黄虞稷卒”条下，编著者极有见地地摘引了《清史列传》卷七一、《四库全书总目》卷八五、倪灿《明史艺文志序》、杭世骏《道古堂文集》卷六、全祖望《鲒埼亭集外编》卷四二、卢文昭《抱经堂文集》卷七、吴骞《愚谷文存》卷四中的相关材料，使读者在阅读之间便自然产生了材料对读

① 陆申：《推荐一本嘉惠后学的史学专著——读杨翼骧先生〈中国史学史资料编年〉》，《历史教学》1988年第1期。

和学术拷问的效果,对《千顷堂书目》《明史艺文志稿》《明史艺文志》的关系有了更深刻的认识。文末复加"今案",引用了今人王重民先生的考证成果,进一步厘清了二者的关系,并纠正了卢文昭以黄氏旧稿为倪灿所做的错误认识,极富学术含量(第142页)。

在文后画龙点睛的案语中,编著者个人的学术创见和研究心得也得到了充分体现。如1671年(清圣祖康熙十年)"清廷设立起居注馆"条,案语中厘清了关于清廷设立起居注馆的时间——应是设立于康熙十年(1671)八月十六日,即是引用了乔治忠先生自己在这一问题上的考证成果(第70页)。清朝《大清会典》中记载起居注馆始设于康熙九年(1670),《清朝通典》亦沿袭此误。在其影响下,这一观点被学界广泛采纳。乔治忠先生在《说〈康熙起居注〉》一文中,引用《清圣祖实录》和《皇朝词林典故》,以康熙起居注的第一手文献纠正了这一错误,并指出了造成这种错误的原因。自文章在《史学史研究》1991年第1期刊载后,此事遂成史界不二之论。

诸如此类的案语还有很多。这些颇富学术研讨性和启发性的案语,对引录资料商榷异同、考订旧说、裨补缺漏、提示要旨,可谓集中体现了编著者的研究心得,对读者多所启发。此外,在条目设置、史料裁剪中注重对事件缘起、编纂进程、史学发展脉络和学术争议的交代,亦是编著者极用力处。这些史学信息的钩索,体现出编著者对史学史知识体系的深入理解和对史学史学术前沿的敏锐把握,为我们进行进一步的史学史研究提供了极有价值的线索,此等处往往容易被读者所忽略,但同样也是值得学人着意体会的。

当然,本书也并非尽善尽美。编者为节省篇幅,所有来自《四部丛刊》《四库全书》《四库全书存目丛书》《四库全书禁毁丛书》《续修四库全书》等近年通行的大型丛书者,一般皆不注明版本。这多少有损于本书的资料价值,也给学者的阅读和使用带来了不便。在条目设置上,近代以后的内容,也稍显单薄,显然仍有进一步增补的空间。另外,有些在排版中造成的错误没有能及时订正过来,也造成了永久的遗憾。如本卷第349页,公元1775年(清高宗乾隆四十年)第2个条目标题中"《开馆方略》"就出现了讹字,应当为《开国方略》;本卷第401页"《续资治通鉴》编纂者毕沅卒"条目所附案语中,"可见毕沅编纂此书非晚清假手他人","晚清"当为"完全"之误。但是,作为一部洋洋六十余万言的学术著作,我们不应求全责备,偶有疏漏,也是在所难免。要在,《增订中国史学史资料编年》清代卷的问世,使整部撰述终于首尾完具,形成了一个完整的史学史资料体系。它见证了三代学人的矢志不渝、接力前行,见证了他们对于学术事业甘为人梯的无私奉献。而这种奉献背后,是编著者对于后来学人的殷殷期盼,亦是对史学史研究未来的无限憧憬。一如乔治忠先生在《〈增订中国史学史资料编年〉书成寄意》的七律中所言:"时移世转仍遵嘱,业继薪传敢续麟。借问书成何企盼?后来才彦更莘莘!"相信,这部嘉惠后学、功在学林的著述,在今后的中国史学史研究中一定会发挥不可替代的作用。

(原载《史学理论研究》2014年第4期,此次收录略有修订。)

义精本真　业继薪传

——读《增订中国史学史资料编年》

时培磊

任何一门学科的发展都离不开基础资料的建设，扎实的资料整理工作是学科获得长远发展的根本保障。中国史学史学科的健康发展也离不开基础资料的整理工作，2013年10月由商务印书馆出版的《增订中国史学史资料编年》就是这样一套为学科发展助力的著作。该书由先秦至隋唐五代卷、宋辽金卷、元明卷和清代卷共四卷组成，其中前三卷是在杨翼骧《中国史学史资料编年》第一、二、三册的基础上订补而成，清代卷由乔治忠、朱洪斌编著完成。读罢此书，受益匪浅，现将所得感受略述如下，不当之处敬请方家指正。

第一，义例精微，资料翔实，是学习和研究中国史学史的必备工具书。

中国的史学遗产极为丰富，浩瀚的资料为研究中国史学史提供了取之不尽的学术源泉，但也为搜集和整理工作带来了一定的难度。整理中国史学史的学术资料是一项棘手而又浩繁的工作，将其进行编年归类整理无疑是门径之一。面对浩如烟海的资料如何进行编年整理，是一项极具挑战性的工作，《增订中国史学史资料编年》一书显然具有标志示范性的作用。

在该书的例言中，编著者明确提出本书收录范围乃历代重要之史学史资料，其目的是系统地展示中国史学史发展脉络。因此，只有关乎中国史学发展的重要资料才会进入编年之列。这样的编纂义例无疑是十分高明的，只有在中国史学发展中具有一定影响的资料才具有研究的价值和意义，将其进行编年整理即可达到目的。如果将那些对史学发展影响微不足道的资料一概揽入，只会适得其反，造成芜杂混乱，偏离史学史研究的旨趣。此书在资料的编纂上，做到了有取有舍，既重点突出，又兼顾了中国史学史发展的各个层面。在编年方法上，该书首列公元纪年年数，次列各朝帝王年号及年数，后列干支。此种做法既有利于读者以公元纪年来检索相关史事，又兼顾以传统纪年法进行研究的治史者进行考核。另外，对于政权分立时期的史事，该书将选录内容依引录资料涉及年号标示，并立不同政权本年年号之下，既清晰明了，又跳出古人正统论观念之窠臼。

资料来源的可靠与否是决定一部著作学术价值高低的重要标尺。该书所引录之资料以原始资料与最早记载为主，并且首明出处，讲求资料的翔实可靠。同时，该书引录资料范围来源非常广泛，对于史学事项相关的重要资料“一网打尽”，既有史书的序文跋语，也有史家的碑传行状以及重要史学活动的原始记录。重视引用目录学的资料也是本书编著特点之一，诸如纪传体史书的书目志部分和《四库全书总目》等解题目录，往往能够提供关乎史书传世及价值的重要信息，既有助于文献考证，又有助于对史籍和史家的评价认识。在杨翼骧先生编著的《中国史学史资料编年》第一册(南开大学出版社，1987 年)出版后，就有学者撰文评价其具有“资料丰博而全面的特点”[①]，《增订中国史学史资料编年》在资料来源上继承了这一优点，并且有了进一步的扩展。由于时代的变迁和技术的进步，使得诸多稀见史籍和善本史书得以更加方便地利用，这在

① 陆申：《推荐一本嘉惠后学的史学专著——读杨翼骧先生〈中国史学史资料编年〉》，《历史教学》1988 年第 1 期。

《增订中国史学史资料编年》中得到了很好的体现。该书既发掘了近些年国内藏书机构新见的珍本，又通过海外访书获见许多海外孤本，大大拓展了中国史学史的资料范围。

在具体编排上，该书首列年代，次列标题以总括资料内容，然后引录资料，并附有相关考订或提示案语，编写规范有序，眉目清晰。总之，该书编写完善，内容精湛，非常便于读者参阅，是学习和研究中国史学史的必备案头工具书。

第二，纠谬刊误，考订本真，显示出对中国史学史基础资料整理的深厚功力。

《增订中国史学史资料编年》系统梳理中国史学发展中重要的史家、书籍和史事，必然要涉及范围极广的史学史内容，这就需要编者具备深厚的学术功力和广博的研究视野。书中资料编年的每一条为求精准都必须对此问题有深入的了解和研究，否则人云亦云，则必致谬误丛生。从该书资料的编排和案语中，可以发现编著者对引录资料都详加核实，并商榷异同，纠谬刊误，力求考订本真。

在具体资料的编年考订上，该书利用多种资料进行查勘比对，发覆求真。比如对西汉时期鲁共(恭)王在孔丘旧宅中得古文《尚书》等典籍一事，本书将其系于公元前129年(汉武帝元光六年)条目下，并在案语中力驳《汉书》之误。《汉书·艺文志》认为鲁共王得书一事发生在“武帝末”，而该书编著者通过查考《史记·武宗世家》发现鲁共王应卒于汉武帝元光六年，从而纠正《汉书》记载之谬。另外，针对史学史上一些重要的学术问题，长期以来都存在较为模糊或错误的说法，该书进行了厘正。比如《战国策》一书，古往今来都认为成书于先秦时期，该书通过引录《战国策书录》开首“中书余卷错乱相糅莒又有国别者八篇少不足”，认为前贤解读扞格不通，考订认为“莒”字当为“筥”字之误，意为筐篋中尚有许多散存的文篇，刘向据此整理编辑成《战国策》一书。该书在案语中得出结论认为“《战国策》其书并非成书于先秦时期，战国时仅有零散文献而已”[①]。此种考订有理有据，犹如老吏断狱，让人读来有振聋发聩之感。

针对现有史学史内容的各种不同考证结果，本书进行理证，力求接近本真。比如关于《皇明史窃》作者尹守衡的生卒年问题，学界现有两种说法并存，一是 1558—1641，一是 1550—1631，二者差别较大，理应搞清。检考黎遂球所作序文，其称“倾余过，曾出而商之”，后云“今先生逝矣”，该书认为此序从语气上推断应距尹守衡谢世时间不远，故将尹守衡卒年系于作序前一年，即 1633 年[②]。从学理上来讲，此种判断显然比原有 1641 年和 1631 年两说更加具有说服力。另外，该书还以审慎求真的态度，将一些难以考订清楚的问题标示出来，以待后来者考订。如考订何乔远《名山藏》刊刻时间问题，有人依据钱谦益序言来做出判断，该书指出钱氏之说乃因何乔远之子所请，不能依此判断刊刻时间，但现有资料又无法得出确切结论，故在案语中道“志此以待详考”[③]。这种严谨求实的态度，值得称道。

细心的读者会发现，在书中发覆求真，考信征实之处甚多，而要做出扎实的考证，必须建立在厚重的学养和广博的学识基础之上。该书的这一特点也体现出编著者对中国史学史的深厚研究功力。

第三，案语宏富，意蕴深长，体现出对中国史学史研究的通透史识。

---

① 杨翼骧编著：《增订中国史学史资料编年》（先秦至隋唐五代卷），乔治忠、朱洪斌订补，商务印书馆 2013 年，第 52 页。

② 杨翼骧编著：《增订中国史学史资料编年》（元明卷），乔治忠、朱洪斌订补，第 491 页。

③ 杨翼骧编著：《增订中国史学史资料编年》（元明卷），乔治忠、朱洪斌订补，第 479 页。

该书的学术价值不仅体现在对纷繁复杂的资料进行系统编年,还体现在案语中所揭示的对诸多史学史重要问题的见识。书中所加的案语不仅内容丰富,而且见解深刻。这些案语有的是对各种异同资料的考订,有的是对引录资料缘由的说明,有的是对文献资料的补充说明,还有的是对中国史学史问题提出的独特看法。从这些案语中,可以体会到编著者对史学史具体问题都有较为深入的研究,并且很多见识都是建立在对中国史学史具有通透见识的基础之上的。

特别值得重视的是,有些案语对于中国史学史中极为重要的学术问题所作的提示或见解,往往有画龙点睛之妙,一语中的,揭示史学问题的真谛,对读者以很大启发。例如,该书在"唐太宗再次坚欲阅览起居注,房玄龄等删略成另本进之"的史料编排之后,加有案语,指出因此事而产生以起居注为基础的新的官修史籍即实录,此后纂修实录成为制度化的官方修史事项。而且还进一步批评道:"学界考察皇朝实录的来源,多从此种书名着眼,不思制度,此前诸名为'实录'者,与朝廷制度化纂修之实录,本质不同,岂可混为一谈!"[①]这种见解非常具有启发意义,对于认识中国古代修史制度以及传统史学史的发展都有指导作用。由对实录问题的认识,我们可以联想到古代的起居注问题。"起居注"作为官方记载史事的文献,是以当朝皇帝言行和政务活动为中心的朝廷大事记,具有制度化的特性。两晋时期开始形成这种官方记史制度,北魏孝文帝正式确立起居注制度,至唐代才确立了理想化的起居注记史体制。所以东汉时期出现的以起居注为名的书籍,只是对后宫日常起居杂务的记载,并不是后世官方修史体制中起居注的来源,汉代的"著

① 杨翼骧编著:《增订中国史学史资料编年》(先秦至隋唐五代卷),乔治忠、朱洪斌订补,第222页。

记”才是起居注记史体制的前身。[①]由此也启发我们，在进行史学史的研究时，必须注重某些问题的“名实”问题，不能胶柱鼓瑟。

中国古代形成了官方史学与私家史学两条发展轨道，这是中国传统史学异于西方史学的重要特点。官私史学之间存在着互动、互补又互相排抑的关系，这也成为中国传统史学存在和发展的一种社会运行机制。求真与致用的矛盾，又交织于这种社会运行机制之中，并贯穿于历朝历代的史学发展过程中，“使中国古代史学蔚成一派缤纷多彩、波澜起伏的景象”[②]。该书的案语中充分注意到了中国古代官私史学的这对特殊关系，可谓抓住了传统史学的关键。比如在关于明人史继偕付刻《皇明兵制考》的案语中，作者指出史继偕于万历朝曾参与纂修纪传体国史，执笔《兵制志》，但后来国史未成，史继偕又独自成一私撰史书并付刻。案语认为“此乃官方史学与夫私家史学间，互动、互补而互有消长之一例也”[③]。再如清人徐松曾撰成《西陲总统事略》，进呈后被道光帝看中并赐名《新疆识略》，意欲攘为钦定官书一事，作者又加案语称“此实为官方史学与私家史学之间，一大纠结公案”[④]。该书中的这些案语都说明编著者进行资料编年并非堆积材料，而是建立在对中国史学史的发展有深刻认识的基础之上，并且具有对史学发展规律和运行机制的特见独识，然后进行的学术创作。

第四，业继薪传，嘉惠后学，对中国史学史的持续发展助益良多。

---

① 乔治忠、刘文英：《中国古代“起居注”记史体制的形成》，《史学史研究》2010年第2期。

② 乔治忠：《中国史学史》，中国人民大学出版社，2011年，第154页。

③ 杨翼骧编著：《增订中国史学史资料编年》(元明卷)，乔志忠、朱洪斌订补，第449页。

④ 乔治忠、朱洪斌编著：《增订中国史学史资料编年》(清代卷)，商务印书馆，2013年，第456页。

杨翼骧先生《中国史学史资料编年》前三册陆续出版后，曾得到学术界的普遍好评，并翘首企盼第四册的问世。由于杨先生晚年身体健康欠佳，直至逝世仍未完竟全书，留给学界一大遗憾。如今经由杨先生的弟子乔治忠，及再传弟子朱洪斌的共同努力，历经十余载，不仅对前三册进行修订补充，而且编著完成第四册清代卷，使得首尾完具，终成此业。此书的编纂缘起要追溯到1942年，时为北京大学助教的杨翼骧在为姚从吾开设中国史学史课程抄录资料的过程中，“忽悟应当编辑一套《中国史学史资料编年》，作为研究的基础。”①由此也就开始了长达70余年的业继薪传的旅程，先是杨翼骧先生分别于1957年和1964年发表《三国两晋史学编年》《南北朝史学编年》，又于1987年、1994年、1999年出版《中国史学史资料编年》第一、二、三册，接着就是乔治忠和朱洪斌继承杨先生遗志于2013年出版四卷本《增订中国史学史资料编年》。三代学人矢志不移，共同完成一部学术经典，源于他们对学术事业的执着追求，以及史学史学科薪火相传的优良传统。此书此事也必将载入史册，成为史学史上的一段学术佳话。

此书的出版，将会极大地便利中国史学史的教学和研究。一方面，书中详实的资料为中国史学史的学习提供了入门捷径，一书在手便可纵览中国史学史上重要的史家、史书和史事等内容，并可依编年顺序了解中国史学发展的历史大势。并且对于一些重要学术问题的考订，总能借鉴最新和最权威可靠的研究成果，或者给出编著者的创新性见解，使得初学者能够了解前沿学术研究状况，便于后续深入探索。另一方面，该书还提供了很多重要史学史内容的研究起点，启迪读者发现问题从而展开学术研究。比如该书在宋人江贽著成《通鉴节要》条目所作的案语中，就怀疑《四库全书总目》的

① 杨翼骧：《学忍堂文集·自序》，中华书局，2002年，第2页。

存目提要中将《资治通鉴节要》与《历代通鉴纂要》混为一书乃另有企图,"应为掩盖官修《御批通鉴辑览》多袭用《历代通鉴纂要》文字内容之踪迹"[①]。因为乾隆皇帝十分喜爱《历代通鉴辑览》,不仅时时精读,还曾据之纂修《御批通鉴辑览》,而官修《四库全书总目》中竟在层层审查过程中未发现这个明显的错误,不得不使人疑窦丛生。该书编者提示至此,相信一定能够引发读者的研究兴趣,探究根源,必会做出一番研究。另外,书中这样的例子俯拾皆是,如对古之良史"南史"或为"内史"之讹的推断[②],又如根据《竹书纪年》之历史观与儒家思想的不一致推断其很可能卷入了某种政治理念斗争的漩涡[③],等等。这些内容颇能引发读者的兴趣,如果细加研讨,或许就会有新的学术特见。此外,该书还将一些常被忽视但很重要的史书列入资料编年,而某些书又未曾引起学界的重视和研究,并且不乏海外珍本,这都为读者发掘史学史研究选题提供了极好的线索。从嘉惠后学的角度来讲,该书为中国史学史的持续发展的确助益良多。

最后值得一提的事,商务印书馆出版此书规格极高,不仅采用精装大开本印制,装帧精美,而且每册还附有杨翼骧、乔治忠及朱洪斌三代学人和相关信件照片图版,由此可见出版界对史学界助力之一斑。该书清代卷中将商务印书馆在上海开业揽入史学史资料编年,"近代出版事业以及早期期刊的产生,是史学以及其他学

---

① 杨翼骧编著:《增订中国史学史资料编年》(宋辽金卷),乔治忠、朱洪斌订补,第201页。

② 杨翼骧编著:《增订中国史学史资料编年》(先秦至隋唐五代卷),乔治忠、朱洪斌订补,第14页。

③ 杨翼骧编著:《增订中国史学史资料编年》(先秦至隋唐五代卷),乔治忠、朱洪斌订补,第27页。

术文化发展的重要社会机制,故择要系录,以为示例”。[①]在当今社会,史学史学科的良性发展,也离不开出版业和期刊业所形成的社会文化运行机制,希望该书与出版界的良好合作能够更好地推动史学的发展。

总之,《增订中国史学史资料编年》兼具工具性、资料性和学术性于一身,嘉惠后学、贡献良多,是中国史学史学科发展中里程碑式的著述,必将传诸后世,永放光芒。

(原载《商丘师范学院学报》2015 年第 7 期)

① 杨翼骧编著:《增订中国史学史资料编年》(清代卷),乔治忠、朱洪斌订补,第 591 页。

后　记

文化是一所大学的灵魂，一代一代持续地传承和创造学术文明，是大学教育的基本职能。人才培养和科学研究是一所大学最重要的两项任务。大学职能的实现是由每个学科的科研和教学来完成的。坐落于京津之间的廊坊师范学院，在走过的70余年风雨历程中，一直秉承着以育人为本的大学文化生成，以“为人、为学、为师”之魂铸造师生的精神气质。史学理论及史学史学科就是这所大学文化精神的一种缩影。

编辑本文集缘起于今年年初的一次学科建设会议，特聘教授乔治忠先生提出廊坊师范学院的史学史学科在研究和教学方面都有较为突出的成绩，应该编纂一部文集来集中展示成果，以与国内学术界同行进行交流。本人作为史学史学科的带头人，对于编辑此文集自是责无旁贷。于是先确定编录原则和内容提纲，然后召开学科点会议进行沟通和交流，基本达成一致意见后，便开始着手编辑。本文集“研究篇”确立的原则是每人自选代表作，其中乔治忠先生和南炳文先生的文章均是担任学校特聘教授后撰写的新作，吴凤霞教授的文章则是其在廊坊师范学院工作时的成果。“教学篇”选择的是近些年来围绕史学史课程的教学改革进行的思考和探索，收录的多篇书评文章均是围绕史学史的教材和基础史料进行的客观评析，对于促进教学亦有重要价值。本书收录的文章凡是已发表者均在文末标明发表期刊和时间，此次收录时作了修订者均于文末作出说明，文末未有标注者为新撰写文章。

廊坊师范学院史学理论与史学史学科自2009年入选河北省重点发展学科，至今已走过了10年的发展历程。多年以来，各级领导、学界同仁都给予了该学科巨大的支持,学科点的老师们也付出了辛勤的努力。由于学缘关系,以瞿林东先生和乔治忠先生为代表的北师大和南开这两大国内史学史重镇都对我们学科的成长给予了厚爱。学科点的老师基本来自于这两所高校,在京津之间也搭建了很好的交流平台。经常举办的历史学青年学者论坛,就为史学史学科的青年学子提供了切磋学术的舞台。学科点的老师们也带来了北师大和南开史学史研究的不同学术风格,在京津之间的廊师进行交汇融合,逐渐形成了自己的研究特色。从本文集就可以透视出,本学科点的研究方向是以元明清时期的史学与社会互动关系研究为特色,重视从官方史学文献的修纂中探讨其与政治的互动,善于从私家史学文献的分析中探究社会运转的复杂态势。在教学方面,本学科点教师积极进行教学改革探索,在河北省和全国教学竞赛中都屡获佳绩,教研成果也获得学校优秀教学成果奖。出色的教学,培养了一批有志于从事史学史研究的优秀学子,多年来已有大批学生考取该学科的硕士和博士。例如在南开大学师从朱洪斌副教授的史雪、在首都师范大学师从江湄教授的张卓、在兰州大学师从赵梅春教授的张巍、在扬州大学师从王嘉川教授的黄杏娟等,就是他们中的优秀代表。科研与教学的相互促进和提高,是本学科点不断努力的方向和前行的目标。

本文集的编辑出版凝结了学科点诸位老师的辛苦付出,不管是作为特聘教授的老先生,还是刚刚入职的青年教师,都在紧张繁忙的工作之余为此做了很大贡献。由于我担任学科带头人,所以承担了编辑文字和全书统稿的工作,并且负责筹措经费和联系出版事宜。学科点老师们共同推选我担任主编,只好当仁不让。各文题目之下均标注作者,以体现学科点集体成果。最后,还要感谢天津人民出版社及吴丹编辑的辛苦付出,使得本书得以顺利出版。书成之时,作打油诗一首,以抒情意:

题廊师史学史学科集体成果出版

京津走廊立师院，传承学业润心田。
史学之史探真谛，教学科研试比肩。
名家大师聚文苑，指点江山奏管弦。
群英荟萃谋发展，历史学科鼓风帆。

时培磊

2019 年 6 月于廊师明德楼

扫码进入史学史同仁交流群